미당 서정주 전집

**9**

산문

* 이 도서의 국립중앙도서관 출판시도서목록(CIP)은 e-CIP홈페이지(http://www.nl.go.kr/ecip)와 국가자료공동목록시스템(http://www.nl.go.kr/kolisnet)에서 이용하실 수 있습니다. (CIP제어번호: CIP2017000020)

# 미당 서정주 전집

# 9

## 산문

안 잊히는 사람들

은행나무

## 발간사

　미당 서정주 선생의 탄신 100주년을 맞이하여 선생의 모든 저작을
한곳에 모아 전집을 발간한다. 이는 선생께서 서쪽 나라로 떠나신 후
지난 15년 동안 내내 벼르던 일이기도 하다. 선생의 전집을 발간하여
그분의 지고한 문학세계를 온전히 보존함은 우리 시대의 의무이자
보람이며, 나아가 세상의 경사라 하겠다.

　미당 선생은 1915년 빼앗긴 나라의 백성으로 태어나셨다. 우울과
낙망의 시대를 방황과 반항으로 버티던 젊은 영혼은 운명적으로 시
인이 되었다. 그리고 23살 때 쓴 「자화상」에서 "나를 키운 건 팔할이
바람이다"라고 외쳤고, 이어서 27살에 『화사집』이라는 첫 시집으로
문학적 상상력의 신대륙을 발견하여 한국문학의 역사를 바꾸었다. 그
후 선생의 시적 언어는 독수리의 날개를 달고 전통의 고원을 높게 날
기도 했고, 호랑이의 발톱을 달고 세상의 파란만장과 삶의 아이러니
를 움켜쥐기도 했고, 용의 여의주를 쥐고 온갖 고통과 시련을 지극한
아름다움으로 바꾸어 놓기도 했다. 선생께서는 60여 년 동안 천 편에
가까운 시를 쓰셨는데, 그 속에 담겨 있는 아름다움과 지혜는 우리 겨
레의 자랑거리요, 보물이 아닐 수 없다. 선생은 겨레의 말을 가장 잘
구사한 시인이요, 겨레의 고운 마음을 가장 잘 표현한 시인이다. 우리
가 선생의 시를 읽는 것은 겨레의 말과 마음을 아주 깊고 예민한 곳에
서 만나는 일이 되며, 겨레의 소중한 문화재를 보존하는 일이 된다.

미당 선생께서 남기신 글은 시 아닌 것이라도 눈여겨볼 만하다. 선생의 문재文才와 문체文體는 유별나서 어떤 종류의 글이라도 범상치 않다. 평론이나 논문에는 남다른 통찰이 번뜩이고 소설이나 옛이야기에는 미당 특유의 해학과 여유 그리고 사유가 펼쳐진다. 특히 '문학적 자서전'과 같은 산문은 문체를 통해 전달되는 기미와 의미와 재미가 풍성하여 미당 문체의 진미를 맛볼 수 있다. 미당 문학 가운데에서 물론 미당 시가 으뜸이지만, 다른 글들도 소중하게 대접받아야 할 충분한 까닭이 있다. 『미당 서정주 전집』은 있는 글을 다 모은 것이기도 하지만 모두 소중해서 다 모은 것이기도 하다.

미당 선생 생전에 『서정주문학전집』이 일지사에서, 『미당 시전집』이 민음사에서 간행된 바 있다. 벌써 몇십 년 전의 일이다. 오늘의 관점에서 보면 그 책들은 수록 작품의 양이나 정본의 측면에서 아쉬움이 많다. 지난 몇 년 동안, 본 간행위원회에서는 온전한 전집을 만들기 위해서 많은 수고를 아끼지 않았다. 서고의 먼지 속에서 보낸 시간도 시간이지만 여러 판본을 두고 갑론을박한 시간도 만만치 않았다. 특히 미당 시의 정본을 확정하고자 미당 선생의 시작 노트나 육성까지 찾아서 참고하고 원로 문인들의 도움도 구하는 등 번다와 머뭇거림을 마다하지 않았다. 참으로 조심스러운 궁구를 다하였으니, 앞으로 미당 시를 인용할 때 이 전집에 의존하는 경우가 점점 많아지기를 바랄 뿐이다.

한편으로, 미당 전집의 출간은 두려운 일이다. 그것은 미당 선생의 모든 작품을 제대로 보여 준다는 형식적 의미를 지니기 때문이다. 세상에 어떤 전집이 있어 미당 선생의 모든 작품을 제대로 보여줄 수 있을 것인가? 우리에게도 그것은 현실이 못되고 희망이겠지만 그래도 우리는 그 희망에 최대한 가까이 가고자 했다. 우리가 그 희망에 얼마만큼 근접했는지는 앞으로의 세월이 증명해 줄 것이다. 다만 지금으로서는 지극한 정성과 불안한 겸손이 우리의 몫일 따름이다.

　마지막으로 감히 말하건대, 우리는 미당의 전집 간행을 긍지와 사명감으로 하고자 했다. 우리는 미당을 통해서 이 세상에는 아주 특별한 것이 아주 드물게 존재함을 알게 되었다. 그리고 그 특별하고 드문 것을 우리 손으로 정리해서 한곳에 안정시키는 일에 관여하는 기쁨을 누렸다. 우리의 기쁨이 보람이 있어 세상의 기쁨이 된다면 그 기쁨은 곱이 될 것이다. 아니 그보다 미당의 문학이 이 세상에서 제 몫의 대접을 받게 된다면 우리는 사필귀정事必歸正이라는 네 글자를 진리로 받들면서 더 큰 기쁨을 누릴 것이다.

미당 선생 탄생 100주년이 되는 해의 유월에
미당 서정주 전집 간행위원회

이남호, 이경철, 윤재웅, 전옥란, 최현식

**미당 서정주 전집 9 산문**
안 잊히는 사람들

**차례**

## 내가 만난 사람들

**일러두기**

1. 이 산문 전집은 총 247편의 산문을 네 권으로 분류하고, 각 권의 제목을 새로 붙였다.

1-1. 『떠돌이의 글』은 스무 살 청년이 노년에 이르기까지의 인생 편력,
    『안 잊히는 사람들』은 일기와 편지, 주변 인물과의 일화,
    『풍류의 시간』은 신라 정신 및 불교 사상, 한국 전통의 아름다움,
    『나의 시』는 미당 시의 정신적 뿌리와 자작시 해설, 후배들에게 주는 글을 수록했다.

2. 『서정주문학전집』(일지사, 1972)과 산문집 『미당 수상록』(민음사, 1976),
    『나의 문학, 나의 인생』(세종출판공사, 1977),
    『미당 산문』(『미당 수상록』 개정판, 민음사, 1993)을 저본으로 삼았다.

2-1. 1935~2000년 사이에 신문, 잡지 등에 발표한 산문을 새로 찾아서 추가했다.

2-2. 산문 선집 『내 영원은 물빛 라일락』(갑인출판사, 1977), 『하느님의 에누리』(문음사,
    1977), 『한 송이 국화꽃을 피우기 위해』(민예사, 1980), 『육자배기 가락에 타는 진달래』
    (예전사, 1985), 『시인과 국화』(『내 영원은 물빛 라일락』 개정판, 갑인출판사, 1987),
    『한 사발의 냉수』(자유문학사, 1987), 『노자 없는 나그네길』(신원문화사, 1992),
    『인연』(민족사, 1997), 『서정주 문학앨범』(웅진출판, 1993)을 참고했다.

3. 발표 연도 및 게재지가 확인된 경우 원고 뒤에 출처를 밝혔다.

4. 산문에 소개된 서정주의 시는 시 전집 표기를 따랐다.

# 문치헌 일기

(1974. 5. 19.~1975. 10. 16.)


나는 십대 후반기에 한동안 일기를 써 본 외에는
전연 일기라는 걸 쓰지 않고 살아온 사람이다.
별 이유가 있었던 것도 아니고 내 성질이 그랬었던
것인데, 이번 『문학사상』지가 내가 하지 않던 일
한 가지를 여기 이렇게 새로 해 보게 만들었다.
내 문학에 한 부문을 더 보태게 돼 다행한 일로 생각한다.
먼저 올해 1974년에 일어났던 일들과 생각들 중에서
내가 쓰고 싶고 또 쓸 수 있는 것을 골라 2, 3회쯤으로
나누어 쓰고, 그다음부터는 새로 별책에 쓰기 시작할
일기에서 적당히 골라 실어 나갈까 한다.  깊은 숲에서
꿩 울음소리 들려오는 문치헌聞雉軒은 내 집의 택호다.

# 문치헌 일기초

**1974년 5월 19일**

아침 6시쯤, 전북 고창 아산면 선운사 동구에 있는 동백여관이란 데서 아내와 거의 한때 눈을 떴다.

오늘은 이곳 선운사 입구에 세우는 내 시비 제막식 날이다. 내 고향 고창의 라이온스클럽 고창군 지부와 그 밖에 고향 친구, 후배들이 지난해에 이 시비 건립의 뜻을 내게 알려 온 것을 나는 '내 생전에 그런 대접까지 받는 건 무엇하다'고 굳이 사양해 왔지만, 이 일을 하려는 이들의 정과 뜻은 내 그 무엇한 뜻을 접어두고 이걸 세워, 우리 내외도 오늘은 제막식에 참가하러 여기로 내려온 것이다.

연 사흘 이어 내리던 비가 가늘어진 대로 아직도 오락가락하는 속을 우리 내외는 가까운 벗 황순원 형, 가까운 후배 허세욱 내외, 김양식 여사, 이추림, 김병익 군 등과 함께 개울가 절벽 아래 세워진 내 시비를 제막식 전에 먼저 좀 음미해 보러 그 앞으로 나갔다. 일행은 이미 전날 도착해서 우리 내외와 고창의 문화원장이고 이 시비 건립의 주동 인물인 이기화 군과 함께 비 잘 오는 한밤을 여기서 밝히고 난 뒤였다.

시비의 비문은 자필로 쓴 내 시「선운사 동구」의 전문.


선운사 골째기로
선운사 동백꽃을 보러 갔더니
동백꽃은 아직 일러 피지 안했고
막걸릿집 여자의 육자배기 가락에
작년 것만 상기도 남었습니다.
그것도 목이 쉬어 남었습니다.


별스럴 것도 없는 소품이긴 하지만 그래도 내게는 내 체온만큼은 대견한 것인데, 이게 육중하고 단단한 큰 돌기둥 위에 실린 고래 모양의 바위에 잘 새겨져서, 앞으로 천년이라도 이 앞을 지나는 이들의 눈과 마음과 가까이 만날 것을 생각해 보는 것은 적지 않은 감동이 되었다. 그리고 이 시비 한 개만을 세운 게 아니라 그 우측에 다시 라이온스클럽 이름으로 시비 건립 취지를 좋은 오석에 새겨 세운 것도, 또 그 좌측에 우리의 혼기(婚期)를 표시하는 든든하고 두두룩한 고인돌을 세운 것도 모두 흡족했다.

그러나 내 마음에 좀 거슬리는 게 있다면 시비의 기둥에 새겨진 '미당 서정주 시비'라는 글씨는 어느 분이 썼는지 모르지만 그게 그만 너무나 지나치게 멋을 부리지 않았나 하는 것이었다. 더욱이 '서정주'의 '주'는 그 획 다룸이 너무나 시큰둥해서 나로서는 주체하기가 어려운 느낌이었다. 이게 두루 아마 이대로 꽤 오래갈 것이기 때문에 여기 한마디 삽입해 두는 것이니, 후세 혹 이런 내 느낌을 아울러 알아주었으면 싶다.

그리고 또 한 가지—라이온스클럽의 이름으로 된 시비 건립 취지문 가운데 나를 지칭해 '시성詩聖'이라고 해 주신 것은 나로서는 고맙기에 앞서서 그저 송구스럽기만 할 따름이다. 서양 문물과 관습이 신문화 이후 우리나라에 많이 들어와 자리를 잡으면서 '성聖'의 지칭도 '악성樂聖 모야某也'니 '화성畵聖 누구누구' 등등 비교적 가볍게 쓰는 새 풍속이 생겼으니 미당 정도면 그 지칭을 받아도 괜찮다는 다수 의견이라고 건립한 이들 쪽에서는 나를 위로해 주긴 했지만, 글쎄…… 이건 아무래도 나로서는 송구스럽기만 한 느낌이다.

하여간 이날 이곳의 고마움 같은 두둑한 고마움을 나는 내 여직까지의 생애에서 느껴 본 일이 없다. 어느 후줄그레한 날 샤를 보들레르가 자기 일생 동안 받은 원고료의 너무나 형편없이 적은 액수를 계산하면서 엉엉 소리 내 울고 있던 일을 기억하고는, 나도 잠 잘 안 오는 어떤 밤들은 내가 이 나라의 시인 된 운명을 스스로 딱해 흐느낀 적도 있었지만, 절대로 다시 그러지는 않겠다는 마음속 새 다짐을 여기 와서 하게 되었다.

연 사흘째 내리는 빗속에도 나를 위해 이 먼 두메산골까지 제막식 당일 또 찾아와 주신 김선기, 이동주, 오학영, 이철균 씨 등 여러분의 정의에 감사한다. 특히 순원이 축사 때 내리는 비 때문에 주최 측 누가 모셔 우산을 받쳐 드리자 "우산 치우시오. 미당을 생각하는 정이 넘쳐서 하늘도 내리시는 비일 텐데 가리고 안 맞아서 되겠소?" 해 준 말을 나는 잊을 길이 없다. 이런 말은 내가 순원을 두고 하고 싶은 말인데 먼저 이렇게 받았으니 뭐라고 고쳐서 언제 그한테 말할꼬. 순원의 이 몇 마디로 비는 좀 달가운 것이 되었는지 "미당 선생과 비는 관계가 깊은 모양이오. 미당 선생이 오시면 꼭꼭 비가 오더구만요" 내 고향의 어떤 후배가 말했다.

"아마 내가 원체 주객酒客이라 수분이 많아서 그러는가 부네. 나는 한 천 석쯤만 마신 걸로 알았더니 우리 마누라는 2, 3천 석은 실히 될 거라고도 하니, 그게 모두 내게서 날아가 올랐다가 내가 가는 곳을 엿보고 몰려 쏟아 내려와서 그러는 모양이여."

이건 내 우스갯소리의 대답이었다. 아닌 게 아니라 내 경험으로도 내가 무슨 좋은 듯한 일로 출타만 하면 비가 많이 내렸다. 불교적으로 말하자면 인연은 인연일 텐데, 그게 정말 술 때문일는지는 그야 나도 모를밖에……

그런데 좋은 일에 부럼을 보이는 것 같아 미안하지만 이번 내 시비 제막 전일에 보인 이곳 고창 군수의 태도는 유쾌하지 못한 것이었다. 시비 건립의 마무리 일을 돕기 위해서 이곳에 나온 군수의 얼굴을 보니 나이도 나보다는 10년은 넉넉히 아래임 직하게 보였는데, 내가 먼저 그에게 내가 서정주노라고 인사를 걸어 가까이하려 했는데도 나를 위아래로 쭈욱 한번 거만스레 훑어보곤 "아, 그러시오" 꼭 한마디만을 내게 주고 영 외면해 버리고 만 것이다. 그러고는 내가 그 자리에서 멀어지자 시비 앞에 모여 있는 이들에게 '원 보도 듣도 못하겠더니 불쑥 나타나서……' 이런 뜻의 발언을 했다는 것이다.

아무러면 이럴 일일까? 이 시비 건립이 민간에서 한 일이기는 하지만 그래도 군수 자기도 좋은 일이라 하여 횡으로 돕기까지 하면서 내가 아무리 초라하게 보였기로소니, 그래도 시비의 주인공인데 군수의 예법은 꽤나 섭섭한 일이 아닐 수 없었다. 그는 물론 그 뒤에도 어느 때 어느 자리로도 나를 다시 잠시나마 찾아 한마디 축하 인사말을 준 일도 전연 없었다. 국무총리인 김종필 씨는 이 자리까지 그래도 축전도 보내 주었는데, 이곳의 군수로서 '축하합니다' 말 한마디도 없이 외면할 이유가 무엇이었는지, 참 이해할 수 없는 일이었다.

### 7월 10일

대학의 시험 채점을 서둘러 해치우고 해방의 기쁨을 만끽하여 나 그네가 되어 보려는 판인데, "당신만 그러기오? 나도 좀 같이 갑시다" 마누라가 졸라 대서 할 수 없이 그네를 데불고 이곳 선암사로 왔다.

왜, 거, 기 드 모파상의 어떤 단편소설에 있지 않아? 엔간히는 가난한 도시의 부부라서 늙도록 어느 볼만한 산골의 수풀 속 랑데부

한 번도 못 해 보고 살아온 늙은 내외가 어떻게 어떻게 해서 겨우 피크닉을 나가 수풀 속에서 그 짓거리를 한 번 하다가 경관에게 보안사범으로 걸려 욕 톡톡히 한바탕 당하는 이야기를 다룬 단편소설.

그것도 문득 생각하며 선암사 큰 대문을 들어서려는데 웬 55세쯤도 되어 보이고, 70세쯤도 되어 보이는 노승 하나가 문간에 우두커니 서 있다가 "안내해 드리지요" 확실한 표준어로 발음해 말하며 앞장을 선다. 우리는 대웅전에 들러 석가모니께 배례를 드리고 가난한 자의 성의로 일금 천 원야를 내어놓고, 헌금자 명부에 '서정주 내외'라고 기록을 했다. 그랬더니 옆에서 보고 있던 그 노승은 내게로 바짝 다가서며 "응, 당신이 시인 서정주 씨이시군" 하곤, "일루 와요, 일루 와요. 내가 조용하게 한 밤 유하실 곳을 아르켜 줄 테니" 하며 우리를 어느 으슥하고 아늑한 구석의 절간으로 안내했다. 들으니 여관 간판은 없지만, 점잖은 나그네들이면 여기서 자고 간다는 거다.

우리 내외는 들어가 앉은 뒤, 내가 목이 컬컬하여 주인 할머니더러 맥주를 달라고 했다. 그래 "곡차니 어쩔랍니까? 괜찮으시다면 같이 좀 드십시다" 하고 우리를 안내한 노승에게 권했더니, 그분은 권고를 받아들여 한동안 나와 대작을 하다가 문득 "나는 철학자 한××의 아우요. 6·25 때 형님을 찾아 월남해 왔는데 형님은 납북되어 갔더군요" 하는 것이다. 그래 나는 그를 위로하여 술을 연거푸 들었다.

그런데 술자리가 끝나서 그 철학자―이화여자대학교의 전 철학교수 한×× 박사의 아우가 떠난 뒤 여기 와 앉는 이 집주인의 친지 남자 모 씨가 "아까 간 스님이 요새 술을 많이 마시는 것은 형 때문만이 아니오. 자기 마누라 때문이지요" 하는 것이다.

들으면 아까 그 노승은 평양에다가 아내와 자녀들을 떼어 놓고, 형 한××박사를 만나고 가려고 내려왔는데, 6·25 때 일찌감치 납치당해 간 형을 못 만났을 뿐 아니라 최근에 남북 적십자회담 등을 통해 북쪽 소식을 알게 된 어느 여의사가 이 노승에게 전한 보고에 따르면, 노승이 평양에 남겨 둔 처는 상당히 미인이어서 6·25에서 멀지 않은 때부터 벌써 어떤 소련 군인과 밀통하여 지금은 그쪽 계통에서 살면서 늙어 가고 있다는 것이다. 우리 내외를 안내한 노승은 그걸 들은 기막힌 감정을 달래기 위해 날마다 술을 마셔야만 하기 때문에 그 술값을 마련키 위해 절간의 대문간에 서 있다는 것이다.

그래 나는 밤늦어 잠들도록 그걸 생각하노라 모파상의 그 노부부의 랑데부도 한번 못 하고 말았다. 한국은 이렇게 해서 순수 자기라는 것도 거의 어려운 줄로 안다. 그래 역시 자타 혼합을 가르치는 불교의 신도가 많은 까닭이 되는 것인가? 그렇다면 그것도 해로운 일은 아니긴 아니겠다.


**7월 11일**

어제 아내와 함께 순천 선암사를 떠나 승주 송광사에서 하룻밤을 지내고, 오늘 정읍 매가妹家에 아내를 떼어 놓은 뒤 부안 내소사로 단신 기류해 왔다. 현암사에서 맡은 노자의 『도덕경』을 호젓이 숨어

앉아 번역하기 위해 처음엔 고향인 고창 선운사로 갈까 했으나, 그
곳보다는 내소사가 더 조용할 거라고 권하는 데다가 선운사엔 얼마
전에 세운 내 시비가 있는지라 그 언저리에 가서 주인공인 내가 서
성거리고 있으면 나를 알아보는 사람들이 나더러 우자를 부린다고
하지 않을까 하는 염려도 앞서 그곳을 피해 이리로 온 것이다.

그리고 여기를 택한 좀 더 내적인 이유가 또 있기는 있다. 그것은
변산반도의 안쪽에 있는 이 절간에서는 조금만 높이 산에 오르면 내
해 건너 저쪽에 아스라이나마 내가 생겨난 마을 선운리가 보여 요만
큼 한 거리의 이런 망향의 향수는 내게는 안성맞춤인 것같이도 느껴
져서다.

내가 1929년에서 1931년 사이의 3년간의 광주학생사건에 중앙
과 고창의 두 고등보통학교를 쫓겨난 소년으로, 부모님 뵙기가 민망
해서 혼자 헤매 다니다가 자주 올라갔던 우리 마을 뒷산—소요산에
서 보면, 내해 건너 흐르는 구름 그림자 속에 그늘졌다 양지였다 하
는 것이 안타까이만 바라보이던 그 변산반도에 앉아, 육십이 된 나
는 인제 내 고향 선운리 마을 쪽을 겨우 되돌아볼 생각이 나서 이렇
게 찾아든 것이다.

거기다가 이곳 내소사 주지 영월 스님과 인사를 나누고 경력을 대
강 서로 소개하다가 요량해 보니, 이분은 또 내게는 어쩔 수 없는 형
님이시다. 춘원이나 석정이나 내가 한동안씩 그 문하에 귀의해 지냈
던 내 스물 전후의 은사인 석전 박한영 스님의 바로 둘째 번 상좌가
자기라고 그는 말하지 않는가. 내가 동대문 밖 개운사 대원암의 석

전 문하에 있던 때에는 그는 문자 그대로 운수행각 중이어서 내 눈에 뜨이지 않다가 인제 내 망향의 이 자리에 인연이 되어서 우연처럼 이렇게 와 앉아 있는 것이리라. 인연의 생기生起와 거래보다 더 묘한 것도 드문 것인저!

덕택에 나는 이 내소사에서도 제일 밝고 넓고 깨끗하고 시원한 방을 얻어 쓰게 되었다. "할 수 없구만. 그런 미당이시라니 허술한 방이야 드리겠다고?" 이렇게 말씀하며 웃어 젖히는 영월 스님의 웃음 옆에 물론 나는 석전 박한영 대종사의 늘 어린애만 같던 무턱대고 좋아라 낄낄거리시던 그 함박웃음 소리를 곁들여 엿들으면서 말이다.

## 7월 14일

선운사 주지 연곡 화상이 어제 오셔서 초저녁에 환담했었는데, 오늘은 유난히 밝고 맑은 날씨의 오전 8시 반쯤 절 툇마루에 이곳 주지 영월 스님과 내 앞에 일위一位 8, 9세짜리 이빨 새로 갈기 시작하는 아이처럼 앉아서 "형님. 여기 때까치 소리가 참 좋은 디라우. 우리 선운사는 때까치가 여기보단 적당게라우" 그의 사형인 영월 스님보고 빙그레 길게 웃는다.

때까치는 까치보다도 훨씬 더 방정맞기는 하지만 까부는 어린애 같이 반갑기로야 까치보담도 훨씬 더 반가운 산새. "그렇게 좋거든 몽땅 다 가져가시오그려" 영월 스님이 시무룩히 말씀하니 "가져가고는 싶은디 어디 그릇이나 가지고 왔어야지라우. 큰 소쿠리나 있거든 형님이 모두아 담아 주시오그려. 잘 가져다가 들어 볼랑게라우" 연곡도 시무룩하여 나직이 대꾸하고 있다.

때까치는 한 여남은 마리쯤이 지붕 위의 기왓골에서 지랄을 떨다가 '왜 그래? 왜 그래? 왜 그래? 왜 그래? 좀 까불어 보시지 뭐 어떻다고 그래? 그래? 그래?' 하면서 추녀 밑으로 날아들어 호들갑을 떨다간 잽싸게 도망친다.

쾌청. 쾌청. 쾌청. 쾌청을 느끼재도 역시 절간은 우리나라의 모든 집들 중에서는 으뜸이 아닐 수 없을 것이다. 연곡 화상도 전송할 겸 바닷물이 보고 싶어 나는 오후에 곰소라는 곳으로 나왔다.

곰소는 한자로면 아마 '웅소熊沼'겠지, 아닌 게 아니라 곰의 로맨스, 곰의 곤궁, 곰의 인내, 뭐 그런 내음새가 꽤나 풍기는 변산반도 내해의 포구다.

나는 이 바닷가 포구에서 생선이나 마음에 드는 걸로 조금 맛보려고 나올 때, 여기 어울리려니 해서 양복이 아니라 집에서 가지고 온 삼베 바지저고리 차림에 대팻밥모자를 머리에 얹고 왔는데, 막상 와서 보니 이건 내 오산이었다. 여자만 빼놓고는 여기도 벌써 모조리 나일론 양복투성이다. 그래 나는 어디에서나 그랬던 것처럼 곰소에서도 할 수 없이 옛날의 그 클래식이 된다.

선창에 나가 한 바퀴 돌면서 보니, 싱싱하고 꽤 큼직한 서대를 파는 여인네가 보여 한 마리에 150원씩 주고 세 마리를 사 꿰어 들고 눈에 먼저 띄는 대로 어떤 왕대폿집에 들렀더니, 예쁘장하게 생겼기는 한데, 뭣 때문인지 사람을 속속들이 아는 건 귀찮다는 눈치의 마

흔쯤의 여편네가 "아이고, 그런 걸 끓여 막걸리를 자실라거든 목포
집으로 가거라우. 저기, 저기, 저 외약쪽으로 돌아가다가 셋째 번 집
인데라우" 한다. 수입이 신통치 못할 걸 눈여겨보았음이리라.

가르쳐 준 대로 목포집에 갔더니, 꼭 몸집은 곰 같고 얼굴만은 세
고삐苦에 무척이나 많이 찌들은 관세음 같은 55, 6세쯤의 여인네가
뭘 하려고 그러는지 수수비로 주막 흙바닥을 쓸고 또 쓸고 고부라져
있다가 먼저 내 손의 세 마리 서대를 눈여겨보곤 "어따, 그걸 혼자
다 자실라구?" 한다.

"끓여서 노나 먹읍시다. 끓이는 데 드는 값은 따로 드릴 테니……"
하니, 그네는 더는 말도 없이 내 손에서 서대를 아주 선선히 받아 옮
겨 놓곤 물로 냄비를 가시고, 구공탄 불을 고치고, 마늘을 종종거리
고, 고춧가루와 간장을 풀고 그러면서 귀찮은 듯 흡족한 듯 살랑거
려 대더니 아닌 게 아니라 그게 다 끓자, "아나, 이건 너희들 맛 좀 봐
라" 하고 한 사발은 따로 퍼서 즈이 손자 새끼들인지 꼬마들이 모여
있는 방에 들여놓고, "어서 식기 전에 뜨시라우" 하고 여름에는 잘
안 어울리는 말로 내게 그 나머지의 냄비를 권한다. 막걸리 한 되 백
원. 서대 끓인 값은 그만두라는 걸 내가 인심 좀 써서 백 원. 이런 데
는 이렇게 아직도 요순시절이다.

이 요순시절이 반가워 나는 여기서 나오자 또 선창 거리를 기웃거
리고 다닌다. 그러다가 이런 곳에도 인제는 생기는 모양인 '다실'이
라 써 붙인 집에 들어가서 이번엔 맥주로다가 줄 수 없느냐고 해 본
다. 아니나 다를까. 여기 다실에선 맥주로다가 줄 수도 있단다.

맥주에 땅콩을 받쳐 들고 와 내 옆에 앉는 계집아이는 그저 수수한 신붓감으로 나이는 스물한 살쯤 되어 보이는데 말씨가 경상도여서 고향을 물으니 구미라고 하고, 국민학교를 다녔느냐고 하니 중학교를 마쳤다고 하고, 월급은 있느냐고 하니 없다고 하고, 무얼 바라고 사느냐고 하니 팁이라고 하고, 놀아날 수도 있겠구나 하니 되도록이면 견디어 안 놀아나야 할 것 아니냐고 하고, 여기에도 너 같은 계집애들이 또 있느냐 하니, 여기에도 여러 곳에서 꽤나 많이 몰려와 있다고 한다.

이들도 나처럼 결국은 고향엔 직접 갈 수가 없어 이런 언저리에서 서성거리며 망향의 향수에나 젖으려는 것 아닐까? 묘짜다. 참 묘짜다. 이런 간접은 참 묘짜다.

내 나이는 벌써 육십이지만 이런 여자들 앞에 서면 석가모니가 아니라 보들레르나 우리 이상李箱이를 더 생각하게 되는 버릇이 아직도 남아 있는데, 이것도 역시 묘짜다.


보아라. 저 운하에
조으는 뜨내기 배들을.
저 배는 세상의 끝에서 와서
너보고 어서 떠나라고 한다.
……
나의 계집애 나의 누이야
……

안개 끼인 하늘의 해는

눈물 어린 네 외면하는 눈만 같구나


어쩌고 한 그 보들레르같이밖엔 아직도 더 잘될 수가 없고, 또 고
작해야 찬비 맞고 몸살이나 좀 앓은 이상―그 딱한 여인의 딱한 벗
이상이 이상 될 용기도 없는 것이다.

빈속에 뜻밖의 생선이니 막걸리니 맥주를 마구 섞어 따담은 때문
인지 구역질이 나서 측간으로 달려가다가 다방 출입문께서 내가 몽
땅 구토해 놓은 것을 경상도 구미의 그 수수한 계집아이는 싫은 표
정 한 가닥 안 보이고 말끔히 잘 치워 내고 있었다. '이보단 더 더러
운 것도 얼마든지 많이 보았습니다' 하는 눈치였다. 미안해서 일금
천 원을 팁으로 주었다. 좀 더 줄 것을 그랬다.


## 7월 17일

오후에 비도 축축이 오시고 심심해서 절 동구의 가게로 맥주를 마
시러 나가 앉아 있는데, 여기 관람권을 파는 사내가 어디서 한 발은
넉넉히 되어 보이는 큼직한 구렁이를 잡아 한 손으로 모가지께를 단
단히 붙들어 잡아 쥐고, 팔뚝이 구렁이로 칭칭 감긴 채 내 앞에 나타
나서 단단하게는 흰 두 줄 이빨을 드러내 보이며 씨익 소리도 없이
웃어 젖힌다. 그걸 어쩔 작정이냐고 하니, 며칠 뒤에 자기 집에 갈 때
가지고 가겠다고 한다.

그러니 그동안은 절간 안의 방 어디에 꾸려 둘 모양인데, 이건 내게는 적지 않은 사변이다. 이것이 어느 사이 어떻게 미끄러져 빠져나와 내 앞에 나타날는지 그것도 걱정이지만, 그보담 더 염려스러운 건 잠자리의 내 꿈에 혹시라도 보이지나 않을까 해서다.

나는 어려서 머슴을 따라 감을 따러 가다가 풀섶길에서 뱀이 내 벗은 종아리께를 스치는 바람에 기겁한 뒤로 이 세상에서 뱀을 가장 싫어한다. 「화사」라는 내 시를 본 이 가운데는 내가 뱀을 땅꾼만큼은 좋아하는 줄 여기는 이도 있긴 있는 모양이지만 그건 정반대다. 나는 뱀을 꿈에만 보아도 소리치고 질려 깨어나는 버릇으로 한동안 괴로워하다가 사십대 이후부터는 이것을 생시에 영 보지도 생각지도 않기로 해 그걸 실행해서 그 덕으로 꿈에도 안 나타나게 해 왔었는데, 이걸 보고 또 가까이 있는 느낌 속에 안 빠질 수 없이 되었으니 말이다.


## 7월 18일

오후 6시, 승려들과 함께 공양을 한 뒤에 아직도 두 시간이나 가까이 남은 이 여름 절간 수풀 속의 황혼을 나는 절 앞 큰 느티나무 아래 바위에 걸터앉아 눈앞 전나무 수풀에서 들려오는 부엉이 소리를 귀담아듣는 걸 요즘 일과의 하나로 이어서 하고 있다. 꾀꼬리나 종달새 소리가 수그러진 내 머리와 감성을 추켜들게 하여 햇빛 밝은 수풀 사이와 하늘을 뛰어놀게 하는 반면에 밤 부엉이 소리가 다시 나를 땅으로 땅으로 수그러져 들게 하는 것도 거부할 수 없는 한 독특한 맛이다.

부우웃…… 부웃…… 운다기보다도 노래한다기보다도 두터운 극저음의 한숨을 일삼고 있는 이 소리를 듣고 있으면, 나는 십대 말의 애송이 때부터 마음의 경박한 까불음이 검은흙처럼 가라앉아 무슨 비극이든 다 수락할 만한 침정(沈靜)과 용기를 얻곤 해 왔었기 때문에 어느 산에 가거나 인사가 끝나면 곧 이것의 유무를 물어 왔었는데, 여기 내소사에는 밤마다 그래도 서너 마리 울고 있어 다행—아니 역시 팔자 속—이다.

꼭 이 부엉이 소리하고만 단둘이 땅에 잠겨 들고 있으려는데, 주지 영월 노장이 엉금엉금 내 곁으로 걸어 나오더니 내가 앉은 바위 한 귀퉁이에 또 다른 바위처럼 포개 얹히며 하는 소리가 "미당! 나는 얼굴을 바로 들 수가 없당게라우……"이다.

이분도 부엉이 소리를 말씀하시려나 했더니 그게 아니라 그와 나의 공통의 은사였던 석전 영호 박한영 대종사 때문이라고 한다.

석전 스님이 1948년 정읍 내장사에서 입적하신 뒤 여태껏 그 직계 후생들의 재력으로는 사리를 담아 모실 부도 하나 세울 힘도 없어서 30년이 가까운 지금까지 그것도 못 하고 있으니 상좌 된 사람으로 어찌 얼굴이 제대로 들어지겠느냐는 것이다.

이 술회는 내게도 청천의 벽력이 아닐 수 없었다.

그 큰 우리 불교의 선지식 스님이, 일정 치하 때의 20여 년간의 한국 불교의 법왕이, 나라는 일본에 합병당했어도 한국 불교만은 일본

불교에 합치자는 걸 한사코 막아 냈던 그 큰 기개의 주인이 만해도, 위당도, 육당도, 춘원도 또 나까지도 한동안씩은 그 학덕의 그늘에 깃들어야 했던 석학 대덕 스님이, 또 우리 동국대학교 쪽에서만 보더라도 그 다난하던 때의 오랜 교장 선생님이, 철저한 일생의 총각 수행자가, 법제자들이 가난하여 속인으로 치자면 묘마저도 아직 마련받지 못하고 있었으니 기막히는 이야기 아닌가.

'어허! 이 대단한 나라의 운수행각이 부도쯤 없으면 또 어떤가? 염려 말게, 정주. 염려 말어! 낄낄낄낄 낄낄낄낄!……'

그분의 영상은 육신 있을 때 그대로 하늘에서 여전히 아동처럼 웃고만 계시긴 했지만, 영월 스님의 고백은 여태까지 맛보아 온 이 나라의 어느 이야기보다도 나를, 일테면 소금기둥 같은 걸로 만들어 들려오던 부엉이 소리마저 한 경음<sub>輕音</sub>의 반주로 만들어 내고 있었다.

"우리가 흘러 다니다 보니 무엇 재물이랄 게 손에 잡히는 거나 어디 있어야지. 그동안 석전 스님 직계의 우리 법제자들이 모아온 돈이 30만 원쯤 되긴 하지만 한 20만 원은 더 있어야 그분 부도 하나를 겨우 만들 텐데, 그것이 까마득해요. 아시다시피 절간은 중이 먹을 것도 모자라 고시 학생들 하숙까지 쳐서 겨우 중들 입에 풀칠이나 하고 있는 형편이닝개!……"

영월 스님은 문자 그대로 얼굴도 정말 못 쳐드는 눈치다. 나도 이처럼까지 된 이야기가 처음이라곤 하지만 얼굴 들 수 없기는 마찬가지가 될밖에 무슨 더한 게 있을 수가 있는가.

나를 그렇게도 극진히 아끼시어 "정주, 자네는 중노릇은 못 하게 생겼다마는 아마 시인쯤은 될 것이다. 학마냥으로 떠돌이 하는 시인이나 될라고 생겨난 것 같구나. 그렇더라도 그럴라면 우리 학교가 좋을 것이니 잘 한번 공부해 보게" 하시며 나를 교장이던 중앙불교전문학교(현 동국대학교)에 입학하게 만들었던 그.

그 덕분으로 오늘 내가 동국대학교의 문학 교수가 되어 밥이라도 굶지 않고 싯줄이나 써 가게 만든 장본인인 그.

그분의 부도—묘소도 없다는 이야기를 듣는 것은 영월 스님 못지 않게 내게도 가슴 메어 조여드는 일이었다.

그래 내 심경을 영월 스님에게 두루 다 말씀드리고, 나도 힘자라는 대로 얼마쯤 돈을 낼 테니 석전 스님 부도를 올가을 안으로는 기어이 만들어 내라고 떼를 썼더니, 그분은 꼭 그렇게 하겠다고 다짐하신다.

"아따, 별걱정 다 한다. 이 대단한 나라에서 그렇게까지 해서는 무엇한다냐? 낄낄낄낄 낄낄낄낄……"

석전 스님의 하늘 속 영상의 소리를 들으면서, 영월 스님이 내 곁을 떠나는 걸 느끼며 나는 다시 나를 땅속으로 땅속으로 이끌어 들이는 부엉이들의 부우훗…… 부우훗…… 소리에 자지러져 들어가고 있었다.

이게 한국의 맛이기 때문에 이런 한국을 나는 저버리지도 잊지도 못하고, 이런 걸로 싯줄이나 쓸밖에 없는 것이다.

## 7월 19일

오전 10시쯤 뜰 한쪽 구석이 꼭 양귀비나 그런 여자의 예쁜 살결 같이 반드르르한 걸 눈여겨보노라니, 남녀 대학생 일당 5, 6명이 내 앞에 나타나서 자기들은 우리 동국대학교 응용미술과 학생들인데, 이곳 내소사에 아주 좋은 옛 종이 있어 종명鐘銘과 종문鐘紋을 탁본하러 왔노라 한다. 탁본이 되거든 한 부 가져다 달라고 했다가 가져온 걸 보고, 나는 내 무지를 또 하나 오늘 계몽받았다.

종명에서 보면, 이 종은 삼국시대에 세워진 이곳의 절간이 일단 무너졌다가 중흥할 때 만들어진 것인데, 내 현시점의 감정 탓인지 종명 속에 그 발음하는 이빨까지를 생생히 드러내 보이는 듯한 '경음鯨音', '화개실신花開實新' 이런 말들은 참 충분한 실감을 주었다.

바다의 암고래들이 봄이면 숨어서 새끼들을 낳으러 산맥 가까이 모여 가지만, 거기 낳은 새끼들이 헤엄칠 만큼 자라난 여름철이면 모조리 데리고 바다로 돌아오며 외치는 합창은 참 굉장할 것이다.

종을 처음 빚어낸 중국인들의 종에 대한 감각은 예부터 고래들의 모자 포효 같은 것이다.

그런데 우리나라에 와서 새로 표현된 '화개실신', 이것은 무슨 말씀인가?

이 종은 어느 불가사리 때의 전란에선지 그 종을 매달은 끈에서까지 떨어져 내려 연거푸 황진만장黃塵萬丈 속에 땅 깊이 묻히었다가, 이조 어느 왕조엔가 얌전한 한 은사隱士 모야某也가 이 근처에 숨어 살다 우연히 경작하던 괭잇날에 부딪쳐 캐어냈다는 것인데, 이때의 느낌을 '화개실신'이라고 이 종명에 써 놓은 것은 내겐 참 인상 선명하다.

중국인은 저희들이 늘 하늘 밑에서는 제일 큰 나라라는 것을 느끼고 살아온 사람들이니 종소리를 들을 때에도 큰 바다의 가장 큰 짐승 고래 떼들이 새끼까지 몽땅 낳아 거느리고 바다를 누비며 포효하는 그런 거드름으로 들어왔으리라.

우리는 무엇으로, 무엇으로 민족의 역경투성이의 잠세력의 존엄에 어긋남이 없이 그 종소리를 듣는가?

그런데 이 종명의 뜻은, 수천만 마리 모자 고래의 바다를 누비는 중국적인 굉장한 종소리가 한국에서는 일단 딱한 사정으로 떨어져서 땅속에 깊이 묻혔다가 몇백 년이나 몇천 년 뒤에 다시 햇빛 속에 나와 소리를 내게 되면 그 전의 굉장한 고래 떼의 소리가 아니라 아주아주 고요해져서 새로 피어나는 한 송이 꽃의 소리로 바뀌어 들려온다는 것이다.

'아침 조용한 나라'가 우리나라의 원뜻이긴 하지만 부안 내소사의 종명을 읽다가 나는 내가 이 나라에 태어난 어조, 침묵 속의 새 힘을 새삼스레 느끼게 되어 다행이었다.

이런 힘에 대한 이해가 나 이외의 이 나라 사람들에게도 좀 더 많이 뻗쳐 가기만 바란다.


## 10월 3일

전북 고창군 선운사 동백여관에서 아내와 함께 나그네잠을 깨었다. 여기서 멀지 않은 삼인리 뒷산 골짜기에 천 평쯤의 산자락 팔릴 것이 났다고 해서, 조그만 초막을 엮어 여생의 고독하고 싶은 때들을 거기 처박혀 보내고 싶어서 잠시 둘러보려고 내외 동반해 내려온 것이다.

'허허, 미당도 별장을 다 짓겠다는 걸 보니 부유스럼해지는 모양이다'라고 나를 잘 모르는 이는 혹시 말할지도 모르지만 그건 아니다. 한 평에 백 원쯤이라니 10만 원이면 살 수 있는 이 귀 빠진 조용한 산골짜기에 문자 그대로의 삼간초옥 ─마루 하나, 방 하나만의 가난한 농가 모양의 초막 하나를 엮어, 한국인으로서의 시름과 고독을 나 혼자서 고요히 재음미하고 싶은 때는 언제고 임의로이 여기와 놓여 이 가장 한국다운 자연에 감정의 기복을 달래 동화시키려는 의도뿐인 것이다.

여기를 내게 소개해 준 김의수 군의 뒤를 따라 아내와 함께 미래의 몸담을 곳을 향해 산골 물줄기를 따라 올라가다가, 때마침 내리쪼이는 천지개벽의 직후와 같이 울리는 햇살 속에 참 다정하게도 아글타글 매달린 붉은 감 열매의 일단과 만나 나는 여기 쏠리는 정을 어쩌지 못했다.

감나무는 하늘 밑에 있는 모든 나무들 가운데서도 내가 가장 좋아하는 나무다. 봄에 새로 솟아나는 떡잎의 눈부신 갈맷빛도 귀한 것이려니와 그것이 기름지게 첩첩이 우거져서 드리우는 그늘 밑의 우리 맷방석 자리의 한때─때로 맷방석 위에 떨어져 내리는 그 무사기無邪氣한 감꽃과 더불어 지내는 첫여름의 한때, 그것도 우리에겐 선조

대대로 내려오는 가장 그리운 일 중의 하나이기 때문이다.

내 이런 속마음을 미리 알아맞혔는지 아내가 먼저 감나무 열매들을 손가락질해 가리키며 "당신 좋아하는 것이 있어서 좋으시겠소" 한다.

나는 문득 수화 김환기가 감나무를 모든 동식물 가운데서 제일 좋아했던 것을 생각해 낸다. 감이나 감나무 잎사귀만 나오면 꼭 유치원 아이같이 흰 두 줄의 이빨을 드러내 놓고 깔깔거리며 무턱대고 웃어 젖히던 그 사람 좋은 웃음소리도 생각해 낸다. 그가 그린 감 옆에 내밀어져 있던 관세음보살의 토실토실하고도 슬기롭던 손가락들도 생각해 내지 않을 수 없다.

그래 나는 이 몇십 그루의 감나무 때문에 여기를 내 미래의 가장 중요한 거처로 정하기로 했다.

감나무는 내 유소년 시절에 가장 중요한 것 중의 하나이기도 했다. 우리 집에 없는 감나무는 맑은 돌개울을 하나 건너면 모시밭 사이 부안댁네 집에 아주 큰 것이 몇 주 서 있었는데, 이 부안댁 여주인이 마을에서도 제일로 훤칠히 넓은 이마와 맑고 정숙한 두 눈과 눈썹을 가졌던 일, 또 그분이 바로 꽤 먼 데의 마을 우물에서 물동이에 물을 길어 머리에 이고 오는 어느 길에서도 제일로 그 동이물을 영 안 엎지른다고 소문났던 일, 이런 일들과 합해져서 내가 자주 올라갔고 또 내려와 그 밑의 낙과들을 줍곤 했던 부안댁 감나무는 육십에도 영 잊으려야 아주 잊을 수는 없는 것이 되어 있기 때문이다.

내 선고의 친구의 아들로 나보다 나이가 예닐곱 살 아래기 때문에 나를 보고 늘 형님, 형님 하는 김의수 군은 여기 이 집터 자리 뒤에 병풍 같은 바위가 둘러 있는 것과 선운산 삼봉이 조망되는 것 등을 들어 여기를 내게 권하며 역설했고, 나는 또 내 집을 앉힐 자리에 칡 덩굴이 왕성히 우거져 있는 것도 좋아 그 칡꽃과 칡뿌리도 안 기대한 건 아니었으나, 이곳을 아주 내 자리로 정한 근본 이유는 역시 그 감나무들에 있다. 수화에게 그랬던 것처럼 감나무는 내게도 마음의 친구일 수 있는 나무다.

### 10월 5일

생겨나서 열 살 때 첫봄까지 살았던 마을—전북 고창군 부안면 선운리의 종형수 댁에서 아내와 함께 눈이 뜨였다. 종형은 6·25 사변 직후에 불귀의 객이 되고, 올해 예순여덟인가 된 종형수가 혼자 살림을 꾸려 가다가 막내딸 혼사를 치르는 그날이 바로 오늘이고, 나는 그 주례이기도 해서 여기를 들러 하룻밤을 자고 난 것이다.

오늘, 돌아가신 내 종형의 막내딸 혼삿날의 주례까지도 되자니 자연 우리 집 족보까지가 우연처럼 다 생각이 난다. 내 고조는 통정대부였으니까 종 3, 4품쯤 되는 그런 어리무던한 양반이고, 증조는 나 비슷한 문장가였던가 본데, 내 할아버님은 세상에서도 발칙스런 도박 상습자였다가 사십도 못 되어 요절해 버리고 말았다. 영명令名 높은 열녀인 내 할머님의 세 아들 중 두 아들만이 성장해서 결혼을 했는데, 큰아들인 내 백부는 정권이라는 반영웅인 내 종형 하나만을 남겨 두곤 내외가 다 일찍 세상을 뜨고, 내 아버지 석오 서광한 선생 만이 남아 형제의 집을 다 다스려 가야 했다.

내 아버님 석오 선생은 나 정주 같은 건 열 명쯤 포개어도 당하지 못할 재능과 사람다움을 지녔던 분이다. 열세 살 때는 과거의 예비 고사인 지방장관이 베푸는 시험에 세 군데서 합격을 했고, 한 군데 서는 장원—수석 합격의 성적도 보인 소년이었다. 서가 성을 가진 전라도의 한 수령관은 그를 양자로 원해 과거 길을 재촉기도 했다.

그러나 이조는 막바지에서 구 과거제도를 폐지하고, 내 아버님은 그로서는 마지막인 사회 진출의 길을 빼앗기고 말았다. 진사쯤은 될 수 있는데도 그것도 못 되고, 열세 살짜리 생원으로서 이조의 마지 막에 좌정하고 만 것이다.

아버님은 이후 쬐그만 돈벌이에만 골몰해서 벌려고 또 벌려고 애 쓰면서도 자기 형의 외아들 정권만은 늘 품에 끌어안고 다니다가, 돌아가실 때는 마을에서도 제일로 좋은 전답만을 유산에서 다 빼어 주어 내 종형은 문자 그대로 마을의 주호主戸가 되었다. 그러나 내 종 형은 그런 재산 같은 것을 잘하기보다는 어리무던한 사람이어서 물 려준 것 다 팔아먹고 가족들을 데리고 정읍역 앞 같은 데서 헤매다 가 죽어 버리고 말았고, 또 지금은 아무것도 없이 되어서 막내딸은 사내를 미리 보아 아이까지 하나 가졌는데도 혼비도 없어 혼인 예식 도 올릴 수 없다가 이번에 나와 내 누이의 겨우겨우의 배려로 오늘 이날을 골라 내 주례로 사후 집례를 하기로 한 것이다. 어허, 허허!

동국대학교에서 교수 월급 10만 5천 원인가 6천 원 손에 들어오는 중에서 만 몇천 원짜리 골덴텍스 양복감 한 벌 사고, 또 양단 치마저고릿감, 그게 얼마라더라, 한 벌 끊고, 그래 그것을 뭉뚱그려 들고 가서는 정읍에 사는 누이 정옥이더러 또 좀 보태고 재봉도 다 해내라 해서—겨우 새 옷 입혀 맺게 해 주는, 냉수 위의 생색 같은 혼인 주례 행각이었던 것이다.

그러나…… 이것도 내 오십대에는 거의 불가능했던 일이다. 그렇게 보자면, 이만큼이라도 할 수 있게 된 것은 그래도 육십이 되면서 살림이 좀 늘어서고, 이건 꽤나 잘된 일인 것 같아 흐뭇하다.

우리 아버님의 넋이 땅 밑에서 오늘은 그 감상으로 참 많이 울으셨을 것 같다.

마을 국민학교에서 자리를 주어, 새로 혼인하는 것들—그중에서도 우리 신부가 녹의홍상으로 서서 웃는 것을 보니 여기가 환웅과 웅녀의 결혼식인가 싶기도 하고, 내 조카 계집아이도 미운 줄 알았더니 인제 새로 보니 정말은 아주 예쁜 것을 느꼈다.


### 12월 20일

하버드대학의 데이비드 매캔 군이 쉬이 그의 본향 미국으로 간다고 해서 오늘은 이별 인사로 외국어대학의 허세욱 군과 같이 명동의 한 일본 음식점에서 세 사람만의 단출한 송별회를 가졌다.

군이 지난여름에 여류 시인 김양식 여사의 안내로 관악산 밑의 내 우거를 찾았을 때 내게 한 말이 지금도 잊히지 않는다.

"저는 하버드 대학생 때 한국이라는 딱한 곳이 보고 싶어 평화봉사단원으로 와서 경상도 안동이란 곳에 배치되었어요. 안동은 참 기막히게 좋은 곳이더군요. 저는 지금까지 이런 곳은 처음 보았습니다. 아무리 가난하고 딱해도 그걸 전연 겉으로 안 보이고 점잖하게 견디는 사람들의 고향 같았습니다. 그래 미국으로 돌아간 뒤에 저는 한국을 더 알고 싶어 다시 나와서 고려대학교에서 몇 해 한국문학을 공부하게 되었고, 그러다가 서정주 선생님의 시를 알게 되었습니다. 지금 제가 한국에 있는 목적은 서 선생님의 시를 되도록 잘 번역하는 것뿐입니다."

잘사는 나라의 미련치 않은 젊은 사내의 이 말이 어찌 그냥 잊히겠는가. 말하는 것으로 보아 이건 1, 2대의 노력만도 아닌 것 같아 "아버님은 무얼 하시는가" 하니 "예, 저의 아버님은 매사추세츠의 교육감이랍니다" 한다. 옆에 있던 시인 김양식 씨가 "교육감이라면 미국에서는 그 대우가 완전히 주지사하고 같다고 합니다" 한다.

그래 이런 것 저런 것 들은 것들하고 아울러 대조해 매캔을 다시한 번 보았으나, 그는 '8시 통근길에, 대머리 총각……' 이렇게 시작되는 유행가 속의 그 대머리 총각 같은 느긋하고도 소같이 선량한 미소만을 띠고 있을 뿐이었다.

자연 내 입에서도 이런 말이 나오지 않을 수 없었다.

"여보게, 매캔! 자네도 시인인가 본데, 시인이려면 무엇하러 남의 걸 번역하는가? 자네 시를 먼저 쓰게. 그게 제일 보람 있는 일 아닌가? 내 시 번역 같은 건 좋으면 하게마는, 여기서 약속하는 의무 따위로는 하지 말게. 자네 것에 언제나 충실해 주게!"

이것은 사람다운 사람을 볼 때 언제나 내게서는 저절로 나오는 말인데, 사람이 자기를 잊을 정도로 무엇에 감동됐을 때 하는 말인 만큼 논리도 아니지만 또 어쩔 수도 없는 일이다.

그리고 이 좋은 청년이 내 나라 중에서도 고르고 골라 안동을 좋아하는 데 대한 내 마지못하는 대답인 것이다.


### 1975년 1월 3일

내 미국인 친구 멜리센트 허니커트 양이 뜻하지 않은 때에 서울로 온다고 기별하여 저녁 어스름을 김포공항에서 지냈다.

그네와 내가 처음 안 것은 1962년 11월 으스스한 늦가을 오후, 그때 대전대학의 영문과 교수였던 그네가 내 시를 좋아해 몇 편 번역한 것이 인연이 되어 이날을 받아 서울 반도호텔 다방에서 만나기로 하여 일부러 그네가 대전에서 상경했던 것으로, 그네가 미리 보내 주었던 편지 속의 자기 표징 소개대로 나는 연분홍빛 한복 치마 저고리에 남빛 마고자를 받쳐 입은 금발 여인을 쉽게 발견할 수가 있었다. 그네를 처음 내게 소개한 전북대학교 불문과 교수 유제우 군은 "이쁘던가?" 하는 나의 물음에 "이쁘다기보담은 더 훌륭하게 생긴 여인입니다" 했었는데, 아닌 게 아니라 그런 종류의 여인이었다.

그 맑게 푸른 호숫빛 눈동자의 아주 조용하고도 성실해 보이는 움직임이 나를 안심하게 해 주어서 첫눈에 들었다. 나는 그네를 데불고 밖으로 나와 길거리의 택시에 태운 뒤 즉흥적으로 창덕궁 비원으로 이끌고 갔었다. 충분히 가난하고 또 자존심 강한 내게는 그네와 처음 같이 거닐며 이야기를 나누기 위해서 어디 이보다 더 나은 딴 곳이 쉽게 떠오르지 않아서였다.

비원의 능허정에서 아흔아홉 간 민가 형식의 집이 있는 쪽의 계곡을 지나서 우리는 비원에서도 가장 무성한 수풀 속에 수부룩이 내려쌓이는 낙엽들을 밟고 서 있었다. 거기서 그네는 고향이 가족이 살고 있는 노스캐롤라이나가 아니라 매사추세츠이고, 아버지는 가끔 인삼을 기르기도 하는 늙은 철학박사이고, 미당 나는 그네 아버님 비슷한 데가 있다는 말을 했다.

나는 아흔아홉 간 민간형의 집 앞 호숫가 언덕에 돋은 땅대나무 잎사귀를 뜯어서 댓잎피리를 만들어 불어 주며 그네에게 고마움을 표시했더니 유치원 계집아이 같은 표정으로 무척 반가워라 했다.

그네가 노스캐롤라이나 대학 백일장에서 장원한 상으로 시인 로버트 프로스트를 만나는 기회를 얻어 그를 상대해 보았다는 학생 때의 자랑도 역시 유치원생 같은 모습으로 들려주었다. 이때 그네는 전주 기전여고의 교장을 8년간이나 지내고 대전대학 교수로 옮겨 두 해 동안인가 되었으니 한국에 있은 지 이미 10년. 우리말도 썩 유창해서, 서로의 감정까지도 한국말로 충분히 소통할 만했던 것이다.

그해 겨울, 그네는 충북 보은 속리산 법주사에 나를 초대했고, 이듬해 봄에는 계룡산 갑사에 다시 나를 초대하여, 그 보답으로 나는 경기도 포천의 산정호수와 강원도 춘천의 소양강에 그네를 초대하기도 했다. 산정호수 때는 여류 작가 한무숙 여사와 함께 그 댁의 차를 타고 갔었고, 춘천 때는 내가 마침 춘천 성심여대의 강사를 겸임하던 시절이라 허니커트의 문학 강연을 학생들에게 듣게 만들기도 했었다.

1963년 여름, 춘천 성심여대의 강연을 마치고 서울로 오는 버스가 망우리 공동묘지 옆을 지날 때 "내가 저런 무덤으로 놓이면 혹 기억이나 하겠느냐?"고 좀 센티멘털해져서 물으니 "아직 젊으면서 다 늙은 소리를 왜 하느냐?"고 그네는 나를 나무랐고, 연애의 빛깔 이야기가 나와서 "너무 짙은 핑크는 사람이 오래 못 견디는 것이고, 카네이션핑크라야 겨우 견딜 만한 것 아니냐"는 데는 서로 또 의견이 맞기도 했다.

그러나 대단한 이는 멜리센트 허니커트 양이었다. 한국 땅을 떠난 1964년까지도 그네가 시인이라는 이야기를 한 적이 없다가, 떠나기 바로 얼마 전에야 대학을 막 나온 뒤의 이십대에 일찍이 미국 『포에트리』지의 멤버 시인이었음을 가벼이 내게 고백하고, 또 그것도 하염없어 변방 한국의 선교사를 선택하고 말았다는 이야기를 비로소 했을 뿐이니 말이다.

그네는 내 큰자식 승해를 그네 모교인 노스캐롤라이나 대학으로 1965년 봄에 안내해 데려가기도 한 분이다. 그런 그네가 뜻밖에도 정초에 서울에 온다는 기별을 보내어 김포공항에 나온 것이니 내겐 오늘처럼 느꺼운 날도 드물밖에 있는가?

나는 1963년 첫가을 그네가 "기막히게도 붉은 칸나가 피었어요!"

하고 대전 기류처에서 편지해 보냈을 적의 아직도 젊던 삼십대 말기의 모습 그대로를 상상하며 기다리고 있었는데, 공항에 나타난 모습을 보니 여전히 그대로지만 11년의 세월은 어딘지 그네에게도 무엇짙은 그늘을 지우기는 지운 것 같다. 바닷속으로라면 그 속으로 속으로 점점 깊어져 들어가고 있는 것 같은, 또 하늘 속으로라면 역시 또 한 걸음 한 걸음 더 아스라이 미묘해져 가고 있는 것 같은—그런 것이 이미 오십인 그네의 재출현에서도 풍겼다.

오랜만에 보는 반가운 사람의 나이 든 모습은 늘 이런 것 아닌가 하는 생각이 든다.

### 1월 9일

아침 9시, 전주 기전여고 교장실—나와 그네는 멜리센트 허니커트 양이 그전에 8년간이나 집무하던 이 방에서 약속대로 다시 만나 내 고향인 고창을 둘러보러 같이 떠났다. '둘러보러'라고 하기보담은 그네에게 자랑할 것이 따로 생각나는 것이 영 너무나 없어서 나는 내 고향의 모습이라도 차로 갈 수 있는 대로나마 좀 보여 주고 싶어 한 것이다.

나와 내 외국 친구를 위해 일부러 차를 끌고 왔던 내 누이 정옥은 정읍에서 내리고, 허니커트 양과 나 둘이서만 고창 선운사로 차를 몰았다. 선운사에는 작년 5월에 이곳 고향의 민간 유지들이 내 시비를 세운 것이 있어, 그거나마 오랜만의 내 미국 친구에게 자랑하고 싫었고, 그네도 그걸 보고 싶어 했다. 또 선운사에는 겨울에도 내가 좋아하는 늘 새파란 동백 수풀이 있고 가장 수수한 초당만 같은 절 간의 집 모양들도 그대로 살아 있어, 나와 가장 가까운 것으로 보여 주고 싶었기 때문이다.

그러나 나는 선운사로 접어드는 갈림길에 다다르자, 차의 방면을 선운 쪽이 아닌 딴 데로 이끌고 말았다. 딴 데로라야 별 딴 곳도 아니긴 아니다. 여기서 서으로 바닷물과 육수가 합쳐 들고 나는 장수강 변 10여 리를 내려가면 조화치라는 나룻목이 있고, 이 나룻목에서 동으로 보면 내가 생겨난 마을―질마재 선운리의 10분의 1만큼의 아랫도리가 그래도 바라보여, 그걸 내 참 오랜만의 친구에게 먼발치 롤망정 먼저 보여 주고자 함이었다.

여기는 내가 보기에는 이 나라의 호젓하고 후줄근한 경치들 속에 서도 드물게 좋은 외따로이 있는 아늑하디아늑한 곳이다. 서으로 둘 러 있는 변산반도의 마지막 콧등을 돌아 안으로 몰려드는 바닷물이 내해의 호수를 이루고 있고, 그 바다호수의 동남쪽에 깔려 있는 내 생리―질마재 선운리와 그 뒤의 소요산 연봉은 여기서 보면 그래도 40프로쯤의 미적 효과는 나타내고 있다. 그래 그걸 바라, 나는 나룻 배를 태워 내 생리로 그네를 유치할 시간이 없는 대로, 이 조화치 나 룻목의 조망 속으로만이라도 그 아름다움을 짐작해 달라고 이끌고 온 것이다.

조화치의 서남 언덕에 서 보면 또 황해의 넓은 바다 모습도 비교 적 잘 조망되는 곳이다.

조화치 나루터의 사공은 이 나루를 건너가서 한 2킬로의 진펄을 걸으면 들어가는 질마재 선운리 사람으로, 나보담은 대여섯 살 아래—백이라는 성을 가진 백 서방은 나를 아주 잘 알고 형님쯤으로 섬기고 있는 터라 나를 만나는 게 무척 반가워선지 내 손을 덥쑥 붙들어 잡으면서도, 내가 소개하는 미국 여자 친구는 신기하면서도 와락 친분감이 내키지는 않는 모양이다.

　　"내 미국 친구 허니커트 박사님이시네. 미국 대학의 문학과장 교수님이시지……" 어쩌고 소개해 주어도 "어허, 그래요" 할 뿐 별 마음 쓸 눈치도 물론 보이지 않는다. '어허허이, 서정주, 별 바람 다 났구만, 양코배기 여자를 다 데불고 다니고……' 하는 눈치다.

　　이 사람은 내가 최근 『시문학』지에 쓰고 있는 '질마재 신화'의 등장인물의 하나로서, 4월 호에 실린 「심사숙고」의 선원 백 씨 가족 중 2대 만의 맨 끝 선택으로 배 타다가 난파 뒤 석류꽃만 보고 지내다가 다시 겨우 나룻배를 타기 시작한 바로 그 사람이니, 더구나 재미있는 일이다.

　　"저기 보이는 것은 내 마을 선운리의 맨 아랫도리뿐 한 5분의 4는 산이 잘 보이지 않고, 또 내가 어렸을 때 늘 먹 감던 산에서 흘러내리는 맑은 개울물도 여기서는 보이지 않소. 마을로 가자면 이 나루를 건너 구두도 벗고 진펄을 2킬로나 걸어가야 하는데 그것도 할 수 없고……"

　　내가 허니커트에게 말하니 그네는 잘 알겠다고 하고, 참 묘하게 생긴 곳이라고 해 주었다.

그래 겨우 나는 차를 되돌려 선운사로 향했다.

선운사에 당도하니 으스스 춥기만 하여 차나 한잔 대접받을 양으로 주지 스님을 찾으니 마침 또 주지는 전주에 가고 없다. 절 법당에서 허니커트와 나는 부들부들한 한기 때문에 아무 구경도 할 마음도 못 내고, 절 입구의 동백여관으로 내려왔다.

여관엔 마침 이 산골에 꿩이 많이 내려서, 어떤 아이가 덫 놓아서 잡아 놓은 장끼 한 마리 구워 놓은 게 있어서 다행이었다. 방에 군불을 지피고 아궁이에서 담아 놓은 화롯불이 잉글잉글 따뜻이 피어 우리 사이를 따뜻이 하는 것도 정다웠다.

나는 여기서의 점심 뒤, 「선운사 동구」라는 내 시가 자필로 새겨진 시비 앞으로 허니커트를 이끌었다. 그래 그걸 두루 보이고, 이 시비 옆에 설립자인 라이온스클럽이 나를 소개해 기록한 글 중에 나를 지칭한 '시성 미당 서정주……' 운운한 데를 가리키며 "내가 어디 그럴 만하냐?"고 하니, "왜요? 그럴 만도 하지요" 하는 것이다. 깔깔깔 깔, 내가 웃으니 그네도 역시 그렇게 따라 웃으며…… 그래 나는 내가 자랑할 만한 마지막 것을 그네에게 보인 셈이다.

"시 쓰시오. 교수 노릇보담도요" 전주로 오는 차 속에서 나는 그네에게 말하고 "만일에 시 쓸라면 한국으로 다시 오시오" 하니, 그네도 그러마고 약속한다. 아마 시를 다시 쓰기로 한다면 그네는 틀림없이 정신적으로 선택된 명당—한국으로 다시 살러 올 것을 믿고 나는 기대하고 있다.

## 1월 18일

오전 10시 반쯤 미국인 친구 멜리센트 허니커트 양과 함께 곤경에 처해 있는 동아일보사를 위문하기 위해 회장 고재욱 씨와 사장 김상만 씨를 예방했다. 동아일보는 나로서도 난생처음 듣는 세칭 광고 탄압으로 재정난에 빠진 지 벌써 한 달쯤이나 된다. 누구누구의 명령이고 모의의 시행인지, 신문들이 자유로이 받아 실어 오던 광고를 동아일보에만은 주지 않게 되어 버린 것인데, 그 이유라는 게 이 신문이 딴 신문보단 자유 언론을 제대로 다해 온 때문이라고 한다. 참 어이없는 일이다.

나는 1936년 동아일보 신춘문예에 당선해서 시단에 나온 사람이고, 또 1948년에는 한동안 이곳의 부장기자이기도 했던 사람이다. 이런 내가 더구나 어찌 가만히 모른 체 보고만 있을 수 있겠는가. 때마침 서울에 온 허니커트 양에게 이 위문행의 예정을 말했더니 그네도 꼭 동행시켜 달라고 해서 같이 가게 되었다.

어찌 된 일이냐고 묻는 우리에게 고재욱 회장은 침묵뿐이었고 두 눈은 오히려 반문하는 표정이다. 동아의 장래를 걱정하는 위문의 말을 하니, 그제서야 "모르지요. 하여간 우리 뜻대로 되건 안 되건 머지 않아 무슨 결정이 나기는 나야겠지요" 할 뿐이다. 이분은 내가 이곳의 기자였던 때에도 주필이었던 분이라 비교적 잘 알지만, 내가 기억하는 어떤 얼굴에서도—가령 6·25 때 피란 행각 중의 얼굴에서도 아주 조용한 그 바닥의 웃음을 잃은 적이 없었는데, 지금은 그것이 영 자취를 감추고, 억울하여 기막힌 내색이 이미 그 한도를 지나 있었다.

김상만 사장의 입에는 웃음의 일종이라고 할 수 있는 것이 있긴 있었으나 두 눈에 담긴 심각한 응시의 깊이엔 오싹할 만큼 처참한 것이 있었다.

허니커트 양이 미국에 돌아가서 자기가 도울 구체적인 조건을 말해 달라고 간청해도 김상만 사장은 그것도 말하지 않았다. 동족에게 당하고 있는 화를 우방일망정 타국인에게 상의하는 것도 창피한 일이라는 내심이 엿보이는 듯했다.

그래 허니커트 양은 할 수 없이 격려 광고 하나를 부탁하고 여기를 물러설 수밖에 없었다. 기독교도인 그네를 대신해서 내가 '우리 동아에 늘 하느님의 가호 있으시기를……' 하는 문면을 마련해 주었다. 한국의 불교문학가협회의 대표자이기도 한 내가 그 철저한 미국 기독교 선교사 출신자를 요로초롬 내조하는 것을, 시비 잘 따지고 배타 잘하는 우리나라 사람들이 알면 뭐라고 또 지탄할는지는 모르지만, 인생의 실제란 사실은 또 가끔 요로초롬도 되는 것 아닌가?


### 3월 18일

벌써 여러 해 동안 염려해 오던 내장들의 종합 진찰을 받기 위해 국립의료원 내과에 입원하여 서5동 제8호 병실에 자리를 잡았다. 남들은 태연히 보아 넘기는 신문기사에도 울렁거려 견디기 어려워진 심장, 건강하던 때의 반도 못 되는 음식 양도 제대로 소화를 해내

지 못하는 위와 장, 여러 십 년의 따분한 심정을 마춰하기 위해 들이
켜 온 술독으로 폐품이 다 된 듯 매양 살빛을 까맣게 하고 얼굴을 붓
게 하고 기맥을 못 쓰게 하고 자주 몸져눕게 하는 간장, 1953년에
발병하여 치료는 받았으나 아직도 만성으로 가슴 어디에 잠복해 있
는지 늘 메스껍고 뜨끈거리게 하는 늑막염—이런 것들의 염려 때문
에 나는 오랫동안 사실은 반병신 다 된 채로 직장에도 나가고 글도
쓰고 회합에도 나가고 해 왔는데, 최근 2, 3년에는 그 피곤의 도가 지
나쳐서 마침 이 병원에 친한 의사가 있는 것을 기화로 일대 용기를
내어 타진해 보기로 나선 것이다. 괜찮다면 행이어니와, 아니라면 단
시일에 몇 푼어치 안 되는 가재나마 정리하여 남는 가족들의 장래를
획책해 보아야 한다는 막다른 마음 준비까지를 아울러 하면서였다.

이심전심이리라. 나를 따라온 아내의 낯빛에도 내 마음속과 똑같
은 검은 그림자는 문득문득 어리고 있었다.

밤에 혼자만 남게 되자, 어느 사이 나는 집행 대기 중인 사형수의
마음을 저절로 상상하게 되고 또 이런 데도 익숙해져야 하는 마음의
연습을 안 할 수는 없었다.

사람의 마음은 참 묘하게는 안성맞춤인 것이다. 육시처참형 집행
전에 마지막 팥밥을 얻어먹고 있는 사형수도 천천히 적응하여 마침
내는 안성맞춤의 정신 상태로 형장에 오르는 것이 아닐까?

## 3월 20일

그러나 내 수壽는 아직은 상당히 나머지 치가 있는 모양이다. 아주 단시일에 의사 이상호 군의 각별한 협력으로 내장 일체는 엑스레이와 방사선 사진기로 면밀히 찍혀 나오고, 피와 대소변도 두루 다 검사되었는데, 결과는 갑상선과 심장에 허약이 보일 뿐 다른 것들은 비교적 건전한 편이라는 것이다.

그렇다면 나는 서양 어느 작가의 작품 속 인물처럼 '기분으로 앓는 사내'였더란 말인가?

이 쾌보에 제일 먼저 좋아서 활짝 피어난 것은 아내의 얼굴이었다.

나는 아내의 얼굴을 보며 재생한 기쁨을 새로 느꼈다.

그러나 환자에게는 감추기 마련인 의사와 가족 사이만의 밀약— 그런 것은 없는가 하는 내 의심은 마침내 의사 이상호 군을 시험해 보기로 했다. 부랴부랴 해방되어 나오는 초저녁 길에 나는 이 군더러 "무병이라니 한잔 마셔도 괜찮겠지? 우리 한잔씩 나눕시다" 해본 것이다.

만일에 이걸 거절한다면 내겐 비밀이 있음을 점치려 함이었다.

그런데 그 점도 길조였다. 우리 의사는 쾌히 "좋습니다. 한잔하십시다" 유쾌히 웃으며 찬성했으니 말이다.

비로소 나는 완전한 재생의 기쁨에 "아!" 소리쳤다. 참 묘한 것은 마음속 일이다. 아까까지도 찌뿌듯한 것뿐이던 내 마음속 어느 구석에 이런 기쁨이 잠복해 있었는지 그 바닥이 어딘지조차 알 길이 없다.

## 4월 10일

1970년 3월에 여기로 이사 온 뒤로 만 5년이 지나도록 늘 소원만 하고 아직도 못 구해 심은 청매 한 그루를 찾아서 오늘은 또 안양의 고려농원까지 갔다.

아내에게 잘 사정하여 겨우 만여 원 돈을 얻어 냈으니 '매화 옛 등걸'의 큰 것은 이 돈으론 어림도 없지만, 그래도 묘목급은 넘어선 그런 거나 하나 바라서였다.

서울에서 안양까지 버스를 여러 차례 갈아타고 또 그걸 기다리노라고 한 두어 시간쯤 걸려 당도하니, 주인은 마침 부인이 시골을 가서 혼자 농원을 지키던 중이라며 나를 무척 반겨 주었다. 이분은 나와는 3년 지기니, 내 뜰의 고려영산홍을 그와 상의하기 두 해 만에 작년에야 겨우 옮겨 심어 놓은 데서 알게 된 친구다.

청매 한 그루 자그마한 걸로 구하러 왔다고 하니, "방으로 들어갑시다. 이야기할 것도 좀 있고……" 해서 하자는 대로 들어가 앉았더니, 그는 무슨 잡지에서 도려낸 몇 페이지의 문면 있는 종이를 내 앞 탁자 위에 펼쳐 놓으며 "선생이 나를 이렇게 생각해 쓰신 건 섭섭한 일이오" 한다.

자세히 보니 그건 『현대시학』지에 내가 '봉산산방 시화'라는 제목으로 1년여 연재하던 것 중에 고려영산홍을 이분의 농원에서 옮겨 심던 전말을 적었던 것인데, 그 글 속의 어떤 구절에서 내가 그를 인색하게 본 느낌을 표현했다고 유감스럽게 느낀 구절마다 볼펜으로 관주貫珠까지 쳐서 가지고 있다가, 기다렸던 듯이 내 앞에 내놓은 것이다. 누가 이걸 찾아냈느냐고 하니, 모 대학에 다니는 그의 아들의 눈에 뜨여 도려내 왔다고 한다.

오후 2시쯤이었을 것이다. 그는 손수 맥주와 꿀을 탄 소주 두 가지 술까지를 내 앞에 가져다가 안기며 연거푸 섭섭한 표정과 말씀을 나를 향해 쏟아 냈다.

누가 자기가 쓴 산문 구절까지를 두루 다 외고 살 장사도 없는 것이고, 또 나는 마침 돋보기를 가지고 오는 걸 깜빡 잊고 있어서 그 문면을 자세히 보살필 수는 없었지만, 그 글을 쓴 취지는 잘 기억하는 터라 내 본의에 안 맞는 그의 섭섭함은 또 나를 지긋하게 서럽게 했다. "아닐 거요. 내 기억으론 노형을 내가 나쁘게 느낀 일이 없으니까요." 하니, 그는 "노형이라니요? 저는 선생의 아웁니다. 작년에 말씀하신 것 다 기억합니다. 우리는 둘이 다 금년 회갑이니 동갑이지만, 선생의 생일이 몇 달 먼저이시니 그야 저의 형님이시지요. 저 같은 사람을 하시 않으신다면 아우로 생각해 주시오."라고 말했다.

이런 얘기, 저런 얘기 하는 사이에 이미 5시가 다 되어 "가겠다"고 하니, 그는 비로소 따라 나와 일꾼들을 모아 내게 줄 나무들을 뽑아 동여 차리기 시작했다. 용달차가 불리어 들어서서 거기 옮겨 실리는 걸 보니, 수양버들 모양으로 늘어지는 가지를 가진 수청매垂靑梅가 내 키만큼 한 것이 한 그루, 역시 내 키만큼 한 걸로 짙은 루비빛의 자잘한 꽃망울이 서른 개쯤은 돋아 있는 중국 해당이 한 그루, 또 좋은 모양의 꽃과 물씬한 향기를 지닌 침정향 일명 천리향이 한 그루, 그 밖에 아름드리 화분에 만개한 꽃의 호박빛이 내 회갑나이빛에 잘 어울리는 영산홍이 한 분―도합 네 가지나 되었다. 이것들을 그는 내게 두루 무료로 떠맡긴 것이다.

그뿐만이 아니라 그는 서울까지 2천5백 원이나 되는 용달차의 운임까지를 내가 아무리 막으려 해도 눈 깜짝할 사이에 미리 다 지불한 것이다.

나는 집으로 오는 용달차 속에서도, 또 지금도 생각하고 있다.

'나는 자네도 나 같은 시인인 줄까지는 미처 모르고 있었네. 용서하게. 나는 늘 글로 쓰고, 자네는 그걸 안 하는 것이 다를 뿐 시인이기는 매한가지인 것을 아직 몰라 참 미안했네.'

그리고 이런 시인들은 우리가 가까이 안 하고 말아 버려서 잘 모를 뿐이지 우리 겨레의 성실한 층에는 정말은 적지 않을 것이라는 것도 뼈에 닿게 거듭거듭 느끼어졌다.


**4월 11일**

오전 9시부터 시작되는 중앙대학교 문예창작과 4학년 교실로 들어가려는 길에 송기원 군을 만나 그의 웃음도 아닌 웃음 앞에 나는 주춤거리고 있었다. 여기 4년생 송기원 군은 8년째 이 학교에 다니고 있다. 재주가 모자라서 그리된 게 아니다. 재주야 그가 이곳에 입학한 지 몇 달이 안 되어서 문화공보부가 공모한 신인예술상에도 장원한 학생이니 더할 나위나 있겠는가.

2학년 땐 병대兵隊에 뽑혀 갔다가 베트남에 파병되어 몇 해를 보냈고, 요행히 귀환 장정으로 돌아와 복학해서는 지난해 중앙일보 신춘문예에 소설부 수석 당선, 동시에 동아일보의 시부 당선에 골몰하노라 눈코도 제대로 뜨고 다니지 못했고, 그러다가 금년 3월 새 학기가 시작되자 이내 어찌 된 것인지 같은 과의 학생 몇십 명과 함께 교내에서 연좌데모를 하다가 주모자로 자퇴 권고를 받는 등의 뭐라고할까—시적 뻑뻑함이란 말을 쓸 수 있다면 재학 8년 동안 심한 그시적 뻑뻑함 속을 연달아 헤매어 온 역정이었던 것을 그의 강사인나는 잘 짐작하고 있으니 말이다.

너는 '피'라는 것을 너무 과도히 믿고 있는지 모르지만, 그것도 결국은 물이다. 피는 물과 색소의 반죽으로, 색소만은 물보단 더 멀리갈 자격이 있어 태양 광선이 닿는 데까지는 물론 갈 수가 있지만, 영원을 갈 수 있는 비물질의 영혼의 능력에는 따르지 못한다. 피보단영혼을 믿고 지금 당장 무엇이 잘 안 되는 데 지나치게 흥분하거나당황하거나 절망하지 말고, 네 능력 살려 가는 데 주력해라.

학교에서 할 수 없어 자퇴 권고했으면 우선 나오지도 말고, 어디깊은 절간 같은 데나 들어가서 처박혀 글이나 쓰도록 하렴. 뒤에 봐서 선생님들은 어련히 너를 풀어 주려고 하겠느냐. 봐라. 지금 우리가 원하는 게 굵게 다 이루어질 길은 없는 것도 알아야 한다. 네가 첫째 네 능력보다 훨씬 더 싼값으로 없어지지 않도록은 어떻게라도 해야지……

나는 그에게 이런 뜻의 말들을 퍼붓고 있었다.

그도 "예" 승낙하기에, 어느 절간에 갈 생각이면 내가 소개해 줄 테니 언제든지 와서 말하라고 하고, 그 곁을 떴다.

꼭 이 아이는 중앙불교전문학교 시절 무렵의 나 같은 데가 있다.


**4월 19일**

한국언어문화원이란 데서 전주에 교양대학 강좌를 개최하니 나더러 무슨 이야기를 한 시간 반 동안 해 주면 사례금 2만 원에 교통비에 숙식비까지 다 대 주마고 하여, 가만히 셈해 보니 부부 동반의 아주 질박한 이틀 여행도 됨 직하여서 냉큼 승낙해 두었던 여행길을 고속버스 편으로 아내와 함께 오전 11시에 떠났다.

강의는 저녁 7시 반부터 9시까지. 시간보다 일찍 전주에 도착기로 한 것은 공백의 시간에 꽃가게들을 섭렵하며 근처 산의 춘란이 보이면 구하려 함이었다. 그러나 꼭 한 군데에서 춘란 한 분을 보기는 했지만, 그건 이미 내가 가지고 있는 내 고향 고창 선운사 것이어서 여기선 아무것도 차지하지 못하고 말았다.

시내의 꽃가게들을 걸어서 돌기에 지친 다리를 끌고 강의 시간보다 한 시간쯤 전에 강의 장소로 가다가 '송아지'라는 이름이 좋아 다과점엘 들렀더니, 벽에 내 시 「국화 옆에서」가 누구의 솜씨인지 꽤나 좋게 쓰여져 걸려 있었다. 아내가 그걸 가만히 내게 주의시켜 보게 해 주며 "당신, 이제는 어디를 가거나 함부루 놀면 안 돼요" 한다.

나는 속으로 '어, 이것, 복면을 단단히 해야겠는데……' 생각했다.

밤 9시 강의가 끝나자마자 우리 부부는 급속히 김제 금산사로 택

시를 몰았다. 금산사는 내가 거의 안 가 본 데가 없는 전국의 그 많은 사찰 중에서 어쩌다가 빠뜨렸던 곳이기도 하려니와 또 그곳 산들이 춘란의 산지로도 알려져 있어, 내가 아직 못 가진 그곳 춘란을 한 폭 기필코 이번 길에 구해 오기 위해서였다.

그러나 금산사 동구의 인가들은 예상보단 훨씬 더 비속한 꼴이고, 또 매우 어수선히 시끄러운 곳이었다. 오랜만에 밤 솔짝새 소리에나 잠겨 보려던 우리 부부의 소원은 저속기만 한 가무 휜소에 막혀 이루어질 수도 없을 뿐만 아니라 평화하려는 사람으론 밤잠도 제대로 이룰 수 있는 곳이 못 되었다.

우리나라 사람들은 겨우 먹을 것이나 있으면 자연이나 고적에 잠겨 보아야 할 마당에서까지 왜 이리 겨우 우자스런 휜소나 빚어내고 노는가 모르겠다. 몰라, 너무나 속아픔이 지독하여서 우리들의 마지막 귀거래처인 자연을 직대해서까지 이러고만 말아야 하는 것인지. 그야 하여간에, 이래서는 도대체가 우리 모두 다 결국 손해만 보고 마는 것 아닌가?

마지막 자연하고도 바로 어울리지도 못하는 데서 우리나라의 모든 휜소와 무력의 사실들은 생기는 걸로 나는 안다.


## 4월 20일

새벽부터 내리는 빗속에 9시쯤 금산사 종무소를 찾아 난초를 물었으나 소원을 못 이루고, 내려오다 어떤 음료수 가게의 주인한테

문의했더니 스무 살 남짓한 미목이 고운 청년 한 사람을 알선해 주어서 그를 우장雨裝해 보내 난초를 캐 오라 했다.

그러나 그가 두 시간쯤 뒤에 겨우 캐 온 것은 난이 아니라 원추리였다. 이 청년이 의식하건 안 하건 아마 이곳 산정기의 덕택이리라. 청년은 내가 주는 수고비를 일이 바로 성사치 못했으니 받지 않겠다고 고집하는 것을 억지로 얼만큼 푼돈을 주어 돌려보냈다. 서러웠다.

11시쯤 이곳을 떠나 내 고향 고창 선운사에 오정 좀 지나서 당도했다. 금산사에서 못 듣고 만 솥작새 소리와 이곳의 그 가슴속에 닿는 붉은 동백꽃 수풀, 또 천년 전 그대로인 양한 노스님 몇 분을 만나 서울의 인사人事에서 헝클어진 내 마음에 평정과 가시可視의 힘을 돌이키려 함이었음은 물론이다.

그래 낮에는 이곳 주지 연곡 스님의 전통적인 미소와 그분이 내주시는 해묵은 복분자 액즙과 찬란히 간절해서 뼈마다 사무치는 동백 수풀의 동백꽃빛과 밤에는 슬픈 성처녀聖處女 한 50명쯤 우는 듯한 두견새 소리 덕으로 나는 나 이상의 힘을 비로소 새로 느끼고 '좋은 데 사는구나!' 고마워할 수 있는 여력을 되찾아 가지게 되었다.


**4월 21일**

아내는 어느 때는 나보다도 월등히 우수한 것 같지만 또 어느 때는 형편없이 어리석은 것 같다.

아침에 일어나니 그네는 나더러 "여보. 여기서 영광이란 데가 멀지 않으니, 우리 그 영광굴비나 기왕이면 좀 사 가지고 갑시다. 쌀 것이오" 해서, 버스로 버스로 갈아타면서 한 백 리나 오고 가는 길을 따라 헤매 다녀 보자니, 그런 고단한 어리석은 짓은 무엇하러 자진해 하는가 짜증이 생긴다.

영광 법성포란 곳의 선창 거리에 나가 그 무거운 걸 사서는 둘이 비지땀을 흘리며 어싸어싸 떠메고 걸어서 버스에 올려놓고는, 또 누가 들어가는가 안 들어가는가 눈독 올려 지키느라고 밖의 좋은 경치도 그냥 두고 지내고, 툴툴거리고 늦기 마련인 이런 시골 변두리 버스들은 또한 저희들 멋대로여서 서울 가는 차도 다 놓치고 말아, 또 하룻밤 마음에도 안 드는 여관 신세를 저야 하고, 그렇게 해서야 먹게 되는 그런 영광굴비 같은 것이나 섬기는 어리석음은 무엇하러 하는가.

나는 이 도중 어디에선가 하도 짜증이 나서 "여보. 이러려면 인제부터 아예 나를 따라다니지 마시오!" 폭발을 하고 말았다.

그러면 또 그네는 우리 어머님이나 되는 표정으로 "아따, 또 신경질 낸다. 그만두어 그만두어, 내가 다 들고 갈 테니"다.

어찌 혼자 다 들고는 가겠다는 건고?


## 5월 18일

오늘은 내 회갑 기념일이다. 내 생일은 사실은 음력으로 5월 18일이지만 그때는 너무 더워서 어렵겠다는 친지들의 권고를 따른 것인데, 또 마침 양력 5월 18일은 부처님의 생일인 4월 초파일이 겹쳐서 불교가 경영하는 우리 동국대학교 주최의 내 회갑 기념행사는 불가불 다음 19일로 미루기로 하고, 오늘은 집에서 내 시의 가까운 후배들과만 간단한 축배를 들기로 했다.

마침 일요일이기도 해서 오전부터 5, 60명의 후배들이 연달아 찾아들어 나를 고무해 주었다. 멀리 전남 순천에서 이수복 군과 대구에서 박주일 군까지 일부러 올라와 축하해 주고 하여, 새삼스레 이 나라의 햇빛과 세월 속에 사는 간절한 느낌이 뼛속에 배어드는 듯했다.

『문예』와 『현대문학』지에서 내 추천을 받아 시단에 나온 후배들은 한 개의 새 회중시계 뒤에 '축 미당 수연, 추천 시인 일동'이라 새겨 가저와서 한복 조끼에 매달아 주고, 시인 임성조 군은 순백의 한복 한 벌을 부인에게 손수 짓게 하여 날라다가 입혀 주어서, 나는 난생처음으로 부자가 한번 되어 보는 듯 흐뭇해졌다.

여류 시인 박정숙 여사가 백금에 다이아몬드를 박은 커프스 버튼을 보내오기도 하여, 나는 '보들레르의 한창 댄디 시절보다도 더 멋쟁이가 한번 되었다'고 취기를 빌려 으스대 보기도 했다. '보들레르가 만일 현재의 한국에 태어나 살다가 내가 받는 것만큼 한 대접만 받았다면 그 누구던가의 『보들레르전』에 보이는 것같이, 일생 동안 받은 너무나 적은 원고료의 총계를 해 보며 그렇게 처참하게 통곡하지는 않았을 것이다'라고……

나는 감개무량하여 너무나 많이 술만 마시었다. 그래 초저녁엔 이미 나자빠져 뻗어 버렸다. 그래 내 고향의 소학교 2년인가 후배고

친구였던 김자근니 여사가 큼직한 벽시계 하나를 가지고 아우 택현
군과 같이 찾아왔는데도 반가이 면담할 힘도 없이 "다음에 만나자"
고 해 그냥 돌려보내고 말았다.

술 깨어 이 글을 쓰며 생각이지만, 김자근니 여사가 섭섭했겠다.

일후 그네의 시골을 찾아 사과하고 위로해 드려야겠다.


### 5월 19일

내가 교수로 있는 우리 동국대학교 출신 문학인회와 문인협회, 현
대문학사가 나를 위해 공동주최해 준 종합적인 내 회갑 축연이 태평
로 신문회관에서 오후 2시부터 열렸다.

오후 2시엔 신문회관 1층 전시장에서 자필 시화전이 존경하는 선
배 월탄 박종화 선생과 동국대학교 총장 이선근 선생, 건국대 총장
인 내 친구 곽종원, 화가 김기창과 함께 나와 아내가 줄을 끊음으로
써 개막되었고, 이어서 오후 3시부터는 동국대의 김장호 교수가 연
출한 '미당 시잔치' 프로가 전개되었다.

시단 선배 가운데서 아마 누구보다도 나를 아끼고 또 내 시를 잘
외어 자주 읊어 주시는 무애 양주동 선생의 '서정주의 시세계'에 대
한 말씀에서, 나는 이분의 고희 넘는 연세와는 조금도 닮지 않은 그
꼭 15세 소년만 같은 독자 감각의 신선한 감수력에 새삼스레 놀라
지 않을 수 없었다. 무애 선생처럼 나이를 타지 않는 소년의 감수력
을 늘 지니고 사는 노학자는 아마 이 나라뿐 아니라 이 모든 땅 위에

서도 드물 것이다. 내 졸작 「석류개문」과 「추일미음」을 음미해 주시는 것을 듣고 나는 무엇보다도 그 싱싱키만 한 감수력에 탄복할밖에 없었다.

이분이 노래老來에도 필요 이상으로 너무 가난하신 데다가 고질인 당뇨병까지 있어, 그 소요 자금을 마련하느라고 라디오나 텔레비전의 말씀값의 푼돈까지를 모아야 함을 혹자는 그분을 위해 창피하다고도 하지만 나는 이날 이분의 그 놀라운 소년다울 뿐인 청순한 감수력을 느끼며, 훨씬 더 대단한 걸로 이해할 수 있을 것만 같았다.

내 대학의 애제자 홍기삼 군의 생각이 그리 이슥해져 가고 있는 것도 반가웠지만, 요즘은 시작詩作도 별로 없이 중국 문학 고전에만 골몰하고 있는 이원섭의 내 시 해설 속의 도道에 대한 이해는 상당한 것이다. 이 사람 아니면 우리 문인 중 아무도 말하지 못할 오달한 이해의 경지를 그는 불교와 도교의 깊은 이해를 통해서 지니고 있다.

국악 작곡가 황병기 군이 작곡한 내 「국화 옆에서」를 양정고등학교의 김경배 씨가 노래하신 그 음조의 오르막의 청음을 나는 남은 일생 동안 잊을 길이 없을 것이다. 오르막길의 이 나라 선비들의 청음이 불가불 난초 잎처럼 굽어들면서 영원을 향해 살아가려는 소리의 가락을 나는 잊지 않을 것이다.

여류 국창 김소희 여사가 내 정신 혈연이 가장 가까운 시 「연꽃 만나고 가는 바람같이」를 훌륭한 창으로 읊어 주신 것도 나는 영 잊지 못할 것이다. 내가 그런 것처럼 김소희 여사도 나와 한 고향인 고창 출신인 걸 자랑으로 아실 줄 안다. 우리는 이조 왕조에서도 경기나 충청도나 영남만큼은 양반도 많이 못 가졌었다. 그러나 모시베나 무명베에 잘 먹이어서 의관 문물의 중심의 힘이 되는 것 같은 그 '풀' 같은 것을 전라도는 퍽 오래 잘 간직해 온 곳이다.

잘 풍류하는 모시옷 속의 잘 먹여진 풀과 꼭 같은 것을 우리 김소희 여사의 창 속에서도 대단히 많이 느끼며, 그만 나는 전라도에 태어나기 다행이라고 속으로 생각하고 있었다.

밤 6시부터의 소위 칵테일파티에서, 선배 소천 이헌구 선생과 신진 시인 시절의 벗 김광균 군을 반갑게 만난 것이 역시 잊히지 않을 것 같다. 나는 열여덟 살 때 '향토의 흙내음새'라는 제목의 시집 원고를 묶어 고창고보 시절의 은사 홍순복 선생을 통해 그의 친우인 이헌구 선생에게 전했더니, 그중 두 편인가를 동아일보에 보내 꽤나 넓은 지면에 발표시켜 준 일이 있고, 그래 그 인연으로 그 뒤 상경해 있는 동안에는 이 미남 선배의 하숙방을 가끔 불시에 습격하여 괴롭히곤 했던 것인데, 바로 그 이헌구 선배가 40여 년 전의 그때나 별로 달라진 것도 없는 명모호치의 웃음으로 내 앞에 나타나 "아, 미당, 이 사람! 자네가 벌써 환갑이야?" 하시는 것은 참 재미있고 또 기쁘기만 하기 때문이요, 김광균을 여기서 이렇게 또 보는 것도 아무래도 세상에 흔히 있는 일 같지는 않다고 생각되기 때문이다.

김광균의 근황은 어떤 친구에게 들으면 5, 60억은 충분히 넘는 재벌이 되어 있다는 것이고, 그러니까 지금 이 지구 상의 세계 시인들 중에서는 용하게도 한국 출신으로 제1위의 재산가가 되어 있다는 것이고, (제길! 시인들은 지지리도 가난킨 하지!) 그래 그런 군의 이

재[闡財]의 바쁨 속에서 나와는 잘 만날 길도 없고, 그가 옛 친구 나를 기리어 초대해 주는 어쩌다가의 술좌석에서나 잠깐씩 만나고는 했던 것인데, 서정주의 회갑 잔치라는 제목 때문에는 시인들 중 이 세계 제일의 재산을 가진 시인도 옛 우정의 기억으로 그 황소걸음을 옮겨 발을 들여놓아 내 눈앞에 자진해 나타나 주었으니 말이다.

그가 왔을 때는 칵테일파티 자리의 안주도 술도 다 동나고, 하례객도 거진 다 간 뒤였다. 우리 둘이는 맥주 한 병을 별도로 청해서 아무 안주도 없이 나누어 마셨다. 그러곤 둘이 다 노력한다는 것이, 무척은 골라서 아주 싱겁게 '피식' 웃고 "또 보세" 한 것이다.

광균이, 이다음 만났을 때는 쬐끔은 더 무슨 짭짤한 이야기를 나누었으면 싶다.


## 5월 24일

내일 25일까지 끝나는 시화전은 후배들의 손에 맡겨 두고, 나는 현대문학사 주최의 지방 문학 강연에 참가하러 대구로 내려왔다.

여기 목적해 온 강연 외에 대구여고의 초청 강연을 하기 위해 여류 작가 한무숙 여사와 함께 정오경 학교에 도착해, 시우이고 이곳 교사인 박주일 군의 안내 속에 놓였다.

한무숙 씨는 여류 작가 중에서도 미를 첫째 숭상하는 여류 작가. 노래[老米]의 안면의 정형은 약간 눈에 거슬렸지만, 그네가 유능한 아들 하나를 미국에서 교통사고로 잃고 여러 해를 고민하며 살아온 끝에 노쇄한 안면 근육을 이렇게 서글프게 비끄러매고 나왔는가 싶어 위로할 말이 제대로 나오지도 않았다.

밤에 그네와 한 호텔에 들었는데, 그네는 자기 방에 혼자서 잘 줄 알았더니 웬 원척의 질녀라 하며 낯모르는 젊은 여인 하나를 일찌감치 불러들인 것이, 내가 그네 방에 잘 자라고 인사를 하러 갔을 때 발견됐다.

나는, 이건 나까지를 다 경계하는 거나 아니냐고 심중 좀 못마땅했다. 그러나 나는 곧 다시 이해하려 했다.

'한무숙은 그렇게도 가족적이고 요조한 여인이다'라고……


### 6월 27일

아내는 지난 25일 전북 정읍에서 작고한 내 큰매부의 장례에 참석하기 위해 어제 내려가 없고, 걷잡을 길 없는 마음으로 아침도 드는 둥 마는 둥 오전엔 중앙대 예대에, 오후엔 또 동국대에 출강하여 오후 4시쯤 강의를 마치고 50분 뒤에는 다시 대구행 고속버스를 타야만 했다.

학생들의 데모 사태 뒤의 밀린 기말 강의라 빠질 길이 없고, 또 피할 길 없이 예정된 대구행이기는 하지만 나보다 겨우 네 살이 아래일 뿐인 큰매부의 장례에 아내만 보내고 내 볼일만 보러 다니자니 사람들 모두가 나를 손가락질하며 '박정한 놈!'이라고 지탄하고 있는 것만 같고, 내 전송 행각이 생략된 채로 가는 매부의 혼 앞에도 정대正對할 뱃심이 생기지 않았다. 수하자의 장례에는 나가지 않는 것이라는 관례가 있기는 하지만 마음은 사뭇 박정한 죄의식에 사로잡혀 있었다.

밤 9시쯤 대구 터미널에 당도하니 가까운 시의 후배 박주일이 마중 나와 있어 여관에 잠시 들러 짐을 맡기고, 그 걸음으로 곧장 무슨 카바레의 붕빠붕빠 하는 재즈와 난무와 맥주 속으로 들어가 휩싸이고 말았다.

내 소파에 와서 넙죽 파묻혀 내게 살을 대는, 김천에서 왔다는 서른쯤의 건장한 여인의 손톱의 반달들이 선명하게 잘 떠올라 보여 그걸 붙잡고 만지막만지작 매만지고 있으려니, 여인은 "이래 봬도 나는 이 손으로 가족들을 두루 다 잘 돌보고 있습니더예" 한다.

"그 손으로 어떻게 무얼 그렇게 잘 벌고 있습니껴?" 내가 물으니, "그런데예, 밑천이 한 150만 원쯤만 있어도 꼭 좋겠는데예, 꼬치백반집 그거나 하나 쪼맣게 차린다면 되기사 잘될 텐데예"다.

나를 그 150만 원짜리 꼬치백반집 기둥서방 영감님 적격자의 하나로 점친 것인가? 공초 오상순 선생이 생전의 한동안을 대구에서 꼬치백반집 바깥주인이었던 걸 기억하며 나는 픽 웃지 않을 수 없다. 하여간에 경상도 여성들의 솔직한 성격은 매력이다. 그것은 문득 내게도 오래 잊고 있었던 소년의 감상을 다시 불러일으켜 주는 매력인 것이다.

그야 하여간에, 이런 꼴을 아직 초상 중의 내 매가妹家 사람들이 보았다면 뭐라고 할까? 생자의 이 꼴을 용서하기 바란다. 나는 서울과

부산에서 이미 열었던 회갑 기념 시화전을 대구에서 또 열려고 그 예비 교섭차 부랴부랴 이렇게 내려온 것이니, 나도 내 옆의 김천 여자처럼 여기서라도 이 손으로 돈이나 좀 벌어서 가난한 내 일가들에게 도움이 되었으면 좋겠다.


### 6월 28일

오전, 나를 응원해 나온 대구의 시우 신동집과 함께 대구매일신문사와 영남일보사 두 군데의 간부들을 찾아 시화전의 후원을 부탁했다. 서울서 인쇄한 프로그램을 신 형과 나, 둘이서 직접 손에 들고 다니며 나누어 주다 보니 좀 창피한 생각도 들었다.

이 행사는 원래 한국문인협회와 현대문학사와 동국대학 문학회가 주최하는 일이니, 예대로라면 주최 측에서 누구를 보내 들고 다닐 일인 것을 번무에 일손이 두루 모자라기만 한 현황인지라 내가 그걸 손수 들고 다니게는 되었지만, "이걸 누가 잘 이해해 줄까?" 하는 느낌에서였다.

대구매일신문사 사장실 앞 복도에서 신동집은 나더러 "여기 사장은 주목할 만한 신부님입니다"라고 알려 주었는데, 만나 보니 아닌 게 아니라 많이 주목할 만한 분이었다. 사막에 내놓으면 가장 오랜 가뭄에 견디어 살아온 사보텐 같을 것이고, 우리나라 동구에 내놓으면 또 무슨 오랜 괴목나무 그루터기같이만 보일 듯한, 심히 버티어 온 몰골이 완연한 내 형님 나이뻘의 이 노신부님을 만난 인상은 아마 내게 오래 남을 것이다.

이런 노인들은 우리나라뿐 아니라 이 땅의 잘되는 들녘이나 산골의 끝에는 반드시 한둘씩은 그 완강한 뿌리로 버티고 있는 걸로 아는데, 말하자면 대구에 미인이 많다든지 문화가 볼만하다든지 하는 것도 사실은 이런 뿌리들 때문이 아닌가 한다. 이런 그루터기에서라야 미도 돋아나려면 싱겁지 않은 것이 반드시 싹 돋아나기 망정이니 말이다.

그는 우리 불교문학의 대표이기도 한 내게 전시장도 빌려 주고, 그 자리에 나와 격려도 해 주고, 시화를 한 개 골라서 사 주기도 하고 그러면서도 그걸로 내게 어떤 사정私情을 표시하는 단 한마디의 말도 한 일이 없이 종시 무뚝뚝하기만 했다.

그는 대구의 좋은 상징으로 내게는 보였다.


**6월 29일**

어젯밤 대구에서 돌아와 늦게 잠든 까닭으로 아침 9시쯤 눈이 뜨였는데, 오늘 오전은 좀 한가하기 마련이라는 기억이 돌아오면서 가물가물하다가 '아, 오늘이 음력 5월 18일 내 진짜 생일일 것이다'라는 각성이 생겼다. 지난 양력 5월 18일과 19일 마련해 준 잔치들은, 음력 생일은 너무 더운 때니 앞당겨 날 받아서 지내자는 친지들의 배려에서 나온 것이었고, 내 방 창밖에 살구 익는 모습이 보이는 이 무렵이 아마 그때쯤일 거라는 각성인 것이다.

나는 일어서서 음양력이 병기된 캘린더를 살펴보았다. 그랬더니 그날은 뜻밖에도 내가 대구로 시화전 예비 교섭을 위해 내려간 밤 어느 카바레에서 시우 박주일과 몇 잔 술을 나누던 바로 그날로, 이미 이틀이나 지나가 버리고 말았다.

바보 같은 웃음은 이런 때 또 픽 나오기 망정이다. 웃음은 이렇게도 늘상 필요한 것이다.

그러나 딱함과 분주함, 망각 속에 자기의 진짜 회갑 생일날도 까마득히 잊고 지내는 것은 미당이라는 호를 가진 내 인생에는 또 역시 가장 적합한 일로 느껴졌다. 적합하지 않은 일이 이렇게 거센 필연으로 내게 와서 인생의 한 매듭씩을 짓고 짓고 하겠는가?

내 진짜 회갑 생일에 무의식중 딴 일로 찾아간 곳이 달성 서가 나의 본관인 바로 대구라는 것도 우연만 같지는 않고, 이런 나를 마중 나와 한 주석에 같이 자리한 사람이 또 신라 시조 박혁거세왕의 종가 종손 박주일이었다는 것도 꼭 무슨 밀교적 필연의 부합만 같은 것이다. 우리 달성 서가의 족보에 보면, 신라 때 서씨 선조인 신일 아간神逸阿干의 그 아간 벼슬이라는 것은 요새 같으면 겨우 도지사 정도의 직책이라고 하는데, 그렇다면 신라 제일 왕손이 하필이면 회갑 생일날에 기억도 없이 대구에 온 나를 마중한 것은 최치원도 말한 신라 상대 이래의 풍류도의 우리가 무의식하는 바람의 길을 따라 그리되고 또 되어지고 한 것인가?

'멀리 안 가는 곳 없이無遠不至' 이것은 물론 신라 화랑도의 가장 깊은 원리다. 그렇다면 우리가 자기 회갑의 생일날이니 뭐니 그런 것까지도 다 잊어버리는 것도 결국은 아주 멀리 안 가는 곳 없이 되기 위해서이기도 할까? 형이하로건 형이상으로건 우리는 하여간 이 목숨을 끝없이 멀리 가기는 가고 보리라.


**7월 1일**

지난 5월 19일부터 25일까지 서울에서 열렸던 회갑 기념 시화전 작품들이 너무나 많이 남아, 부산을 거쳐 세 번째로 대구매일신문사 화랑에서 또다시 70폭쯤을 걸고 오늘 오후 5시 소위 전야제의 테이프를 끊었다.

예모를 갖추자면 주최자인 한국문인협회와 현대문학사와 동국대학 문학회에서 누가 나와 진행을 맡아야 할 일이지만, 일손도 자금도 두루 모자라기만 한 세상이라 손수 우리 집 식구의 일부를 이끌고 이 짓을 하고 돌아다니자니 자연히 저 '딴따라'의 소감도 마음속한쪽에 일어 '픽!' 웃음이 솟아나곤 한다.

연세대에 재학 중인 조카 상범이가 재미있다고 한번 참가해 보겠다고 해서 이 애를 그곳 전시의 수석 관리자로 하고, 따로 대구의 처녀 김숙이 양을 설득해 보좌케 했다. 대학의 강의 때문에 나는 개막날과 폐막날만 와 보아야 하니 할 수 없는 일인 것이다.

개막식에는 시우 김춘수, 신동집, 박훈산, 윤혜승, 박주일 씨를 비롯해 경북대학교 교수 이종후 형, 대구매일신문사 사장 신부님, 예총 대구 지부장 등이 나를 아껴 나오셔서 우리 부부와 함께 테이프를 끊고 축하해 주었다. 고마웠다. 특히 일정 때부터의 오랜 친우 이종후 교수가 나와 내 시우들을 위해 베푼 그 오묘하게도 구석진 주막집 자리의 미묘한 젓갈들의 맛과 거기 썩 잘 어울리던 우리들의 담소를 나는 잊지 못할 것이다.

'밤젓'이라던가. 전어의 내장 속에 있는 밤알 모양의 몬드래미만을 모아 담은 젓이라 하는데, 이게 눈물이 날 만큼은 별미인 데다가 또 우리 옆에 앉은 그 하동서 왔다는 계집아이가 아직도 순진하게는 햇빛 바짝 가까운 웃음을 곧잘 웃는 아이여서 더한층 묘했다.

『창작과 비평』 9월 호에 실린 '떠돌이 시편'에서도 한 자락 표현해 봤지만, 육십 평생 처음으로 이런 시화전 수입 같은 것까지를 노려 떠돌이 팔자가 되어 있어서 그런지, 이 아이의 유아언하기만 한 웃음소리는 내 어렸을 때의 가장 호젓하던 때를 역력한 영상으로 회상시켰다. 경상도 하동 같은 데는 햇빛에 먼지가 덜 앉고, 그래 사람들이 좋아서, 이런 유아 그대로의 떠돌이 아이들도 더 많이 낳는가?

나는 문득 내 나이 열 살 안팎에 부모가 다 집을 비우고 없는 초저녁, 빈집을 혼자 지키기 무서워서 이웃 친구 남녀 아이들을 다 불러들이고는, 군입질할 것도 장난감도 아무것도 따로 없어 방 아랫목에 깔아 논 이불 밑에 어린 발들을 모두아 넣고 앉아 옛이야기 토막들이나 서로 주고받다가, 그것도 질리면 "야, 우리 그러지 말고 간지럼이나 한바탕 먹이고 놀까?" 내가 제창해 그 간지럼을 썩 재미나게는 서로 먹이고 놀면서 낄낄거렸던 일이 내 생애 최상의 업적이었던 것처럼만 이 자리에서는 기억되어, "얘, 너도 간지럼깨나 먹이고 놀았겠구나. 우리 그거나 한번 실컷 먹이고 놀아 볼까? 뭐 더 할 건 있니?" 하고 너털거렸더니, 이 하동 계집아이는 즉시 알아듣고 "예 그럽시다!" 좋아라고 승낙한다.

그래 신동집, 박주일, 이동후 다 보는 앞에서 어린아이 간지럼 먹이기를 한참 동안 참 오랜만에 즐겼더니, 우리 세 친구도 역시 좋다고 나와 함께 유쾌히 웃고 있었다.


**7월 13일**

오늘은 내 딴따라 시화전 네 번째인 전주 행사 마지막 날을 보기 위해 아침 6시 반의 고속버스로 서울서 출발해 9시 반쯤에 전주에 닿았다.

이곳 전북신문사의 한직 이사로 있는 금년 쉰세 살의 내 아우 정태는 "형님, 형님이나 나 가지고는 잘 안 될 겁니다. 여기는 그냥 비워 두시지요" 하는 것을 "안 되건 되건 순서니 한번 다녀가겠다"고 강행한 것이다. 대구에서 그래도 열한 폭이 팔린 데 용기를 얻기도 한 때문이다.

대구에서 시화전을 개최하려 하자 시우 박주일 군이 "형님, 여기는 그냥 비워 두고 가시지요. 2, 3년 전에 문협 주최의 전국 순회 시화전 때는 겨우 두 폭이 팔려, 오신 이들의 여관비도 모자라 걱정이었습니다" 했는데도 내 경우는 김인곤 화백이 그림을 협조해 준 것이 한 폭 나간 외에 자필로만 된 것이 열 폭이나 나가 주었으니 말이다.

대구의 시우들은 유례없는 기적이라 했고, 나는 동포들의 내 시에 대한 기본적인 신념도를 이만큼 믿고 있었기 때문이다.

전주에서도 33, 4도의 폭서 속에 내 시폭들이 열네 폭이나 나가 주어 나는 흐뭇했다.

그러나 전주 MBC 방송 국장 노시형 군이 김기창 화백의 감이 곁들인 「추일미음」의 한 구절을 내 요외의 값을 몰래 갖다 놓고 가져간 것은 목구멍에 걸린다.

1920년대 말기의 서울 중앙고등보통학교에 한 무렵 입학한 군과 헤어진 지 40여 년 만에 전시장에 와서 비로소 만났는데 「추일미음」을 사겠다 하기에 "그럼, 자네는 화료만 내고 가져가게. 화료는 ×× 원이네", "어기면 절대로 안 되네" 했는데도 내 글씨값까지 넉넉히 쳐서 나 없는 사이에 갖다 놓고 간 것이다.

그래 나는 노 군의 이 짓을 어찌 갚을까 하는 숙제 하나를 다시 짊어지게 되었는데, 지금으로선 별 묘책도 잘 생각나지 않는 채로다.

오후 4시쯤 1930년대의 중앙불교전문학교 동기인 동화 박덕상 군, 의사 작가로 장편소설 『인간고량』을 상재한 류기수 박사, 대학 후배인 원광대학 박항식 교수 등과 함께 전주의 명물인 '오모가리'에 소주를 마시러 전주천변의 상류 쪽으로 나가 수음(樹陰)의 몇 개 와상 위에 자리를 잡았다.

좋은 희곡작가인 내 친구 박동화의 말마따나 전주의 이 오모가리처럼 싱거워 빠진 것도 없다. 그것은 그저 붕어나 피라미 한두 마리에 배추 잎이나 열무 잎에 우리 잘된 된장이나 풀어 후렁후렁 옹기

뚝배기에 담아 끓인 것에 지나지 않는 것이다.

그러나 문제는 오모가리에 있는 것이 아니라 꽤 오랫동안 이 싱거운 것을 아껴 애용해 온 전주 선비들의 기호의 특성에 있다고 나는 생각한다.

이보다 훨씬 더 유리하게 보가 되는 황구탕을 비롯한 많은 진미라는 것들이 여름에도 방방곡곡에는 널려 있다. 그런데 전주천변의 여름 선비들이 담담하고 소복한 오모가리를 하필이면 고르고 골라 애용하면서 그 밑을 흐르는 전주천 상류에 얼굴을 비치며 무심히 굽어만 보는 한때를 즐기는 걸로 족함은 무엇에 연원하는가?

이것은 아무래도 모든 세상의 진미라는 것들의 시시하고 너절함을 아주 잘 깨달은 자들의 장소만 같고, 이 장소의 차원은 아무래도 한줄기 수묵빛 소나기구름과 같은 항렬인 것만 같아, 나도 또 불가불 이 정신을 좋아하게 되는 것이다.


**7월 23일**

오늘은 광주 시화전의 마지막 날. 나는 오전 11시에서 12시까지 광주 여성회관에서 '여성의 진짜 아름다움'이란 제목으로 젊은 여성 상대의 강연을 하고, 12시부터는 전남매일신문사 심 사장의 점심 초대를 자택으로 받고, 또 바로 이어선 향림사 주지 천운 스님의 절간에 들러 좀 이야기하고, 또 겨우 시간을 얻어 광주의 내 시우인 작곡가 하길담 교수, 최정순 교수와 함께 무등산 골짜기의 원시민처럼 파묻히러 들어갔다가, 저녁 7시부터는 상무대 군인들에게 강연을 하러 갔다.

환대와 호강의 되풀이였다고 해야겠지. 그러나 내 기질은 이런 연속적인 환대엔 늘 반발한다. 내 친한 동기, 친한 친구들의 마음의 정과는 달리 내게는 또 무한정한 고독이 필요해 그런 것 아닐까?

해 질 녘 무등산 숲속의 맑은 계곡물에 어린애들처럼 두 발을 적시고 앉아 친구 하길담과 최정순과 몇 병의 맥주에 거나해진 내가 "형님. 작곡을 해, 작곡을 해, 내가 노래 부르기에 좋은 시를 쓸 테니……" 투덜거리며 있었을 때가 그래도 내게는 딱 맞는 내 시간이었던 것 같다.


### 7월 24일

점심 뒤에, 광주에서 병원을 개업하고 있는 고향 후배의 차를 빌려 타고 아내와 대구에서 광주까지 시화전 조수로 따라다닌 대구 김숙이 양과 함께 오후 3시쯤 고창 선운사에 닿았다. 내가 여기서 고창 라이온스클럽 간부들에게 저녁 식사나 대접하기로 초대해 놓은 때문이다. 작년 5월 19일, 이곳 라이온스클럽이 주동이 되어 선운사 동구에 내 시비를 건립해 주었는데, 나는 식소사번食少事煩으로 아직 어떤 답례도 하지 못한 채로 지내 온 것을, 광주에서 회갑 시화전 마지막 문을 닫은 기회에 감사하는 마음이나마 보이고자 한 것이다.

동백여관 뜰에 와상을 몇 개 겹쳐서 만든 이 연석에서는 그러나 웬일인지 밥은 숟갈도 대 보지 않고 모두 맥주만 거나히 마시고 있었다. 이것은 여러 천석亦酒을 마신 주객인 내가 술을 할 때는 밥을 못 먹는 데 장단을 맞춘 것일까? 아니면 그들도 두루 나를 닮은 술과 풍류 정신의 생리를 가진 때문일까? 아무래도 후자인 것만 같아 나는 무척 재미있었다.

여관 접대부를 껴안고 대쪽으로 된 와상을 밟으며 어떤 이는 꽤나 보기 좋은 사교댄스도 추어 보였는데, 나는 이것도 아직 통 출 줄을 몰라 그냥 흉내만 살살 내자니 여간 쑥이 아니었다. 그래 언젠가 내 벗인 모 군이 하던 것이 기억나는 대로, 개마냥으로 한쪽 발을 슬쩍 올려 접대부의 허벅지께에 감아 붙이고 껑충거려 보였더니, 역시 모두 웃어 주어 그거로나 한몫 보았다. 요런 짓은 나도 더러 할 수 없으면 아류를 한다. 시야 그렇게는 안 쓰지만……


### 7월 25일

선운사 주지 연곡 스님이 극진한 호의로 베풀어 준 조촐한 방 돗자리 위에서 수십 마리의 두견새 합창 속에 잠들었던 우리 내외의 잠이 고향연히 깨는 것을 느끼는 것은 반가운 일이었다.

오늘 오전 여기로 대구의 시우 신동집과 박주일이 내 고향을 보러 찾기로 했으나 신동집은 급한 일이 생겨 오지 못하고 박주일만 혼자서 찾아왔다.

비가 꽤나 내리는 속을, '이것 더 좋다' 하며 여관 차를 빌려 타고 부안 변산 해수욕장으로 아내와 박주일, 김숙이 양과 함께 달렸다. 운전수가 "변산 해수욕장이란 이름이 붙은 데보다는 변산반도의 맨 끝에 있는 격포 채석강 해수욕장이 더 깨끗하고 조용해서 좋습니다" 해서 나도 아직 가 보지 못한 곳이라 그리로 차를 몰고 가, 소나기를 맞으며 툼벙툼벙 수묵빛의 바다에 가라앉았다.

나도 인제는 묵내 나는 동양 선비의 전통이 어느 만큼은 몸에 배었음인가, 내 영육이 한 수묵 글씨로 쓴 시일 뿐임을 느끼며 쏘내기 속 황해변에 가라앉아 있는 것은 꽤나 두두룩히 호젓해 좋았다. 이조 방랑 여류 시인이며 창녀였던 황진이가 웬일인지 이 우중충한 날의 호젓함 속에 문득 생각히어 '조금만 더 견디어 점잖하고 말지 그랬냐'고 마음속으로 웅얼거려지기도 했다.

비는 종일토록 오락가락했다. 정읍 내장사로 일박을 하러 가는 황혼 우중의 차창 밖으로 대구 시인 박주일 군은 마침 만조로 범람하는 변산 내해의 큰 바다호수의 곡절들을 살피며 '내가 본 중에서는 제일 시다운 경치'라고 찬탄해 주었다. 귀 빠지고 호젓한 푼수로라면 아마 이 나라 안에서는 그럴까도 싶다.


**8월 15일**

아침 7시 정읍행 고속버스를 거쳐 오정 뒤 10분쯤 다시 선운사에 와 닿았다. 6·25 동란 때 이곳 전투에서 전사한 고창 출신의 학도의용병들의 동상비 제막식에 비문 작사자로서 초청을 받아 온 것이다.

그 모두가 스물도 안 된 아직도 앳된 나이의 고창 고등학생들. 그 중에는 열여섯에 목숨을 던진 아이의 혼도 끼어 있다고 한다. 그들의 이력을 낭독하는 걸 들으며 나는 자꾸 목구멍으로 울먹거려 올라오는 통곡의 복받침을 참노라고 무척 애썼다. 함경도에서 남하한 시우 김요섭도 참가해 눈만 끄먹거리고 앉아 있었다.

여기서 한 시오 리쯤의 산협을 흘러내리는 장수강 물줄기를 따라 내려가면 변산반도 내해 호숫가의 조화치란 나루터가 있고, 여기서 쬐그만 목제의 나룻배를 타면 건너 보이는 내 고향 마을 질마재로 간다.

제막식이 끝난 뒤에 나는 아내를 데불고, 8월 15일 해방 30주년 기념일에 고향 마을에나 잠시 들러 볼까 하여 조화치 나루터까지 내려가 섰다. 선운사의 폐식 뒤에 꽤나 마신 술의 취기가 여기까지 나를 몰고 오긴 왔던 것인데, 막상 나룻가에 와 서니 나룻배에 선선히 올라탈 용기가 도무지 나지를 않았다.

"왜 그러고 계시오. 어서 나룻배를 타시지 않고?"

나보단 몇 살 아래인 내 고향 마을 사람인 사공은 이미 희끗희끗한 반백의 머리칼을 바람에 흩날리며 얼빠져 우두커니 섰는 내 곁에 와서 정다운 말로 권고해 주었지만, 발길은 쉽사리 나루로 옮겨지지를 않았다. 얼마 전에 『창작과 비평』지에도 이 느낌을 소품시로 써낸 일이 있지만, 고향 마을에 끼친 폐밖에는 아무것 하나도 좋은 일이랄 것을 한 일이 없는 회갑의 중늙은이 심정은 이럴밖에 아무 딴 도리도 없을 뿐이다. 거기다가 지난 5월에는 나보다도 더 가난하게 살다가 세상을 뜬 내 아우를 한걸음 먼저 고향 마을 산에 묻게 하면서도 나는 감히 가 보지도 못하고 서울에 어름어름 묻고 있었다. 이런 내가 어찌 고향으로 건너가는 나루 쪽으로 선선히 발걸음을 옮길 수 있겠는가?

아내를 달래어 그냥 돌아서서, 여기서 한 30리 떨어진 동호라는 마을로 가는 버스를 탔다. 동호 해수욕장이라는 게 명목으론 생겨 있지만, 물이 너무나 탁하고 모랫벌도 알량하다는 걸 들어서 알고 있는지라 소위 해수욕이 탐탁해 그리로 가고자 함이 아니다. 여기는 한 50년 전에 세상을 뜨신 할머니—어린 나를 어머니보다도 더 아껴 기르시던 할머니의 친정이 있는 마을인데 인제는 웬일인지 거기가 한번 꼭 가보고 싶어진 때문이다.

신동호라는 데서 버스를 내려 동호까지 걸어가는 뻘 바닷가 길에 원두막이 보여 아내와 나는 50원짜리 참외를 한 개씩 사 먹으면서 갔는데, 해수욕장이라는 이름이 붙은 바닷가 소나무 수풀에 닿은 때는 벌써 햇발이 누엿누엿할 무렵이었다.

아내에게 그네가 아직 모르는 할머니의 에피소드도 들려주며 같이 바닷물에 들어가 어릴 때 하던 대로 개구리헤엄 시늉을 한참동안 해 보았다. 그러면서 해안의 늙은 소나무 수풀—할머니의 처녀 때 발걸음도 많이 거쳤을 수풀의 소나무 가지들만을 뻔히 쳐다보고 있었다.

물에서 나와 맥주를 몇 병 마시다가 가게 주인의 안내로 우리 내외는 하룻밤 민박을 하기로 하고, 이곳 새마을운동 지도자인 어느 처녀의 집에 응뎅이를 디려 놓았다.

그러고는 그 댁에 물어 할머니 친정의 누군가를 하나 만나기로 했
는데, 용하게도 할머니의 작고하신 남동생의 아드님—즉 내게는 아
저씨뻘 되는 이분과 밤 10시쯤에야 만나 인사를 나누게 되었다. 서
울 오시면 꼭 연락하시라며 맥주를 좀 사서 권해 드렸다.

이분도 무척 살기 어려움다고 한다.


### 9월 9일

오후에 여류 작가이고 또 오랜 지우인 한무숙 여사의 내방을 받았
다. 내 작은 자식이 몸이 성치 않다는 말을 듣고 문병을 왔다 한다.
그도 여학교 졸업반 때 같은 병을 앓아 인생이 달라졌다고 하며 진
심으로 염려를 해 준다. 그러나 요즘은 약이 좋아져서 걱정 없을 거
라고 위로도 해 주어 고마웠다.

그는 이 몇 해 동안 신장염으로 부었다 내렸다 하여 괴롭게 산다
고 한다. 이야기를 듣고 보니 뿌석한 그 얼굴에 대해 오해를 했던 것
이 미안했다. 그러나 그는 오해를 받을 만큼 나이에 비해 너무나 젊
어 보인다.


### 9월 28일

'고자 처갓집 드나들듯이' 고향엘 드나드는 것이 아니라, 고향으

로 건너가는 나루터에서 20리쯤 변두리의 이 선운사엘 또다시 그 비슷이 들렀다. 아내와 둘이서 어젯밤 9시쯤 여기 닿아 동백여관에서 일박하고 아침 일찍 잠이 깬 것이다.

일이라야 우리가 꼭 당장에 여길 와야 할 만한 볼일도 없는 것이다. 아내의 볼일이란 질마재에 들러 과부 할머니인 내 종형수와 그네의 병신 외아들에게 돈 10만 원짜리 쬐그만 초막 구멍가게 하나를 사 주자는 것이니 우편을 이용해도 될 만한 일이요, 내 용건이란 건 아직도 직접 들어갈 용기가 나지 않는 고향 마을에서 2, 3리허에 쬐그만 망향정의 초막 하나를 만년에 가져 보자는 것이니 이 역시 내가 이렇게 먼저 손수 올 것 없이 이 근처의 지인들을 시켜 찾아보게 해서 적당한 곳이 나타난 뒤에 와서 흥정해도 충분히 될 일이니 말이다.

그러니 결국 말하자면 '고자 처갓집 드나들듯' 하는 어쭙잖은 만년 향수병자의 감정의 종종걸음을 우리 부부는 치지 않을 수 없어 또 한 번 찾아온 것에 불과하다.

아내가 오전에 혼자 쬐그만 소주 한 병과 사과 몇 개를 사 들고, 내 몫까지 합한 아버님 산소 성묫길을 겸해서 질마재 내 종형수를 찾아간 뒤 나는 절 아래 동구에 있는 삼인국민학교의 김 교사를 데불고, 마침 팔 것으로 내놓았다는 삼인리의 어떤 오막살이 하나를 둘러보러 갔다. 값은 5만 원까지 갈 것도 없는 모양이나, 방 하나 부엌 하나뿐인 이 폐가의 기둥들은 참외밭 원두막에 쓰이는 것 그대로여서 엔간한 광풍에도 꽤나 내 시처럼은 불안할 것만 같았다.

그런대로 뒷간으로 묻어 놓은 두 개의 옹기 항아리 속에 비친 하늘의 구름도 좋고, 또 여기 마당에서는 선운산 육봉의 그 이쁜 반쯤의 전망도 되고 하여, 이 집의 불안이야 늘 내가 해 오던 대로 잘 견디면 될 것 아니냐고 마음속으로 다짐하며, 살 테니 확실한 값을 물어봐 달라고 했더니 마침 여기 내가 온 걸 알고 차로 급히 달려온 고창문화원장 이기화 군 일행은 나를 굳이 말리며 "더 찾아볼 테니 우리한테 맡기시오." 우겨 따르기로 했다.

해 질 녘에는 동백여관에서 이기화 군 일행과 함께 수원에서 밀려왔다는 곰같이 생긴 계집아이, 광주에서 날아왔다는 올빼미 비슷한 눈의 계집아이와 더불어 과히 취하지 않을 정도의 술 타작을 하고 지냈다. 이 선운산의 복분자 술은 멍멍한 대로 뒤가 지극히 후한 맛이 좋다.


**10월 9일**

오늘은 한글날.

할 수 없이 주임교수의 책임을 둘러쓴 관계로 동국대학교 국문과의 학생 대표들을 이끌고 여주 세종대왕릉에 화환을 바치러 갔다. 동국대학교 국문과가 한글날마다 빠지는 일이 없이 한글의 창시자 세종 임금님 능 앞을 찾아 정성껏 헌화해 오는 이 버릇을 내가 무척 좋아해서이기도 하다.

그런데 이 자리에서 뜻밖에 만난 박정희 대통령 일행의 극히 간소

한 행차와 참배는 또 나를 적지 아니 놀라게 하고 감명 깊게 했다. 들으면 그는 지난해 8·15 경축절 흉탄에 영부인을 잃은 뒤 주위의 권고로 공식 석상에 직접은 잘 나오지 않기로 된 걸로 아는데, 오늘 이 자리에만은 아무런 공식적 참가의 예고도 없이 한 사인私人의 자격으로서 간략한 일행으로 나타나 극진한 절만을 올리고 간 것이다.

나는 비록 먼발치로일망정 이런 대통령의 거동이 이날의 유난히 쾌청한 공기 속에 또 무척 반가웠다. 한 10년쯤 전인가 한잔하는 자리에서 옆에 앉은 대통령의 빈 잔을 보고 "각하, 잔이 비었군요. 같이 한잔하실까요?" 내가 말하니 "서 선생, 언제 조용히 한잔하십시다" 하던 기억, 또 5년쯤 전인가 정부에서 내게 국민훈장 3등의 동백장을 수여했을 때 나는 아내의 자원대로 대신 그네를 보냈더니 대통령이 손수 나와 그걸 내 아내 가슴에 달아 주며 내 안부를 간곡히 묻더라는 아내의 전언의 기억, 또 육 여사 재세 시의 어느 날 청와대로부터 육 여사와 함께 어느 지방 시찰에 동행할 수 없느냐는 의뢰를 받고도 사사로운 일로 승낙지 못했던 기억─이런 세 가지의 기억들을 더듬다가, 역시 끝은 너무나 쓸모없는 내 자존심만을 탓하는 데 이르렀다.

나는 그를 존경할 마음이 생겼다.

그는 나보다 나이가 몇 살 아래다.

그러나 그는 이승만 박사(내가 최초의 전기 집필자였던)보다도, 또 윤보선 선생(이 박사 전기 집필을 기념사업회장 자격으로 내게 부탁했던)보다도 한글날 이렇게 밀착하여 세종 임금님 같은 이를

속으로 생각하는 푼수에서는 한결 더 철저하다고 느껴졌기 때문이
다. (사인私人 누가 읽거나 여기 내게 아첨의 필요는 눈곱만큼도 없는
걸 알고 읽기 바란다.)


### 10월 16일(목) 오후 6시 반

태릉. '육군사관학교 개교 기념 문학의 밤' 행사에 강연을 하러 갔
다. 신라 사람들이 화랑의 이름으로 미륵불이라는 미래불을 누구나
다 지향하며, 시간과 공간의 주인공―즉 역사와 자연의 주인의 책
무를 다하려고 주어진 자리에서 두루 노력한 것이 신라 통일의 원인
이고, 불교의 근본이념이며 또 나 미당의 현재의 인생관임을 이야기
했다. 영생으로 이어 갈밖에 없는 영원히 존엄한 정신의 길을 이야
기하고, 여기 육사가 우리들의 혼과 육신의 본부 같은 느낌 때문에
나도 다시 젊어지는 것 같다고 했다.

내 회갑 기념으로 우리 집에 두 그루의 순 한국종 어린 소나무를
심었다는 이야기, 눈이 오면 이게 내 마지막 위로일 것이라는 이야
기, 이 아송兒松처럼 여러분 젊은이들만 믿는다는 이야기―그런 이야
기들을 했다.

내게도 이제는 늙음이 배어드는 셈인가. 의식하지 않고 이런 이야
기들이 벌써 이렇게 쏟아져 나왔던 걸 돌이켜 보면?……

(『문학사상』 1975.1~12.)

편 지

# 남국엔 벌써 봄이 다 되었다

## ─소설가 이봉구 형에게

벗아!

두 달도 더 소식이 없어 무엇을 하고 자빠졌나 했더니 이제야 겨우 알리는 것이 개리고 개리어서 그대의 애아愛兒를 잃었다는 기별인가.

사람아! 내 무슨 비인간이기에 그대의 슬픔을 책하겠느냐. 아직 자식에 대한 애정을 체험하진 못하였다마는 나 역亦 25년을 살고 난 인간수人間獸의 한 마리인 것이다. 내 그대를 안다 하마. 그대의 슬픔을 안다 하마. 언제던가 아마 광화문통에서 총독부로 가는 길이었던가 보다.

그대는 그대의 아들을 사랑한다는 말을 내게 한 일이 있었던 것을 나는 지금 기억하고 있다. 이런 것을 기억하고 앉아서 나는 지금 현재해 있는 그대의 슬픔이란 어떠한 것일까! 그런 생각을 하고 있다.

사람아!

내 그대에게 무슨 말을 할까. 잊어버리어라. 벗은 얻은 공부의 후면에는 늘 잊어버리는 공부가 있어야만 하는 그런 사람의 일생이라는 걸 잘 알고 있으리다.

벗아!

초롱초롱한 눈망울이 그리도 생생하던 어린놈이 네 안전에서 사라졌다는 사실보담도 그 일 당한 상심으로 곧잘 조그만 일에도 마음에 상채기를 입는 그대의 다치기 쉬운 신경으로 하여 나는 지금 더 슬퍼지는 것이다.

너와 나와 우리들의 일이 모다 슬프기만 하여지는 것이다.

나는 지금 문자 그대로 유야무야한 상태에 있다. 환경도 환경이리다. 그렇지만 벗아! 이 침퇴하는 정열은 어쩐 까닭이냐! 제 뼉다귀를 깎아 먹으면서라도 우리는 다시 일어서야 하지 않겠느냐, 그리운 벗아!

나는 어쩌면 쉬이 정읍이라는 데로 이사를 갈 것 같고, 어쩌면 또 사법 대서업이라는 직업으로 밥줄을 이어 갈 것 같다.

대서집 골방이 대단히 적막할 수도 있으리라! 나는 이렇게 무력한 내가 죽는가 죽지 않는가를 시험해 보려 한다.

벗아!

사람이 산다는 건 대체 무엇이라냐!

남국엔 벌써 봄이 다 되었다. 어찌 나는 자꾸 울 것만 같구나.

1939년 봄

(『너와 나』 1962.3.)

# 이심의 고된 멍에 푸시옵소서
## ―송아 주요한 선생 영전에

송아頌兒 선생님!

선생께서 조용한 영원에 잠행해 버리시다니 어째 정말 같지가 않습니다. 정말은 이제부터 아주 깊고 넓은 새 정신의 목숨을 정밀하디정밀하게 시작하시는 것이겠지요.

송아 선생님!

언제나 잔잔하고도 단단한 새벽녘의 소년 같던 선생의 그 잔잔하시던 미소의 힘을 잘 아는 후학 시생에게는 아무래도 선생의 죽음은 수긍이 되지 않아서 무궁한 선생의 신생新生이 깊고 넓기만을 빌고 있을밖에 딴 재주가 없사옵니다.

송아 선생님!

1941년 봄이던가 시생의 처녀시집 『화사집』을 읽으시고, 간곡히

고무 격려하시던 선생의 그 후진에 대한 깊은 사랑을 저는 지금도 잊을 길이 없습니다.

그때 화신상회의 지배인으로 호구연명하시던 선생을 찾아뵙고 제가 선생 휘하의 빈자리를 하나 얻어 달라고 부탁했을 때, 선생은 "시인이려면 이런 곳 일을 못 하네. 나같이 이심二心도 쓸 줄 아는 사람이라야지. 자네 가지고는 못 해" 하시던 시의 후진을 아끼시던 그 사랑 말씀입니다. 그런데 그런 일까지도 스스로는 멍에로 메고 견디시던 당신이었으니 지금 저에겐 그것이 그저 서러움이 될 뿐이옵니다.

송아 선생님!

당신께서도 스스로 잘 아셨던 것처럼 이 나라의 초창기 시단의 가장 여물진 별이었던 당신께서 그 이심의 고역의 멍에까지 등에 얹고 사시었어야 했던 일, 촉망되는 시의 후학에게는 조금이라도 덜한 멍에를 지기를 바라셨던 일, 생각하고 또 생각하자니 그저 가슴이 멜 뿐이옵니다.

송아 선생님!

우리나라에서나 일본에서나 중국에서나 학교 공부도 언제나 잘하셨고 또 우리 초창기 시단에서는 민요풍의 시들을 가장 여물지게 써내셨던 송아 주요한 선생님! 그러면서 이심의 너무나 고된 멍에까지를 맡아 메고 사셨던 당신! 그러나 그 여물졌던 시의 역량을 우리 문학사에 보태신 당신의 공헌을 잘 아는 우리가 당신의 영원 잠입 뒤에 이렇게 당신을 잘 알며 남아 살아 있으니 그만큼은 이제 그 수미愁眉 푸시옵소서.

병풍 속에 그린 닭이
우더라도 못 온다네

섬돌 우에 봉사꽃이
피더라도 못 온다네

송아 선생님!
  당신께서 쓰신 이 시의 구절은 당신을 위한 구절은 절대로 아니올
시다. 선생님! 당신은 우리나라가 있고, 우리 문학사가 건재해 있는
한 언제나 시와 문학을 바로 아는 이 겨레의 마음속에 늘 오시어 같
이 계실 수 있습니다.
  그만큼 유력히 늘 정신의 영생을 가지시옵소서.

(『기러기』 1980.1.)

# 신라는 참 아직도 오리무중이군요
## —시인 모윤숙 선생에게


안녕하십니까.

'혜성'이라는 잡지사에서 당신에게 보내는 편지를 한 장 써 달라고 하여서 붓을 들기는 하였습니다마는 무얼 썼으면 좋을는지요. 처음 생각엔 아주 용이한 일일 것 같더니만, 막상 종이를 펴 놓고 보니 이것 또한 결코 손쉬운 일은 아닙니다그려. 더구나 처음부터 중인 앞에 내놓을 것을 전제로 하는 이러한 따위의 공개서한이란, 참으로 쑥스럽고 무리한 것임을 처음 경험합니다.

대개 편지라는 것은 서로의 안부를 전하고 서로의 심중을 호소하는 것이거나 혹은 무슨 부탁을 하거나 또는 거기 대한 회답을 하는 유일 텐데, 중인환시리에 전하는 안부 말씀이란 한두 마디면 족할 것이며, 지금 당장엔 편지로 여쭐 긴급한 부탁도 없고 보니 무얼 써야 좋을는지요. 들으면 서구의 시인 라이너 마리아 릴케는 살로메라는 여자 친구에게 늘 장문의 편지로 자기의 심정을 고백하고 호소한 일도 있다고는 합니다마는, 제弟로 말하면 동양 사람이 되어서 그런지 근자 10여 년 남자 친구나 여자 친구나 간에 긴급한 용무 외엔 심중 호소류의 편지라는 것을 도모지 하지 않고, 심중에 일어나는 대소 사건은 제 심중에서만 썩혀 온 위인이 되고 보니, 이것은 한층 더 어려운 일이 되어 있습니다.

그러니 여기에서는 제가 요즘 생각하고 있는 시심詩心에 관한 것이랄까—그런 것이나 한두 가지 적어 이 공개서신을 삼을 수밖에는 없는 노릇이겠습니다. 깊은 양찰이 있으시기를 바랍니다.

저에겐 지금 조수潮水처럼 간만干滿하는 몇 가지의 병통이 있음에도 불구하고 원고 저작류를 시정에 팔아 호구의 요를 거둬 가는 유의 행동만은 아직도 부득이 계속하고 있습니다만, 그 밖엔 별다른 행동이라 할 것도 없이 책상가에 앉았거나 자리에 누워 있을 뿐입니다. 그러나 생각이라 하오면 제 자신에게는 매우 중대한 생각이 몇 가지 계속되고 있기는 합니다.

뭐라 할까, 하나는 저 '신라'라는 것인데요. 그것을 요즘은 소학생들도 모두 좋다고 하고 있지만, 제도 벌써 상당히 오래전부터 그렇게 생각이 되어서 우리의 현대에 재현해 보고 싶은 지향이고, 또 하나는—이것 넋두리 같은 소리를 늘어놓아 참으로 미안합니다만 그것은 현재도 나를 에워싸고 있는 꽤 오랜 세월을 누적해 온 이 나라 동포들의 소리입니다. 그중에서도 정형화되고 음률화된 놈―일테면 이동백이나 송만갑, 이화중선, 김남수류의 소리들입니다.

그러나 모 선생, 누대 썩어 온 이 나라의 소리가 소리로나마 내 주위에서 나를 울리는 데 비해서는 신라는 참 아직도 오리무중이군요. 분명히 나의 현상과 가장 가까웁기 때문에 나를 울리는, 이동백이나 이화중선 등이 대표적인 모가지와 심금을 통해 울려오는 이 나라의 소리는 신라의 흔적이 담긴 것은 아닐 것입니다.

아무리 닦아도 벌써 그 본바탕으로는 좀처럼 돌아갈 수 없는 녹이 잠뿍 긴 금속기나 아니면 이끼가 자욱이 앉은 암석과 같이만 느끼어지는 이 소리들은 신라의 것은 아닐 것입니다. 「청산별곡」류와도 근사한 점으로 보아서 그 근원을 찾는다면 고려에서나 찾아볼 수 있을까요?

하여간 이 소리―이놈은 항시 나보고 서리 내리는 야삼경에 홀로 일어나라 하고, 보퉁이나 하나 꾸려 들고 홀로 떠나라 하고, 이별하라 하고, 늘 울라 하고, 술을 마시라 하고, 한을 품으라 하고, 살아도 별일은 없다 하고―늘 속삭이는 놈입니다. 어찌 이놈이 내게만 그렇게 속삭일 뿐일까요?

아무리 생각하여도 역시 내 한스러운 과거 시작詩作의 밑바탕이 되던 이놈―잊어버리고 싶으면서도 무슨 매력 때문인지 거기에서 손쉽게 떠날 수가 없는 이놈이 내게뿐만 아니라 많은 이 나라 남녀들에게 아직도 작용하고 있는 걸 생각하니 참으로 암담할 뿐입니다.

그러나 신라는 이런 것은 아니겠지요. 물론 그렇지만 이건 내가 신라란 무엇이라고 똑똑히 벌써 수개월 전부터 신라라는 것이 가능한 분위기를 내 속에 모아 보기 위하여 『삼국유사』와 『삼국사기』, 기타 신라에 관한 이야기가 한 조각이라도 남아 있다는 것은 손이 닿는 대로 모조리 주워다가 읽어 보고 있는 중입니다만 신라는 아직도 개념이요, 아지랑이처럼 그 주위가 아물아물할 뿐 어떠한 정체도 보이지 않고, 아무 소리도 들리지 않는 채로 있을 뿐입니다.

신라는 생각건대 저 서구의 상대上代인 그리스와 비슷한 것일까요? 그리스 신화의 기름진 윤기 흐르는 5월과 같은 것일까요?

아마 그 비슷하겠지요. 그러나 신화 한 권으로도 그리스는 우리 눈에 보이는 게 있지만, 신라는 아무것도 똑똑히 보여 주는 것이 없습니다.

다만 있다면 『삼국유사』 등에 전해 오는 몇 조각의 이야기들입니다. 김춘추의 씨를 처녀의 배 속에 지니고 장작더미 불 위에 얹혀져서도 오히려 한결같았던 김유신 매씨의 이야기는 요새 신문에 전해지는 정화情話보다는 너무나 큽니다. 뒤를 이어 삼국을 통일한 문무왕 법민이 "내가 죽으면 호국룡이 되어 이 나라를 또 한 번 지킨다"고 임종에 유언하였다는 이야기도 현대인의 임종에서는 있을 수 없는 이야기 같습니다. 총명한 지혜의 사람인 선덕여왕이 자기를 짝사랑하다가 미쳐 버린 지귀란 사내를 자기의 수레 뒤에 따르라 하고, 잠든 그의 가슴 위에 왕자王者로서 팔찌를 벗어 얹어 주었다는 이야기도 물론 이조나 고려조의 일반 윤리로선 측정도 해 볼 수 없는 가화佳話이긴 합니다.

이런 것들이 그러나 주옥인 채 그대로 온갖 잡토 속에 묻혀서 우리들 속에 아무런 빛도 재생하지 못하고 있음은 웬일일까요. 그것은 다름이 아닙니다. '제2의 호머'에 해당할 만한 시인도 이 나라엔 일찍이 고려에도 이조에도 없어서 그것을 재현하지 못한 때문이라 봅니다. 물론 문헌의 인멸이 심한 이곳이고 보니 혹시 그런 것이 있다가도 모두 타 버렸는지는 모르지요만.

하여간 선인들이 일찍이 우리에게 보여 준 일이 없는 신라 정신의 집중적인 현대적 재현이 절실히 필요한 줄은 알겠습니다. 시로 소설로 희곡으로 이것들은 현대적으로 재형성되어서, 구미인들이 근대에 재활한 그리스 정신과 같이 우리가 늘 의거할 한 전통으로 화해야 할 것만은 알겠습니다. 요컨대 이지러지지 않은 우리의 모습을 찾아봐야 되겠습니다.

그러나…… 이 신라에의 지향에 비해, 아직도 주위의 소리들은 너무나 절실히 내게 다시 이끼와 녹을 얹고 있을 뿐이로군요. 저 서럽고 한스러운 김남수나 이동백이나 이화중선 같은 사람들의 '석양판'을 "가자 가자 가자"고만 하는 것 같은 소리…… 신라가 반나마 개념인 대신 이 퇴락한 것들은 아직도 오히려 나를 더 많이 이끄는 매력임에 틀림없습니다.


쓰다 보니 벌써 지정 매수가 훨씬 넘었습니다. 두서도 없는 소리를 늘어놓아 죄송합니다만 제가 무슨 말을 하고 싶었는지 현명하신 선생께서는 잘 아실 줄 믿습니다.

지금 제에겐 어디 지구의 끝 간 곳에 초막을 얽고 싶은 생각뿐입니다. 한번 떠나면 선생이 최근 미국을 다녀오시듯 그렇게 쉽게 아니 오고 거기서 '조국이 가진 사랑의 뜻'이 무엇인가를 오래오래 생각해 보고 싶습니다.

그럼 오늘은 우선 이만큼 줄입니다.

(『혜성』1950.5.)

# 조롱은 내 생애에 가진 일이 없소
## ─평론가 이어령 씨에게

이달 15일 아침의 경향신문에서 나를 위해 염려해 주신 글 고맙게 읽었습니다.

아래, 거기에 대해 생각되는 것을 말씀하겠습니다.

첫째, 내 자신의 문제에 관해서라면 그건 아무래도 내 자신에게 맡겨 주실밖에 없겠습니다. 이거 변변찮습니다만 그래도 나대로는 기껏이니까요. 언젠가도 우리 둘이 사석에서 얘기하던 일이 기억납니다만 늘 실하지 못한 것이 걱정이지 내가 지금 세우고 있는 지표 그것에는 나로선 불만을 가지지 않습니다.

'현실의 무게'에 대해 말씀해 주셨으나 내 요량으로선 십 년이나 백 년은 물론 한 천 년쯤의 사건 중심의─그러니까 어떤 미비한 이

넘에 의해 빚어지는 현실의 표면쯤은 휴지休紙와 같을 수도 있다고 생각합니다. 쉽게 떠오르는 일로 우선 서구의 중세가 그것 아닙니까. (물론 중세 인류가 가졌던 무언리無言裏의 내성 그것을 말함은 아닙니다.)

이런 휴지에 해당하는 때에도 육보시(불교의 문자입니다만)라도 하여 그 울분을 발산하고 말아 버릴 수도 있기야 있겠습니다만 나는 나이 탓인지 근년 그러는 건 사색가에겐—특히 우리나라의 사색가와 같이 무엇보다도 먼저 좀 유지하고 볼 형편인 사색가들에겐 과용이라 생각합니다.

나쁜 정치 이념이 빚어내는 나쁜 정치적 사태 때문에 수다히 억울하게 죽어 간 어린아이들을 앞에 놓고도 우리는 '못 박히는 것은 보류하는 그리스도'와 같이 영원 그것에 직면해 설밖엔 별다른 도리가 없습니다. 그래 영원의 실미實味가 돼야 할 것—그것을 재발견해 누구에게보다도 먼저 그릇 나가는 온갖 사건의 지도자들의 흉리에 젖게 할 수밖에 없습니다.

'영원살이' 그것을 근년 이어 생각해 오고 있는 건 사실입니다만 그렇다고 현실의 정淨한 내재적 지향과 어긋나려는 것은 아니고 자기를 무용한 황진난비黃塵亂飛의 때에 지켜 가지려는 의사를 가졌을 따름입니다.


둘째로 내가 추천한 시의 신인들에 대해 나와 관련시켜서 '조롱을 열어 그들을 자유롭게 날게 하라'고 말씀하셨으나 이것은 어령 씨의 오해이신 것 같습니다. 조롱은 내 과거 생애에 한 개도 가진 일이 없으니까요. 까치 새끼를 내 소년 때 친구가 산 채로 잡아 며칠 좁쌀죽을 쑤어 먹이며 길러 본 일은 한두 차례 있으나 나이 든 뒤엔 영 그런 일도 하지 않았습니다.

선배놀음이란 어느 풍토에서나 리어 왕 팔자가 고작이지 어디 조롱은 고사하고 정혼을 해 놓았었던들 신인들이 거기 들기나 하나요? 이 점은 참 억울합니다. 우리 인제 만나거든 실컷 얘기합시다.

(경향신문 1958.10.18.)

# 네가 영 잊혀지지 않는다
## —시인 김관식 영전에

내 세상에 나서 60년 가까이 살아오는 동안에 살아 있는 사람들도 많이 보고 또 죽어 가는 사람들도 적지 아니 봤지만, 관식이 너같이 꾀까다로이 살고 꾀까다로이 숨 거두어 가는 사람은 보지 못했다. 그렇게 살고 그렇게 돌아가려거든 차라리 네 그 청청히 서슬 푸른 재주 고스란히 가지고 태허에 잠잠히 영존해 있지, 무엇하러 이 다난불행한 곳에 생겨나서 그리도 역겨워 헤매다 가느냐. 너를 어떻게도 달래어 더 살게 할 수 없었던 형 된 자의 한만이 남아 하늘 속에 뻗친다.

원래 우리나라는 시간과 공간이 유난히 매웁게 마련된 나라여서 힘센 많은 장재(將材)들은 등뼈 빼고 살다가 장군바위 속에 묻혀 명명해 버리기 일쑤였고, 여러 천년 동안의 뛰어난 재주들도 그저 국으로 보인 손만 만지다가 저 이조 백자 빛깔같이 희푸르러 영원 속에 잠잠해지고 말기 일쑤였으니, 그런 무더기들이 쌓이고 쌓여 온 속에 너 하나 또 그렇게 잠기어 간다 하여 특별난 일은 아니라면 아니겠지만, 너는 유난히도 그게 쓰리고 아려 못 참던 사람이라 항시 역겨워서 반항하는 아이로 고래고래 거역하는 소리만 치고 다니던 모습, 아무래도 잘 잊을 수 없다.

1951년 내가 전주에서 피란살이를 하고 있을 때, 겨우 열여덟 살의 고등학교 3학년짜리였던 네가 그 어려운 『주자대전』의 여러 권 책을 싸들고 와서 이조 유학의 마지막 도학으로 아직 남아 계시던 최병심 선생의 문하를 찾아가는 길인 걸 두 무릎 꿇고 앉아 내게 말하던 일.

네가 시인 하희주와 내 앞에서 먹을 갈아 소년답지 않은 붓글씨의 필력을 보이면서 "국민학교 때 전 일본 서도전에서 입선한 일도 있어유" 하고 그 일본 서도전에서 상으로 탄 거라고 추사 선생의 필적 한 폭을 내게 굳이 가지라고 우기며 선사하던 일.

그러면서 "우리로는 서 선생님 것을 제일 좋아해유" 하던 일. 최병심 옹한테서는 『주자대전』의 의문 난 데를, 가람 이병기 선생(이때 전주 전시연합대학 교수)한테서는 시조 이야기를, 나한테서는 우리 신시에 대한 것을 겨울방학 동안 들으러 왔다고 하고 그걸 또박또박 실천해 보여, 너를 새로 안 우리 모두를 마음 든든케 하고, 장차 크게 쓰일 녀석이라고 감탄시켰던 일.

바로 이어 너는 가람 이병기 선생과의 공저로 중고등학생 글씨 본 보기책도 내고, 대학교는 세 군덴가 네 군데를 휘몰고 돌아다니다가 이것도 저것도 다 중간에서 그만두고 만 일.

스물한 살인가 두 살짜리의 공립 고등학교 교사였던 너. 그렇지만 뭐가 어찌 되어 그랬는지 너보다 훨씬 나이 많은 교장 선생님의 따귀를 갈기고, 다시 뛰어나와선 홍사동 수십 명의 깡패를 거느리고 날마다 몇 동이씩 술을 들이키던 너. 너보다 나이가 30년이나 더한 월탄보고도 "네가 뭐냐"고 대들고 내 친구인 동리, 연현한테까지 마구 대들며 욕설을 퍼붓던 너. 그러다간 나한테 이 세상에선 처음으로 "망할 자식" 소리를 듣고 따귀를 얻어맞던 너. 곧잘 네 자식들과 아내를 때려눕히고, 눈만 뜨면 맨소주를 사발로 늘 들이켜고만 있던 너. 네가 아무래도 잘 잊히지 않는다.

재주 있어 앞일이 더 걱정되는 아이들, 학교나 그 밖에서 늘 수석만 하는 아이들, 수석이면서도 너무 가난하거나 주위가 역경인 아이들, 그중에서도 다 잘 참는 것을 참지 못하고 헤매는 신경질적인 아이들, 그런 아이들이 내 앞에 어른거릴 때마다, 관식아, 네가 영 잊혀지지 않는다.

실없는 녀석, 1960년엔 자하문 밖 3천 평의 네 과원까지 팔아 대정치가 장면과 겨루겠다고 용산에서 국회의원으로 나서 설치기까지 했던 실없는 녀석! 네가 골라서 나온 대한민국 땅 위의 너무나 짧은 지상의 나들이와 몸부림—꼭 고등학생 제복의 그 몸부림, 너 그만 너무 일찍 꺾이니 눈앞에 자주 어려 잘 안 잊힌다.

　나는, 관식아, 너를 알고 아껴 『현대문학』지에서 시단에도 추천해 내세웠고, 내 처제 중에 제일 예쁜 처제를 너한테 주게 하여 혈연관계도 맺었고, 위창이나 육당이나 위당, 무애도 너를 알고 아껴서 '장차 쓸 놈'이라 했는데, 이 녀석아, 웬 놈이 그리도 가만히 참아 남들 다 하는 수 그것마저도 지탱 못 하고 늘 회오리바람으로 우뢰 소리로 고등학생 단독 데모하듯 그렇게 있다가 가고 말아 이제는 조용하느냐!

　네가 국민학교 때 열 살도 채 다 안 된 아기였을 때, 전 일본 서도 전람회에서 입선한 상으로 받은 추사 선생 필적의 구절 '殘雨擁輕雷'(부슬비에 아직 남은 천둥소리 들리네)가 내 궤짝 속에서 지금도 울고 있다.

　그래 나는 너 때문에, 꼭 너 하나가 내 앞에서 저지르고 간 일들 때문에 내 아내와 자식들 또 전 가족과 외가나 처가 식구들 앞에서는 절대로 "너는 재주 있는 아이"라는 말을 쓰지 않기로 하고 있다. 수석인 아이보곤 언제나 "곰아, 곰아, 미련한 곰아" 곰으로 다루어 버릇 들이기로 작정해 내려오고 있다. 무엇이든지 트집 잡자면 아무리 수석이래도 사람한텐 트집 잡을 데는 있는 거니까, 그것만을 눈여겨 이렇게 해 내려오는 습관을 나는 너 때문에 새로 만들었다. 그래 "나는 제일이니까!"가 아니라 "맨 꼴찌 같은 곰이니까……"로 변모시켜 아이들을 키워 볼 생각이다.

가을이 또 벌써 되어 나뭇잎에 노랑물이 들기 시작하고, 네가 간 저승이 옆에 바짝 다가와서 나보고 말한다.
"김관식이도 이제는 소리도 치지 않고 조용히 평안합니다. 땅 위에선 제일로 매웁고 짠 시간과 공간인 한국─거기서도 김관식이같이 소리치고 대드는 아이를 이제는 더 안 생기도록 가르쳐야 우리도 편하겠다"고……

(『여성동아』 1970.11.)

# 서러운 행복
— 내 아내 방옥숙에게




   숙이여, 글월을 받아 읽었소. 고향의 어느 구석진 밭두둑에 피는 조그만 꽃의 기억과 같이 언제나 서러운 그대의 편지.

   숙이여, 나는 이 편지를 가지고 지금 조용한 나무 그늘이나 풀밭을 찾아가려 하오. 남쪽 하늘을 바라보며 고쳐 고쳐 읽으려 하오.


   서러운 행복, 숙은 그런 일을 생각해 본 일이 있소.

   17일쯤, 내성하겠다고 하였으나 지금 서울 와서는 절대로 못쓰오. 서울이 어디라고!

   내가 인제 마음 놓고 오라고 하도록까지는 괴로운 대로 쓸쓸한 대로 기다려 주는 것이 나를 위하는 길이오. 괴롬을 참고 오히려 그것을 기쁨으로 알고 기다려 주는 것이 나를 사랑하는 길이오.

숙! 취직은 아직도 마련이 없소. 아주 싼 월급 자리가 있긴 하지만 이건 나도 좀 생각해 볼 일이오. 3백 환쯤 얻어먹으려고 아침 8시부터 밤 10시까지 서 있는 노동을 내 힘으로 어떻게 견디어 내려는지 문제니까 하여간 결정되는 대로 그때 또 알리기는 하겠소만.

사는 것은 이렇게도 괴로운 것인지, 먹고살기 위해서 마음에도 없는 짓을 모두 해야만 된다는 것은 내게는 큰 슬픔이오.

추석 때쯤 잠깐 집엘 다녀오고도 싶으나 그것도 아마 마음 같지 않을 모양이오. 서울도 요즘 좀 선선해지긴 하였으나 아직도 더웁소. 보내 준 광포 옷은 지금도 잘 입는 중이오. 이불은 아직 소용없소. 요하고 홑이불 한 벌을 빌려 어느 친구한테 얻어먹고 있으니까.

정읍 어머니와도 자주 편지 왕래가 있소. 얼마 전에 몸이 좀 편찮았더라고.

그럼 우선 이만 쓰니 늘 몸 건강에 조심하고 고통이나 비애 따위는 언제나 이겨 나갈 일!

1939년 8월 28일

소격정에서, 부서夫書

(『신태양』 1959.5.1.)

# 여기 고마움을 그득히 말해 두마
— 내 아들 윤에게

윤아.

고맙다. 네 오직 하나뿐인 형, 승해를 낳은 지 17년 만에 네가 한 어머니에게서 태어났을 때의 내 기쁨이 엊그제같이 생생한데, 벌써 네가 중학교 2학년이나 되어서 너의 학교 교지에 이런 글까지 쓰게 하는 인연을 만들다니, 참 고맙다.

너의 어머니가 네게 늘 말한 것처럼 윤, 네가 아니었더라면 내 인생은 많이 답답했을 것이다. 너는 어려서부터 총명하고 건강하여 그런 너를 믿고 길러 온 내 앞길을 늘 밝게 느끼게 해 주었고, 찌푸려지던 이맛살을 다시 늘 반반하게도 해 주어 왔다. 네가 외국인 아이들과 3년 동안 있을 때도 늘 뛰어난 성적으로 나를 위로해 주었던 것, 우리 국민학교로 옮겨 와서도 수석과 어린이회장을 아울러 해서 우리 부부 마음 든든하게 하고 떳떳하게 해 주었던 것, 그런 네 덕으로 아버지인 내가 그 학교의 기성회장까지도 한동안 맡게 했던 것…… 너는 나를 위로하고 희망을 주어 내게 살맛이 있게 했다.

이제 컴퓨터가 뽑아 준 균명중학교에 들어가서는 어느 겨를엔지 다시 또 정을 들여 우리 집과 가까운 학교로 옮기도록 내가 권해도 끝내 듣지 않고 정성스레 다니더니, 거기서도 기어이 또 수석 장학생이 되어 나를 잇달아 기쁘게 해 주는 것, 더없이 고맙다. 여기 그 고마움을 그득히 말해 두마.


윤아.

그러나 너도 짐작하겠지만 사람은 학교 성적이 좋은 것만으로 다 되는 것은 물론 아니다. 사람들과 자연에 대한 사랑을 점점 더 넓히고 깊게 해 나아가기를 늘 마음먹도록 해라.

국민학교 5학년 땐가, 너의 학교 어느 아이가 길에서 넘어져 상처를 입은 걸 네가 약국으로 데리고 가서 약을 사 발라 주었다고 한 일이 있었지? 그리고 나서 그 아이하곤 오랜 친구가 되었었지? 이것은 물론 한 학교의 아이들끼리니까 의무라고 하면 의무라고 볼 수도 있지만, 그 아이의 쓰라린 상처에 같이 쓰리려 한 것은 의무보다 한 걸음 더 앞서 우러나온 네 어린 마음속의 사랑이었다. 이것을 돌이켜서 생각해 보고 그 마음을 늘 느끼고 깊게 하기에 힘쓰면서 그런 마음으로 사람들과 자연의 온갖 것들을 대해 가도록 해라.

윤아, 우리가 무엇을 안다는 것도 깊게 사랑해서 안 것이 아니면 아무래도 나는 안 것이 아니라고 생각된다. 아들딸이나 손자 손녀의 일을 제일 잘 알고 이해하는 이는 어머니와 할머니지만, 무엇이 그분들을 잘 아는 사람으로 만들었느냐 하면 물론 그것은 그분들의 아들딸과 손자 손녀를 향한 한결같은 깊으신 사랑이다. 이렇게 생각해 가면, 잘 안다는 것도 잘 사랑하는 데서 시작되는 것을 알 수 있다.

여기 아름다운 꽃이 피어 있다. 빨리 외면하고 그 옆을 달려가는 개는 이 꽃이 있는지 없는지조차 알아보지 못할 것이다.

꽃을 아껴 사랑하는 이가 그 아름다운 빛을 비로소 알 자격을 가질 것이고, 또 아름다운 향기를 아껴서 가까이 코를 대는 이가 그 향기의 아름다움을 알 것이다.

그러나 한 송이 꽃의 모든 것을 알기에도 몇몇 순간의 사랑쯤으로는 되지 않는다. 낮의 그 꽃의 아름다움, 밤의 그 꽃의 아름다움, 해가 있는 날의 그 꽃의 아름다움, 비가 오는 날의 그 꽃의 아름다움, 달이 있을 때, 달이 없을 때, 봉오리로 맺혀 있을 때, 활짝 피었을 때, 시들어 갈 때, 꽃잎이 떨어져 내릴 때…… 한정 없이 많은 이 꽃의 아름다움의 가짓수에 맞추어서 거기 쏠리고, 퍼부어져야 할 사랑의 깊이와 넓이를 생각해 봐라.

윤아, 너는 사람으로 생겨났고, 행복보다는 불행이 더 많은 세상에 생겨났으니, 먼저 사람들의 불행을 더 많이 사랑해서 도와 행복하게 하는 사람이 되기를 바란다.

많은 사람들의 불행을 모르는 체 외면하고 저 혼자나 가족만의 행복을 찾는 그런 모자란 사람이 되지 않을 것을 나는 믿고 기대한다.

이것은 지나친 아버지의 욕심일까?

그러나 네가 그렇게 되지 않으면 나는 어떻게 내 죽은 뒤의 세상을 믿고 또 영원히 안 끝나는 강물처럼 이어 가야 할 우리 사랑하는 영혼의 영생을 믿을 수 있겠느냐?

윤아! 너는 내 아들이니 부디 사람과 자연을 사랑하는 마음도 나보다는 더 나아야겠다. 늘 좋은 건강과 용기와 함께 너의 공부와 사랑의 부피가 점점 늘어 가기만을 바란다.

# 꼭 좀 나를 잘 유혹해 주시오
## —시인 박성룡 씨에게

남우南隅.

보내신 아늑하고도 찬찬한 글월, 마음 흐뭇이 잘 읽었습니다.

댁의 애기 이름 '정휘正彙'는 누가 지었는지 참 유식하고도 밝고 든든한 이름입니다. 내가 주려 했다가 그 애 아버지의 호가 된 '남우'보다도 이름으로서는 분명히 낫습니다. 정휘를 극진히 섬기어 많이 본 뜨시오. 애기는 사람의 바른 모양입니다.

가톨릭교로 귀화하셨다는 것은 금시초문이지만, 이 일도 동감입니다. 꼭 가톨릭만을 숭상하는 데에 동감이라는 말이 아니라 큰 종교의 하나를 가까이하게 된 지혜의 눈이, 그러기가 쉽지 않을 것인 현대의 한 청년 시인에게서 뜨였다는 데에 동감이란 말입니다. 시인에게도 유流를 붙여 말할 경우도 있는 것이라면, 과거 동서 역사상의 모든 시인 중 그 일류들은 모두가 종교가였거나 종교를 두고 많이 힘써 생각한 사람들이었습니다.

남우의 시정신에 대성의 길이 열리고 있는 듯하여 여간 기쁘지 않습니다. 예수님이나 마리아님은 다 우리 동양이 낳은 분이니 생소하지 않아서 더욱이 좋습니다. 비너스나 뮤즈교보다는 큰 발전을 하신 점, 부인이나 다름없이 나도 찬성이니, 이 말씀 부인께 꼭 전해 주시기를 바랍니다.

남우.

내가 이번에 첫 며느리를 보고 남우가 신붓감을 인제야 비로소 얻은 차이―그만한 나이 차이라는 것도 나는 마음속에서는 항용 잊어버리고 지냅니다. 이건 나만 그런 게 아니라 나잇살이나 먹었다는 사람들은 다 그렇다고 안 해 옵디까. 나는 더구나 요즘은 딴 계산법을 써서 내 나이가 점점 적어져 가는 것을 세고 살기에 힘쓰고 있습니다. 이건 진담이지. 들어 보시오.

우리 일생을 아직 옛 식으로 70년으로 친다면, 35세쯤이 최고 연령이고 36세부터는 다시 34세 쪽으로 옮겨 와서 37, 38, 39, 40…… 나이를 먹어 갈수록 실상은 33, 32, 31, 30…… 이렇게 줄어져 간다는 계산이지. 왜냐하면 우리 육신의 일생을 표준하니 현행 연령법 그게 그대로 쓰이지, 후생이라는 걸 생각할 줄 알고, 우리가 칠십에 죽으면서 바로 후생의 한 살이 또 시작된다는 걸 안다면, 인생 칠십의 반인 35세 이후부터는 점차로 후생의 그 한 살에 가까워져 가는 것도 알아야 할 테니, 그런 푼수로 보자면 내 계산은 맞는 거지. 즉 칠십에 꼭 죽어야 하고, 죽자 이내 새 후생의 한 살이 시작하는 거라면, 예순아홉 살의 노인이라는 사람이야말로 실상은 바로 한 살이 되려면 1년이 남은 두 살짜리밖에 안 되는 것이지.

좀 궤변같이 들릴는지는 모르지만 당대주의, 당장주의로서가 아니라 인생을, 그래도 우선 아들 대, 손자, 증손 대까지만 두고 생각해 보아도 이건 궤변 아니오. 영원이라는 말이 요새 진지하게 많이 쓰이게 된 것을 나는 즐거워하는 사람의 하나이지만, 그 영원에서 계산해 보면 내 계산법은 맞을밖에 없지. 영원, 비행기를 처음 서투르게 운전해 보는 사람은 심난스레 헬리콥터나 타고 올라가서 하늘 느끼듯 아득하고 딱하고 알 수 없는 걸로 생각하고 말기가 예사지만, 그렇게 생각 말고 우선 미래, 영원이라는 것도 자기보다 더 귀중한 자기 아들의 아들의 아들의 아들의 아들의 아들의 아들에 계속될 실제로 생각해 보고, 다음 세대의 한 살에 바짝 가까이 있는 내 예순아홉 살 그것, 다음 세대의 한 살보다 한 해 전인 두 살로 치는 계산법은 궤변일 따름일까?

무로불로無老不老라는 말은 여러 대 많이 써 온 말이지만, 늙는 것은 몸과 어떤 종류의 표정이나 언어 격식 따위지, 정신은 사람의 지향에 따라서 있을 뿐입니다.

이렇게 생각하는 내가 세대의 대립적 차이를 정리해서 세운 원리라는 것을 따로 가질 수는 없습니다. 권력이나 제도가 부실해서 혁명이 있다면, 그건 그 권력이나 제도의 잘못이지, 어떠한 세대의 잘못이라는 이치는 서지 않는다고 생각하기 때문입니다.

이런 소견이기 때문에 한국에서 요즘 많이 논의되어 온 세대교체 문제도 성찰력의 부족이 빚어낸 거라고 생각합니다. 최근 실현이 잘 안 돼 노인층의 복직이 다시 되고 있는 것은 그 증거입니다.

가뜩이나 좌석이 적은 데에서 이런 논의나 여기에 의거해 실현되는 표정들이 딴 나라 사람들의 눈에 '구차한 민족'의 인상을 주게 해서는 안 될 것입니다.

남우.

이야기가 편편해졌습니다.

조금 늦추어서 무얼 말해 볼까?

낚시 이야기, 그것 매력을 느끼는데, 그거나 한번 해 봅시다.

나는 낚시질을 여태까지는 낚는 재미로 봐서 빨리빨리 잘 낚이는 망둥이 낚시질을 여름마다 바다로 다니고 있었는데, 이 낚시질 때문에 나는 여자를 잊어버린다든지 그렇게는 안 되었습니다. 그런데 붕어 낚시질에서는 여자를 다 잊게쯤 된다니 그것 참 신비스럽소그려.

내게 지금 절실히 필요한 것은 자연 전체와의 직접 연애인데, 정말로 그게 태공망 되어 가만히 있는 동안에 조금씩이라도 실제화해 옵디까? 여자와의 연애를 잊을 만큼 센 매력이라면 그것은 더한 연애라야만 될 텐데, 아마 그게 되는 모양이지? 이게 붕어 낚시질로 된다면, 나야말로 붕어 낚시질이 제일가게 필요한 사람이오.

내 시정신이란 말하자면 바로 연애 그것이었는데, 사람과의 연애는 사람만을 두고는 아무래도 풀 길 없으니 이걸 어디 무방한 데로 가지고 가서 풀고, 그 무방한 것을 연애하는 길로 옮겨야겠는데, 붕어 낚시질로 그게 완전히 정밀하게 잘될까? 거기에서 그래 남우는 가톨릭의 성당으로 곧장 가셨소? 그렇다면 낚시질은 굉장한 것인데, 꼭 좀 나도 기동을 하게끔 와서 잘 유혹해 주시오.

남우.

생활에 시가 없다고 한탄하셨는데, 그것도 첫째는 사랑이 비거나 병들어 있는 때문이고, 둘째는 자연을 잊은 때문입니다. 여인들은 남자보다 순결이 월등히 우수한 까닭에 생활에 사랑을 많이 가지고 있지만, 남자들은 순결을 많이 짓밟은 벌로 사랑을 저속화시켜 남자를 아직도 더 많이 주인으로 하는 세상에서 생활을 매력 없는 걸로 만들고 있고, 또 자연을 보고 감동할 시력과 감성마저 박약게 한 데서 오는 것입니다. 사랑으로 우리가 매력 있는 자연을 갖는다면 어떠한 신이든 되찾을 것입니다만 사랑의 박약이 생활을 딱하게만 빚어내고 있습니다.

그럼 사랑을 우리는 어떻게 해 유지할 것인가? 이것은 중요한 문제가 아닐 수 없습니다.

조금씩이라도 경험해 본 이는 알겠지만, 여기에는 별다른 방법이 없고, 오직 참고 견디는 길밖에는 없습니다. 한 개의 사과를 참매력을 느끼며 그립고 맛있게 먹으려면 식욕을 남용하지 말고 많이 참고 견딘 나머지에 먹는 길 이외에 딴 길이 없듯이, 사랑도 순결을 지키며 견딜 걸 견디고 잘 참아 내야 그 꽃다움과 그리운 친화력을 유지하지, 무절제한 향락에만 치중한다면 조만간 위축되고 무감각하고 허무한 데에 빠지고 맙니다.

D. H. 로렌스 같은 사람도 이 점에 대해 경계하는 말을 했지만, 사상 여하를 불구하고 현대의 정신 마비의 제일 큰 원인이 여기 있는 것을 아는 이는 누구나 경계해야 할 것입니다.

남우.

지난번 일초 화상 고은과 함께 우리 집에 오셨을 때, 일초더러 귀속을 권하고 마누라를 얻게 되건 못생긴 여자를 얻으라고 한 것도 말하자면 아까 말한 그 순결을 가정에 유지해 자녀들에게 슬픔을 안 심기 위해서였습니다.

남우가 듣고 잘 기억해서 말씀하신 것처럼 월탄이 "'자고 가는 저 구름아'가 '트위스트'보다야 낫지" 한 것도, 물론 우리와 같은 생각에서입니다.

생각해 보시오. 그것 얼굴이나 태도 좀 못생긴 대로 아내라도 집 안에서 정조나 깨끗하게 있어 주어야지, 여권도 잘 주장되는 세상에 남편이 혼자 나들이 잘하니 아내도 마주 그리하고, 남편도 외박하니 아내도 또 그러고 하다 보면 그 집안 꼴 어찌 될 것인지?

"이혼하면 그만 아니야?"라고 누가 할는지는 몰라도, 이혼도 그것 제일 피나는 일입니다. 더구나 자식이나 낳아 놓고 헤어지고 보면, 그 뒤에 올 흐린 날 갠 날의 우수사려憂愁思慮들은 다 어떻게 주체해? 그래 일초에게 귀속은 권하면서도 마누라만은 그렇게 얻으라 한 것이오.

아 참, 그리고 일초보고 귀속을 권한 일, 비구승 측 스님들이 들으시면 혹 마구니라 할는지는 모르겠으나 일초는 시인이고 시인은 첫째 사람 노릇을 다 해 봐야 하는 것이기에 아이도 좀 낳아 길러 보라고 그런 것이지. 그는 한 10년 잘 수도했으니 한 30년 귀속해 쓴 맛도 좀 골고루 보다가 마음 내키면 노경에 또 입산하든지 하면 좋을 거요.

그런데 벌써 예정한 종이가 다 되었습니다. 다음번에 계속해 말씀하기로 하고 이번은 이만합니다.

애기 정휘 군을 극진히 극진히 섬기시기를 거듭 부탁합니다. 그러면 안에는 행복이 저절로 많이 모여들 것입니다.

(『여상』 1963.8.)

# 고요란 시인의 마실 물이지요

## —시인 박성룡 씨에게

남우.

주신 글월 잘 받아 읽었습니다. 불광동 조용한 곳에 새로 자리를 잡고 마음을 더 조용히 간추리기로 하셨다니 참 잘하셨소.

내 생각 같아서는 현대인의 불행은 인생에 꼭 필요한 정적의 부족에 큰 원인이 있다고 생각합니다. 흥분과 피곤과 조잡과 안가安價를 풀어내는 것은 오직 고요입니다만, 많은 사람이 이 고요의 필요량을 만나지 못한 채 지껄이고 행동하고 붐비는 데서 많은 불행은 이루어지는 것이라고 생각합니다.

특히 시인은 가장 조용한 데 처해, 그 정신의 역사를 경영해야 합니다. 어떻게 무리를 해서라도 꼭 그렇게 해야만 할 것입니다. 그렇게 해서 감정과 지혜가 불안에서 풀려 고요 속에 뿌리를 박게 해야 합니다. 시인의 감정이나 지혜는 첫째, 시끄러우면 뿌리를 못 박고 공중에 떠서 흔들리기만 하는 것이니까요. 더구나 청년기의 시인은 더 그러는 것이니까요. 말라르메가 시의 생산에 필요한 고요를 찾아 얼마나 헤매었던가를 회고해 보시죠.

고요란 말하자면 시인에게는 꼭 있어야 할 또 하나의 마실 물이지. 이게 있어서 비로소 우리는 여기 뿌리해 시인다이 깊이 사랑할 감정의 기운도 기르고 시의 잎사귀를 골라 찾아낼 치밀한 시력도 모아 가지게 되는 거니까……

잘하셨소. 애기를 벗해, 안정의 깊이를 점점 더해 가지고 좋은 시 많이 써 보여 우리를 살맛 있게 해 주시오.

남우.

이번에 제주도에 갔더니 강달수라는 그곳 시인이 나보고 "이번에는 「고을나의 손녀」라는 제목으로 한 수 써 보시죠" 합니다. 왜, 내 처녀시집 『화사집』에 「고을나의 딸」이라는 것 있지 않소? 그걸 26년 전에 여기에 와서 썼던 건데, 그 사실을 강 군이 알고 하는 얘기지. 하지만 나는 지금도 26년 전이나 마찬가지로 손녀딸을 쓸 생각은 나지 않고, 여전히 직접으로 '고을나의 딸'을 볼 생각밖에는 나지 않아. 마음은 늙지 않는다는 말을 이삼십대까지도 그런가만 여겼더니, 인제 와 보니 겨우 알게 되었소.

한라산 중턱의 산천단이라는 데는 한라산에서 숨어 내려오는 생수를 받아 모으는 큰 우물이 있는 덴데, 거기 열예닐곱 살짜리 처녀—제주도 말로 비바리가 하나 단정히 앉았다가 "이 물을 마시면

10년은 더 사람수다" 하는 데도, 이게 26년 전 비바리의 딸이니라 하는 생각은 아예 나지를 않소. 그냥 그때나 마찬가지 그 비바리니까.

제주도에서는 한라산에서 숨어 내리다 솟는 생수가 참 반가운데, 아열대의 더위 속에 싸늘한 생수를 마시고 몸에 대며 비바리의 구겨진 데 없는 음성을 들어 보니, 이거 정말 산사람의 음성 같습디다. 자연엔 내정內庭이 있고, 여기 이르러야 소리도 제대로 나는 거라, 아마.

남우.

나보고 상식 이상이라고 하시고 자신을 상식적이라 겸손하셨지만, 나도 상식 이상이려는 뜻만 앞설 뿐 마련한 정신의 영역이란 면밀하지도 못한 것들입니다. 상식 이상이란 결국 발견의 세계를 뜻해야 할 것이겠는데, 지계持戒를 잘 운영하지 못한 때문에 이게 잘 되지 않습니다.

비유로써 말하자면, 탐험가가 자꾸자꾸 깊이깊이 찾아가며 늘 새로운 발견을 하려면 중도에 게으름이나 피곤이나 잔재미에 팔리지 않아야 하는데, 중간에서 두리번거리느라고 잘 찾아 나가지도 못하고 있는 형편이지. 마음의 간음에 대해서 남우는 말씀하셨지만, 말하자면 이런 따위의 한눈팔기들 말이지.

이런 걸 잘 참고 수효를 줄이고 맑혀만 내도 또 한 골짜기 깊은 경지가 보일 줄은 나도 짐작은 하지만 주의력이 분산하는 걸 막기란, 참 아닌 게 아니라 낙타가 바늘귀를 들어가기보다 더 어려운 일입니다. 대부분의 사람들이 처음에는 이 순수 탐험을 해 가다가 중간쯤 가서는 "에라 나만 고되고 딱하게 이럴 게 뭐 있냐. 수월찮게 많은 관례의, 비쌀 것도 없는 잔재미들도 있는 세상이니, 관습하고 이젠 그만 타협해 버려" 하고 말아 버리지 않소?

제일 큰 단 한 가지의 재미—이것만을 늘 탐험해 가는 순수가 늘 있어야 할 줄은 알지만, 이게 어디 그리 쉬워야지. 하지만 요즘도 내 정신의 중요한 재산 목록이 되어 있는 몇 가지가 있긴 있습니다.

정신상의 모든 발견이 그런 것처럼 완전히 내게서 시작된 새것은 아니지만, 인연과 윤회는 벌써 한 20년 나대로 찾아봐 온 것이고, 요즘도 제일 중요합니다.

이건 석가가 제일 조용히 앉아서 알아차린 것이라 하지만 인연과 윤회는 영원을 구체적으로 있게 하는 두 개의 가장 큰 내용의 이름입니다. 그래 이걸 주로 해 있는 것, 만나는 것들을 느끼고 생각하면 팍팍한 마음은 가시고 영원 여행객의 여유를 얻게 되어 좋습니다.

내가 내 어린애에게 어느 날 조용한 해 질 무렵 소곤거리는 몇 마디 말—참 몇만 년 여러 마음속의 골목들을 다녀 나온 몇 마디 말이, 또다시 이 아이로부터 딴 여러 사람의 마음속들을 지나서 몇천 년 몇만 년 뒤의 어느 황혼에 똑같은 모양으로 소곤거려질 것을 생각하면, '자기'라는 것의 고집은 사라지고 긴 이 노릇이 미소로워지곤 합니다.

벌써 한 20년쯤 전부터 비롯한 인식이고 실감이지만, 비 오는 날 우산에 내리는 비가 사실은 우리 선심先心들의 피가 바랜 것이라는 느낌도 내게는 중요한 것입니다. '우리들보다 먼저 죽어 간 사람들의 피도 물이니까 수증기로 날아올라서 구름으로 떠돌아다니다가 안개로 끼고 비로 오시느니'라는 느낌은 나를 허무주의에서 구제해

주었습니다. 대기권 밖의 일은 아직 아무도 두루 파악하지 못해서
또 무슨 신비가 있을지 모를 일이어니와, 우선 대기권 안만이라도
공간을 이렇게 생각하고 느끼면 허무도 좁쌀알만큼도 앉을 자리가
없는 데가 되어서 간절한 것이 됩니다.

한 송이의 국화꽃을 피우기 위해
봄부터 솥작새는
그렇게 울었나 보다

「국화 옆에서」는 1947년 작품이니까 벌써 한 16년 전 생각이지
만, 이런 종류의 인연을 주로 하는 생각은 지금도 내 삶에는 중요한
것입니다. 그야 솥작새가 국화꽃을 피우기 위해서만 우는 건 아니겠
지만, 우리나라 노란 국화의 쓸쓸한 맛 속에는 솥작새 오랜 울음의 맛
도 끼었으니, 국화꽃만은 제외하고 울었다고는 할 수 없을 터이지.
　　남우.
　　내가 제주도 간 사이에 시인 고은이 정식으로 중노릇을 그만둘 것
을 표명하고 서울신문에 그 곡절을 밝히는 무슨 글을 연재하게 되었
다고? 나도 가깝기야 중에 가까운 사람이지만, 그것 참 용감히 잘한
일입니다.
　　그 사람 시인이니까 첫째, 여자하고 얘기를 가져 보아야지.
　　그렇지만 이젠 막상 환속했단 말을 들으니 여러 여자의 환멸은 있
고 한 여자의 천국이 없어, 또 속(俗)을 작파할 생각이 안 날까 염려가

되는군. 세속은 또 세속대로 중의 길인 것을……

남우.

가톨릭에 귀의한 뒤의 심경을 말씀하신 가운데 '마음의 간음'을 아직 어쩔 길이 없다는 고백, 동감입니다.

이것, 내 경험으로는 남편이 여기 죄의식을 느껴 채찍질하고, 채찍질해서 밝히고 보면 그다음에는 아내 쪽이 어쩔까를 눈여겨보기 시작하여 일종의 의처증이란 것에 빠지게 되고, '이것, 인류의 오랜 고질일 텐데, 마음속쯤 상관있어, 그리고 이게 있어야 서정시도 될 바이 많은데……' 생각하고 나가노라면 우선 마음속은 풍년 비슷해서 좋으나, 오래 지나는 동안에는 아내가 이미 별 알뜰살뜰할 것도 없는 마당에 이르러서는 이걸 실천으로 옮기고 싶은 충동이 커 가기 시작해서 '어때, 남자들은 여자들 몇몇 닿아도 괜찮은 습관이지 않아. 많은 사내들이 다 그러는데 어때? 여자만 깨끗하면 돼. 여자만 깨끗하고, 이혼만 않는다면 가정이야 그냥 돼, 돼' 하는 언저리에까지 많은 수의 사내들은 빠져들어 가게 됩니다.

그러나 여기까진 무사한 일일는지 모르나, 아내가 남편의 부정함을 알고 사랑을 잃은 쓸쓸함에 몸부림치다가 또 딴 애인을 찾아 나서는 날은 집안은 물론 그만 깨어질밖에 없을 것입니다.

그러니 '마음 간음'—이것 어떻게 하지? 사실 이건 흑판에 써 놓은 글씨 모양으로 간단히 지워지지도 않는 것인, 뿌리가 꽤 깊이 여러 수천 대 박혀 온 것인 모양인데, 이걸 어떻게 다스려 가면 제일 현명한 다스림일까요?

내 경험으론 여자는 몰라도 남자의 마음속에 이 뿌리는 아무래도 발본색원은 잘 안 돼. 그러니 이걸 가진 죄로다가 다소곳이 무슨 종교의 힘을 빌려서건 아니면 자제심을 빌려서건 실천으로나 냉큼 옮기지 말고 참으면서, 또 참는 값으로 생기는 서정의 심화나 재미로 여기면서, 어떻게 해서든 이혼이나 되풀이하지 않도록 애쓸밖에 다른 아무 수도 없소.

부디 실천으로만 옮기지 말고, 잘 견디어 내시오. 그러면 이걸 실천으로 많이 옮겨 재미를 삼는 사람들보다 시는 훨씬 더 짭짤한 것이 돼 갈 거요.

(『여상』 1963.9.)

# 적당히 게으르게 사십시오
## —시인 박성룡 씨에게

남우.

벌써 10년이나 되었는가. 우리가 『여상』이란 잡지에서 서로 주고받고 해 왔던 편지 교환을 다시 여기서 계속하게 된 것을 재미로 생각합니다. 어떤 사람하고는 안 되는 일이 또 다른 어떤 사람하고는 잘 되어서, 남우와 내가 고르고 골라서 두 번씩이나 이어 이런 편지 교환을 하게 된 우리 두 마음의 뽑힌 만남이 더욱 재미있습니다.

무한히 넓은 천지와 영원한 시간의 흐름 속에서 유독 우리 두 마음이 무슨 필연으로 같이 뽑히어 긴 이야기를 주고받게 되었다는 것은 참 묘한 일입니다. 봄 양지 쪽의 두 아이의 속삭임 같은 오붓함도 느끼지만, 또 싸늘한 늦가을 바람에 홑옷으로 만나 섰는 오슬오슬함도 있습니다.

남우.

남우가 오랫동안 해 오던 신문기자 생활을 작파하고 '까치밭'이라는 대단히 반가운 이름을 가진 시골 마을을 골라 한 농부로 다시 살려고 나선 그 용기와 성실과 두터운 힘을 나는 찬양합니다. 나도 사실은 꽤 오래 전부터 농부가 되는 게 소원인 채 아직 이루지 못하고 있는데 이것만이 부럽습니다그려.

까치마을이라면 아마 그 반가운 까치들도 많이 살겠고, 보리밭에는 까치마늘이라는 꽃도 더러 섞이어 봄에는 피어나겠군. 논이 많고 밭은 얼마 안 된다는 기별을 들었는데, 그 논들을 밭으로 바꾸어 밭 농사를 더 많이 짓도록 하는 게 좋겠습니다. 밭에다가는, 그렇지, 꼭 보리하고 콩만을 심을 것이 아니라 여러 가지 곡식과 과일과 꽃나무들을 심고, 그 사이사이에 닭이나 꿩, 오리 같은 것을 기르고, 다각적으로 잘하면 재미도 있고 또 살 만큼의 재산도 될 것입니다.

거기 산에 꿩이 없으면 꿩만은 꼭 몇 쌍 사들여 기르기를 부탁합니다. 이 새의 우는 소리는 새 중에서 제일 반갑고 싱싱하고 밝은 것이어서 아침저녁으로 이놈의 울음소리를 듣고 지내면 새로 소생하는 기운을 느끼게 될 겁니다. 나는 새로 이사 온 관악산 밑의 내 집에서 꿩 새끼 한 쌍을 길러 왔는데, 요즘 울기 비롯해서 새벽같이 소생하는 느낌을 내게 빌려 주고 있습니다.

우리나라 재래종의 소나무들을 가지가 점잖게 춤추는 걸로 집 가까이 몇 그루 옮겨 심고, 역시 우리 재래종의 누런 소도 두 마리 기르는 게 좋을 겁니다.

강원도 두메 태생인 시인 이성교 이야기를 들으면 한밤중엔 소가 눈물을 흘리며 소리 없이 운다고 하는데, 그런 것도 눈여겨 지켜보아 공감하고 지내는 것도 좋을 것입니다. 시인이란 무엇보다도 하늘과 땅의 또는 슬픔과 기쁨의 첫째 공명자라야 하고, 그러기 위해서 남우는 인제 제일 알맞은 자리에 놓여 있으니 말입니다.

그 즐기던 낚시질은 지금도 여전합니까? 아니면 논밭일과 글에 묻혀 접어 두게도 되었습니까? 우리나라에도 인제 바둑꾼과 아울러 낚시꾼의 수효는 무척 많이 늘어나 있는 것 같은데, 시를 두고만 생각하자면 이것들은 두 가지가 다 상책이라고는 생각되지 않습니다. 바쁜 고역에 시달려서 마음이 헝클어진 사람들이 잠시 쉬며 그걸 없이하는 데는 힘일는지 모르지만, 거기에 다시 시의 싹이 돋게 하고 자라서 가지가 뻗고 잎과 꽃이 트이게 하는 일이라면 낚시질이나 바둑 두기의 그 집중이라는 것은 역시 한낱 잠그는 문밖에 되지 못할 줄 압니다. 밭의 곡식과 나무를 만지면서 시상詩想을 모으는 시간의 넓이가 점점 늘어나서, 낚시질은 그저 어쩌다가 가끔 가는 것이 되기를 나는 남우의 시를 위해서 바라고 있습니다.

물론 머릿골치 아픈 생각들을 없이하기 위해서 낚시나 바둑도 한 방법이기는 하겠지만, 나는 이것을 불교의 선에서 하는 그 '너절한 생각 내던지기' 연습과 잠으로 대신합니다. 흔히 학문의 '방하착放下着'이란 말로 일러 전해 오는 이 '너절한 생각 내던지기' 연습은 단시일에 곧잘 하는 선수가 될 수는 없지만, 오래 애써서 계속 연습해 가는 동안에는 성공률이 점점 늘어 가서 못 먹을 열매 내버리는 것만큼

쉬운 일이 될 수도 있는 것 같습니다. 그렇게만 될 수 있는 날이면 그 뒤엔 거기 그 자리에

  언덕 넘어 딸네 집에 가듯이
  나도 인제는 잠이나 들까.

내가 언젠가 「저무는 황혼」이라는 시에서 표현해 보인 그런 따위의 잠이 살포시 감싸고 오지. 그러면 대학교수의 직업 덕택으로 가끔 낮잠도 누릴 수 있는 나는 바로 그 자리를 바둑이나 낚시질 대신 한 바탕의 낮잠으로 메꾸어 잠시 시들고, 그러고 깨어나선 새로 자연과 사회와 인생을 보려 합니다. 너절한 것들로 가려져 있지 않은 그 본모양을 보려고 눈을 새로 뜹니다.
  남우.
  적당히 게으르게 살기를, 역시 또 남우의 시인 노릇을 위해서 나는 부탁합니다. 20세기 기계문명의 속도는 아무래도 시인의 시상의 속도하고는 잘 안 맞는 것 같소. 시정신은 역시 현대 기계문명의 한 가운데를 관통해 흐르는 유구한 속도의 강물 같은 것이지, 기계문명 자체의 속도일 수는 없어.
  우리는 역시 저 옛 이스라엘의 시인 솔로몬 비슷하게 '남녘 바람아 오라. 나의 동산에 불어서 향기를 날려라. 나의 사랑하는 사람이 그 동산에 들어가서 아름다운 과일 먹기를 원하노라' 하여 현대 기계문명에 병든 그들에게 우리의 과일을 먹여야 할 처지이지, 우리의

전통적인 걸음걸이를 기계들의 속도에 맞추어 종종거릴 건 없다는 말이오.

남우. 더구나 지금의 한반도와 같이 아직도 자율이 잘 안 되는 곳에서는 시인의 긴 안목은 참으로 필요하고, 긴 안목을 가지기 위해서는 많은 조용한 시간들과 성찰과 실감이 초조하지 않게 있어야겠기 말이오.

마침 짬이 없어서 이번은 이만 줄입니다. 부디 댁에 새살림의 끈질긴 매력이 늘 계속되기만을 빕니다.

(『여성동아』1972.1.)

# 명당에 태어난 걸 축하합시다
## —시인 박성룡 씨에게

남우의 편지 고마웠습니다. 댁의 뜰에 이 겨울도 새파랗게 서서 남우 눈의 힘을 회복해 준다는 그 사철나무, 잣나무, 전나무, 대나무가 안 보아도 보이는 듯합니다. 석가모니의 말을 들으면 나무들도 모두 그 빛과 향기와 소리를 하늘과 땅의 어디까지나 보내고 있는데, 꽤나 먼 그곳에서 여기 관악산 밑까지 남우가 나한테 그것을 느끼게 해 주니 석가모니 말씀이 확실한 걸 알겠습니다.

내가 이달의 어느 잡지에 발표한 시에서도 말한 것처럼, 한 천 년이나 그쯤 뒤에 올 사람들에게 "작전鵲田(까치밭)의 시인 박성룡 씨의 시력을 회복게 해 주는 한겨울의 대나무의 서걱이는 소리와 빛이 짐작되느냐"고 해 두면, 이걸 그때 혹 보는 사람이 있다면 역시 나처럼 안 보아도 보는 듯이 느낌을 그리로 보낼 수도 있을 테니까.

남우.

내가 적당히 게으르게 살자고 한 것은 애태우며 종종걸음을 치지 말고 태연하게 좀 누그러져서 살자는 뜻이었습니다. 남우는 남우한테 한가한 시간을 주기 위해 고단하게 움직이고 다니시는 부인을 생각하면 마음이 편안할 수가 없다는 말씀을 했는데, 그야 나도 동감입니다. 옛날 제주도 사내들은 더러 아내만 내세워 벌게 하고 방 안에서 가만히 나자빠져서 편하게 살기도 했던 모양이지만, 그거야 남자로서 더구나 지금 세상에서야 될 법도 한 일이 아니지. 밀레라는 화가의 그림처럼 그렇게 같이 일도 하고 기도도 같이 드리면서 바쁘고 초조한 몸과 마음의 템포를 완화하고, 가끔 넉넉히 쉬고, 글 쓰는 일도 역시 10년을 하루같이 여겨서 천천히 잘해 내라는 것입니다.

남우.

그러자면 역시 영생의 자각이 자주 우리의 정신생활에 눈떠 있어야 하겠습니다. 우선 과거와 현재와 미래의 사람들의 마음을 모두 한 개의 강물같이 영원히 이어 가는 것으로 생각하는 연습에 길들어 그 속에서 언제나 자아라는 것을 의식하도록 하고, 또 하늘과 땅의 정신적인 주인으로서의 의식도 자주 가져야 합니다.

신도 사람의 마음만이 아는 것인 이상, 마음이 그걸 아는 대로는 거기 해당할 각오도 해야 합니다. 예부터 내려오는 신선들과 중들은 모두 이렇게 살아와서, 하는 일도 괴로운 노동이 아니라 자연 그 자체의 영원한 생성의 조화로운 움직임의 한 가닥처럼만 해내 온 것입니다.

남우.

선악과 시비를 가능한 한 모두 다 접어 두도록 애쓰고, 인생을 훨씬 더 찬란한 꽃다움에서 다시 자각하려는 노력이 내 시의 경우에는 많이 힘이 되어 왔습니다. 모든 선악과 시비를 통틀어서 합쳐 보았자, 그것은 결국 한 송이의 꽃을 보고 향기 맡는 재미만도 못한 것입니다. 또 태어나서 얼마 안 되는 천사 그대로인 아기들을 보아도 그들에게는 선악과 시비도 다 없고 그저 싱그러운 꽃다움이 있을 뿐입니다. 후천적으로 사람들이 서로 울타리를 마련하면서부터 섬겨 온 것인 듯한 그 선악이니 시비 가리기라는 것—이것은 시에 별 도움이 되지 않을 뿐만 아니라 괜히 우리 주름살이나 삼십도 다 안 되어서부터 늘리고, 우리를 무척은 따분하게 못 견디게 굴고, 아예 영 볼품 없는 것이라고 생각합니다. 또 우리 정신에 가장 근본적으로 필요한 영원성을 곧장 보는 시력도 사실은 이것들이 나서서 막아 대는 것입니다.

남우.

사람이 사람으로 태어나는 일, 이어서 한정 없이 태어나는 일을 어찌 생각하느냐고—거기 쏠리는 남우의 관심을 말살하며 남우는 스스로 너무나 겸손하셔서 어리석은 물음이라고 하셨지만, 천만에, 천만에. 남우, 이것은 요즘 나보다도 훨씬 더 남우의 정신의 눈이 밝아진 걸 느끼게 해 주어서 여간 반가운 물음이 아니었습니다.

조지훈이 그보다 한걸음 앞서 교통사고로 세상을 뜬 유치환의 죽음을 슬퍼하며 울면서 "우리 다시 태어나거든 또 한 번 우리 한국에 생겨나서 못하던 것 계속해 봅시다" 하던 게 남우의 물음에서 먼저 기억에 떠오르는데, 이 나라에 태어나는 것은 더구나 더 바짝 눈을 가져다 대고 마음 써서 주목해 볼 만해.

남우.

이제야 고백이지만, 내가 큰자식을 낳고 열일곱 해 동안이나 아이가 없다가 아내가 둘째 놈 겸 막내둥이인 윤이를 뱄다고 "어떻게 할까요? 뗄까요? 낳을까요?" 물었을 때 나는 너무나 가난해서 그 애를 잘 기를 자신도 없으면서 그래도 떼 버리는 건 어쩐지 못할 일만 같아 "키웁시다" 대답했던 걸 이제는 자축하고 있소.

그 아이가 생겨나서 천사의 기운을 우리 집에 풍기면서 나는 좀 더 일할 기운을 얻었고, 그 애기가 자라며 보이는 능력들을 옆에서 도우면서 영생의 관문도 뚜렷이 보이기 비롯했소. 나보다도 내 자식이 더 중요하다는 것을 알면서, 내 자식에게는 또 그의 자식이 더 중요할 것이고…… 그래 다음으로 다음으로 더 중요해지기만 하는 계속은 영원하다는 것을 미련하게도 겨우 실감하게 된 것이지요.

산아 제한이니 뭐니 요즘 꽤 많이 말해 오고 있는 모양이지만 나는 반대입니다. 어쩐지 못할 일인 걸 번연히 알면서 그 짓을 하는 것부터 우리의 좋은 정신을 한구석 죽이고 들어가는 일임은 물론 우리 민족도 최소한 1억은 돼야겠다는 생각 때문이오.

5천만 명이 더 늘면 어떻게 좁은 땅에서 살아 나갈 수 있느냐고? 그야 인력 수출을 한동안 열심히 하지. 일본 사람들이 우리를 식민지로 그렇게도 혹독하게 다룰 때도 북간도나 만주의 그 넓은 황무지에 개미같이 넘어가서 제일로 끈질기게는 눌어붙어 살아온 우리나라 사람들인데, 인력 수출의 구멍만 터놓아 보지. 어디 가선 우리가 못 살아 내며, 어느 때라고 우리 머릿박이 모자라서 쫓겨나기야 하려구?

남우.

남우와 내가 이 하늘 밑에서는 명당 중의 상명당의 나라에 태어나서 같이 한때에 숨결을 섞고 살고 있는 것을 찬양하고 또 축하합시다. 수미산 나리꽃이 꽃 중에는 제일 높은 향기를 지닌 것이라 하지만 우리는 사내끼리니까 이걸 가져다 우리 모양의 비유로 할 수는 없겠고, 주위다가 개와 함께 기르는 사막에서 온 사자 새끼―그것도 아무래도 100프로로는 잘 우리한테 안 어울리고, 역시 쑥이나 마늘―저 우리 단군의 어머님이 곰이었을 때, 사람 되어 하느님의 아들하고 결혼하려고 계율 지키면서 연달아 자셨다는 쑥이나 마늘쯤이 우리같이 느껴지는 이 특별난 정신의 명당에서, 자, 또 한 번 우리가 쑥이나 마늘 같은 걸 축하합시다!

남우.

댁에는 마늘은 안 심으셨는지? 그게 지금 아마 매운맛을 봄의 새눈으로 부지런히 옮기고 있을 땐데, 그렇게 생긴 마늘도 있는데, 어지간히 으스스한 일, 어지간히 맵고 쓰거운 일, 어지간히는 무너져 들어가는 듯 하염없기는 한 일들―남우, 남우는 이를테면 시의 황소라도 우리가 믿고 남는 황소니, 질근질근 되씹고 되씹으면서 우선 내 나이가 되기까지 나보다도 훨씬 더 낫게 견디어 훨씬 더 잘 추수

하고 와야 해.

　남우.

　뻐꾸기는 또 명년에도 울겠지? 나는 아직 이것을 졸업하지 못해서 명년 또 한 해를 우리 관악산에서 다시 듣기를 기다리고 있는데, 남우가 봄에 기다리는 건 무엇인지? 그거나 한번 들어 봅시다.

　영원은 한정 없이 슬프고 또 한정 없이 기쁘기도 한 것인 모양입니다. 무에 여기 가까워지는 딴 방법이 있을까요? 모든 것을 아끼어 사랑하는 일밖에는……

　부인과 애기들에게 내 안부 말씀 전해 주시오.

(『여성동아』 1972.2.)

# 이민 가겠다면 보냅시다그려
## —시인 박성룡 씨에게

남우.

애기들을 데리고 고향을 다녀오느라고 내게 들르지 못했다는 기별 반갑습니다. 남우는 나보다 향수의 실현력이 훨씬 더 센 것 같아 부럽고 또 마음 든든하오. 나도 요즘은 내 고향 질마재 생각을 거의 날마다처럼 하고 지내고, 또 그걸로 '질마재 신화'라는 걸 계속해 쓰고 있으면서도 그곳으로 발걸음을 냉큼 옮겨 볼 생각은 내지도 못하고 있으니……

남우.

마을 아이들이 연 날리는 옆에서, 나물 캐는 옆에서, 싱그레 소리 없이 웃음 짓고 서 있는 남우의 모습이 눈앞에 역력히 보이는 것 같군. 그 아이들과 그 아이들이 또 낳아 퍼뜨려 놓을 아이들과 또 그다음 그다음 아이들…… 그 속에서 남우의 영생을 느끼는 일이 남우의 마음속에서 오래 중단되는 일이 없이 늘 계속되어 가기만을 나는 빕니다. 이것은 우리가 가져야 할 여러 가지 정신 상태 가운데서도 가장 중요한 것이기 때문입니다. 더구나 우리 민족에게는 많은 선인들이 그렇게 생각해 왔던 것처럼 지금도 가장 필요한 자각입니다.

우리 남쪽의 육자배기 소리 가운데,

가노라 간다네
내가 돌아를 간다네
죽음에 들어
노수가 있나

하는 구절이 있지요? 잘 생각해 보면 길 갈 노자도 없는 빈털터리이긴 해도 우리 겨레의 영생의 느낌은 세계 어느 나라 민족에도 그 예가 없을 만큼 굳센 것이기도 하지. 하루의 여행에도 5백 원쯤은 있어야 발걸음이 제대로 걸리는 건데, 영원으로 나서면서 노자 한 푼 없이도 '가노라'고 해 왔으니, 가장 끈질기다고 서양 사람들이 핀잔을 주어 온 저 유태 민족인들 이만큼 모질기야 했을까?

그러나저러나 이 영생만은 우리 앞에 간 이들의 뒤를 이어서 우리도 끝끝내 모질게 해 가기는 해야 해.

생전에 우리가 소원하는 일의 반도 제대로 될 것 같지는 않지만, 그래도 어린것들은 우리 앞에 싱싱히 자라나고 있으니 이 애들을 우리보다 되도록은 더 능력 있게 길러서 그들의 미래에다 소원을 담아 두고 살아갈밖에……

남우.

물질 불멸의 법칙도 법칙이지만, 물질뿐 아니라 우리 마음도 사실은 착한 것이건, 악한 것이건, 또 착하지도 악하지도 못한 것이건, 또 착하고 악한 것보다도 훨씬 더 나은 것이건 간에 우리가 이것을 다루는 꼭 그대로 전해 갈 뿐 한 곡식알의 털만큼도 에누리되지는 않는 것이지요. 그러니 기왕이면 제일 좋은 걸로 마음을 길들여 가져야겠는데, 자, 아무리 생각해도 위에 말한 네 가지 중에서는 맨 마지막 것—선보다도 악보다도 훨씬 더 훌륭한 것으로 가지는 것이 나을 것 같습니다.

남우도 말씀하셨지만, 신바람 나서 싱싱히 날뛰는 아이들 말입니다. 그 애들의 그런 모양은 선일까요? 악일까요? 내 생각에는 선보다도 악보다도 더 먼저인 훨씬 더 훌륭한 것 같습니다.

꽃이 황홀하게 피어나는 것을 봐도 그렇지. 이것도 선이나 악이나 모든 시비보다도 훨씬 더 훌륭한 것만 같지 않은가요? 시정신도 선악보다 더 훌륭한, 여기 뿌리를 박고 돌보는 게 당연이라고 생각합니다. 연 날리며 신나서 날뛰는 아이들 옆에서 미소하고 섰는 남우.

비 내리는 우중충한 날, 이 아이 중의 누가 배고픈 번데기 장수가 되어 깨어진 손수레를 끌고 찢어진 고무신을 끌며 "뻔데기! 뻔데기!" 목 잠긴 소리로 울부짖고 헤맬 때는 남우는 또 당연히 마음속으로 울게 될 것입니다.

남우, 선이니 악이니 시니 비니 이런 것을 여기다 붙여 재려 하면 벌써 어색하고 거북하고 서먹서먹해집니다. 선보다도 악보다도 더 훌륭한 목숨의 제일 가까운 사람으로 울고 미소하는 우리 마음이 건전해 있으면 그걸로 시정신도 건전한 것 아닐까요?

남우.

전주의 신석정 선배와 함께 절간에 가서 석정 선배가 주운 산목련씨를 가져다 심어 놓고 새싹이 돋기를 기다리며 그 인연에 마음의 장구를 쳐 맞추고 있는 남우의 마음속의 모양이 미덥습니다.

그 산목련이 몇 해쯤 뒤면 필까. 그것이 피면 꽤나 게으르긴 한 사람이지만 한번 보러 갔으면 싶습니다. 그래서 그 씨를 나도 한두 톨 받아다가 심어 놓고 기다려 봤으면 싶군. 그래 우리 남우의 그런 기다림을 나도 한번 되풀이해 보고 싶다는 것이지. 나도 아마 기다리는 일만큼은 남 못지않게 꽤나 많이 해 봤고, 그것은 거의 전부 보람 없이 끝나기가 예사였지만, 그렇게 심고 기다리는 산목련 싹의 기다림이라면 기다리는 보람의 확률도 괜찮겠고 다시 한 번 해 볼 만한데. 더구나 악한 인연이나 선한 인연 이상의 이런 꽃다운 인연이란 것은 옆에서 자꾸 씨 받아다가 그 수를 늘려서 갈 만해. 시인이 할 일로는 더더구나 그래.

남우.

물론 여기가 이 땅 위의 상명당이고말고. 남우나 내가 똑같이 철저하게는 지니고 있는 이 자각은 우리만 새로 갖는 것이 아니라 일찌감치 저 신라의 시인 고운 최치원에게도 있었습니다. 그가 당나라에 오래 유학 가서 있다가 그곳 시인으로까지 되었을 때 쓴 것인 듯한 「촉규화」라는 시가 있는데, 우리 상명당의 목숨의 형편을 접시꽃에 비해서 '적막히 묵은 밭' 가의 접시꽃의 아름다움은, 호화로이 으스대는 중국인 너희들의 눈에는 띄지도 않는다는 뜻을 아주 짙게 드러내 보이고 있어요. 항시 황해 바다 너머 우리 상명당을 그리면서 든 자각이었을 거요.

우리 시가 후진한 것이라고 누가 그럽디까? 그 사람은 아마 쓸개 빠진 서양병자이기만 한 사람일 거요. 사상으로도 종교로도 시정신으로도 정신의 가장 중요한 일들을 서양은 이제부터 우리한테서 두루 수입해다가 부지해 가야만 할 마련인 건데, 그 사람은 그것도 짐작 못하다니 서양병에 걸린 것 한 가지만 빼놓고는 영 형편없이 무식한 사람일 거요.

남우.

우리가 써 온 시가 다 좋다는 건 아니지만, 우리가 써 온 것 중의 좋은 것들은 번역만 제대로 되어 건너간다면 서양 사람들에게는 그들의 삶의 완전한 새 매력이 되리라는 것을 나는 철저히 믿고 있소. 물론 남우도 이 자신은 나와 똑같을 줄 믿소.

남우.

우리 겨레가 외국으로 흘러들어 가는 일에 대해서 나한테 물으셨는데, 글쎄…… 비상사태 선언 발표가 된 지 얼마 안 되는 요때의 이민들이니 안 죽으려고 도망가는 것 같아 비겁하게도 느껴지기는 하지만, 좀 더 넓은 눈으로 보자면 말리거나 지탄할 일은 아니라고 생각합니다. 외국에 나가면 조국을 잊는다고 생각하기 쉽지만 내 생각으론 그 반대일 걸로 봅니다. 사람은 고향에서 그 고향을 그리워 못 견뎌 하는 것이 아니라 고향을 떠나서야 안 잊히어 잠도 제대로는 못 자는 것이니까. 우리의 법으로 보내도 괜찮은 사람들은 소원대로 가겠다면 또 보냅시다그려.

봄에 민들레라는 풀꽃의 씨들은 바람을 따라 공중에 날려 흩어져서 먼 곳에 가 싹을 내고 또 꽃을 피워 살기도 하지만 그것들도 결국은 민들레인 것입니다. 이 민들레를 딴 풀꽃과 접붙여서 변종을 만들 수도 있겠지만, 그것 속에도 민들레였던 것은 들어 있을 것입니다.

나는 우리 민족이 가진, 민들레꽃보다도 더 어렵고 쓰디써도 잘 견디며 제 것을 아주 잃지 않고 살아온 5천 년의 역사를 잘 실감하고 있기 때문에, 그들에게 단군 때부터 묻어 왔던 쑥과 마늘의 맛이 아주 없어질 것은 상상도 하지 않습니다. 존. F. 케네디만 하더라도 영국한테 짓눌려 지내 온 아일랜드 이민의 손자고, 이게 그 아일랜드 핏줄의 힘이 아니라고는 누구도 생각하진 않는데, 이민 가겠다면 내버려 둡시다그려. 그들이 우리나라를 지키다 죽게 되면 죽는 것보다 이민의 쪽을 택해 멀리 퍼져 날아가는 민들레 꽃씨 쪽을 원한다면…… 그들 속에 비겁한 도망자가 끼어 있다손 치더라도 그도 오래잖아서 향수의 씻을 수 없는 그리움 속에 또 놓아야 할 것입니다.

남우.

말을 하자면 한정이 없겠고, 줄이자 해도 그것도 또 한정이 없을

것만 같습니다. 남우와 내가 서로 육신까지 보며 사귈 수 있게 때를
맞추어 이 상명당의 나라에 태어나서 또 둘이 똑같이 시라는 한국
상명당 같은 일을 골라서 하며 이런 편지라도 나누며 살고 가는 것,
기막히리만큼 재미있구려.

(『여성동아』 1972.3.)

# 초라한 대로 짭짤하고 간절한 인생을
## ―시인 박성룡 씨에게

남우.

보내 주신 간절한 마음의 편지 고맙소. 국민학교에 다니는 두 아이를 데리고 고향을 찾아가서 일가친척들을 소개해 인사시키고 또 그 애들의 돌아가신 할아버지 할머니의 산소에 성묘시켰더니 흐뭇해하더라는 글월, 무척 반갑고 또 부럽습니다.

남우의 아버님 어머님께서는 언제 돌아가셨는지?

내 아버님은 해방 전의 일정 때에 돌아가시어서 내 고향 질마재의 바닷가 언덕에 묻혀 계시지만, 내 큰자식 승해를 그 앞에 같이 데리고 가서 성묘시켰을 뿐 둘째 아이는 아직도 거길 데리고 가 보지 못한 채로 있는데, 남우는 나보다도 열여덟 살이나 젊으면서 벌써 두 차례나 아이들에게 그 먼 곳에 있는, 돌아가신 어른들의 산소를 찾아법게 하고 혼교魂交의 연습을 이어 시키고 있다니, 만일 갓 쓰는 세상이었더라면 남우는 참 큰 갓을 쓸 만한 자격이 있군.

남우. 그런데 그 일마저 나는 왜 생략하고 살고 있느냐 하면 그건 아주 현실주의요. 말하자면 먼 곳의 아버님 무덤 앞에 내 자식을 데리고 가는 여비로는 자식이 졸라 대는 스케이트라도 한 벌 사서 신겨 내보내고, 그러고는 마음속으로 아버님의 영혼을 향해 이해하시기를 빌어 승낙을 얻은 걸로 여기고, "아버님, 이렇게 하는 것이 효도지요?" 하고 있는 배포지.

이런 나지만, 남우의 편지 보고 쉬이 막내아들 윤이를 이끌고 아버님 산소를 올 여름방학 때쯤은 다녀와야겠다는 생각을 내게 되었소.

나는 아직 이 나이가 되도록 아버님 무덤 앞에 비석도 하나 세우지를 못하고 있어서 고향 사람들 눈앞에 창피해 그거나 먼저 하나 세우고 보려니 벼르고 왔지만, 올해에는 비석을 또 못 세우더라도 그냥 그대로 막내하고 같이 찾아뵙고 와야겠어.

남우. 나는 가난을 타지 않는 연습만 하고 와서 꽤나 잘 견디게는 되어 있지만, 이렇게 이야기가 되다가 보니, 가난 그것도 참 아주 잊어버리고 말 수도 없는 것이군요.

남우.

'땅끝'이라는 남우 고향 마을의 이름도 우리들의 고향 이름으로는 썩 잘 어울리지만, 남우의 표현대로 '숯불 같은 동백꽃' 나무가 끼어 있는 대숲도 눈에 삼삼히 보이는 것 같고, 마을 앞바다의 물새 소리도 내게는 지금도 잘 들리는 것 같소.

내 고향 질마재도 그런 곳이오. 숯불같이 붉고 뜨스하고 우리 몸에 쿡 쏘아 오는 동백꽃나무는 없지만, 대숲과 바다의 물새 소리, 끝 간 외로움의 느낌은 꼭 같은 데요. 가난한 마을 가운데서도 아마 제일로 가난한 마을. 이 마을에 내 아버님은 열여덟 살이라던가 아직 총각으로 서당의 선생님이 되어 오셨었다고 하오.

이분 나이 열세 살 때 과거길에 오르려 했을 때 이조는 마지막 고비가 되어 과거제도까지도 폐지되고, 내 아버지 서광한 소년은 아직도 시행 중이던 원님 주관의 백일장이라는 것에만 겨우 나갈 기회를 얻어 장원을 해 가지고 나귀 등에 타고 앉아 원님이 손수 바치는 마상배의 술잔을 받고 있더라고, 할머님이 살아 계실 때 어린 나보고 여러 번을 되풀이 자랑해 이야기합디다.

마침 원님은 우리하고는 같은 서씨로 아들이 없어서 내 아버지를 양자로 하길 소원했지만 우리 집 형편으로 거절했다던가.

그러자 도박이 상습이어서 우리 집 재산을 전부 탕진한 할아버지가 사십도 채 못 되어 돌아가시고, 집안은 고스란히 다 망하고, 아버지는 새로 온 원님한테 그 빚 때문에 끌려가서 어린 나이에 손발을 주리 틀리며 갖은 고통을 다 당했다는 거야.

그 뒤 집도 절도 없이 되어 헤매다가 아직 장가도 못 든 소년이 질마재 마을의 서당 선생님으로 온 것이라고 해요. 그래 이 예쁘장하고 얌전하고 재주 있는 가난한 소년 선생님은 할 수 없이 질마재라는 가난한 마을에서 어부의 딸한테 장가를 들게 되고 그 속에서 내가 생겨난 거요.

아버지는 가난한 데다 영리한 분이라, 일본인 관리가 들어와서 할 수 없이 되어서 서울에 새 학교들이 생겨날 때 한성측량학교라는 데를 아마 밥 먹고 살려고 들어갔겠지.

그 공부 동안의 늙은 어머니와 아내의 생계는 두루 모두 처가에다 맡기고, 학교에서는 성적이 좋아 일정 때의 전라북도 지사도 지낸 고원훈이 같은 사람도 내 아버지보다는 성적이 한결 더 못했었다고……

그래 겨우 그 측량 기술 하나로 새로 재기 시작한 이 나라 지주들의 땅을 재고 다니다가 전라도의 큰 지주였던 동복 영감 김기중 선생의 마음에 들었다고 하오. 이 분이 바로 인촌 김성수 선생의 양아버님이시지.

아버지는 그 집 비서였다가 농감이었다가 그러면서 돈냥이나 벌어서 내가 어린 대로 서당에 다닐 때에는 이 질마재 마을에서는 할 수 없이 주호가 되어 있었지.

나는 인촌 김성수 선생 댁과 아버님의 친밀한 관계로 국민학교를 시골에서 마치고는 인촌 선생이 세운 중앙고등보통학교로 진학했는데, 인촌은 참 어진 민족주의자이셨소.

남우. 광주학생사건이 한 해뿐이 아니라 3년간을 이어서 일어났던 것을 아시겠지?

나는 처음 해에는 열다섯 살, 만세 부르고 따라다니다가 종로경찰서에 끌려가서 웃저고리를 벗기우고 말채찍으로 등때기를 얻어맞았기 때문에 약이 올라서, 이듬해에는 네 사람의 주모자 중의 하나가 되어 이 그리운 학교도 쫓겨나야 했었소.

조선총독부가 쉰일곱 명의 퇴학을 강요해서 밀려들 날 때 나는 너무 어리다고 감옥에서 기소유예로 풀려나 고향에 아버님을 찾아가니, 그분은 마침 저녁상을 받아 숟갈을 손에 쥐고 계시다가 그만 자기도 모르게 뎅그렁 방바닥에 떨어뜨려 버리십디다.

남우.

내 고향에 있는 아버님의 무덤―그 지독하던 일정 때 내가 겨우 어디 사립 국민학교의 훈장이 되었다는 것만을 듣고도 조금은 안심하시다가, 그분의 임종 때는 사실은 나는 그 훈장 자리마저 그만두었는데도 그대로 있습니다고 거짓말로 위로하여 겨우 두 눈을 감게 해 드렸던 그런 내 아버님의 무덤, 거긴 나는 큰자식만을 10년도 더 전에 겨우 데리고 갔었을 뿐 막내 놈은 아직도 같이 뵈러 가지도 못하고 있는데, 남우는 벌써 두 아이를 다 데리고 두 번이나 다녀오셨다니, 돌아가신 어른들께 빚이 없어 홀가분해 좋으시겠구려.

남우.

지난번에 이민 가는 사람의 이야기를 하고, 또 그게 시인이나 사상가면 어떨까 그 비슷한 이야기를 했었지요? 이번 편지에서 남우는 풍매화나 수매화의 멀리 가나 싱거운 맛과 향기보다는, 멀리는 안 가지만 맛있고 향기 있는 충매화를 비유로 들어 민족의 거래도 그러함을 은근히 비치셨는데, 물론 나도 동감일밖에 없지 않겠소?

보석을 바라기보다는 이슬을, 화려한 인생보다는 초라한 대로 짭짤하고 간절한 인생을 바라는 것은 남우나 나나 다름이 없을 줄 아오. 그러나 꽃에도 풍매화, 충매화가 다 있듯이 사람들도 그 한 가지만이 있을 수는 없고, 멀리 가게 마련인 풍매화라 해서 그것을 우리가 말릴 수도 없다는 거요.

그렇지만 그야, 남우, 시인은 할 수 없이 충매화라야겠지. 풍매화도 알기는 알고 또 인정은 하면서도 역시 꽃이려면 남우의 말씀대로 충매화가 되는 것이 맞아. 항시 다 팔고도 배고파서 그걸 메꾸려 손놀리고 돌아가는 엿장수의 공짜 가위 소리나 번데기 장수의 똑같은 후렴만이 우리의 제일 중요한 것이 될지라도, 남우, 물론 그야 그것이 맞소.

우리 관악산에 같이 올라가 볼 날이 오기를 나도 기다리고 있겠습니다.

(『여성동아』1972.4.)

# 역시 시인은 애인이라야 쓰겠소

—시인 박성룡 씨에게

 어느새 봄이 또 한 번 오고 있군요. 우리 집 좁은 뜰에도 매화의 가장 이른 꽃 한 송이가 바로 어제 그 연분홍 새 매력의 봉오리를 터뜨려서 매큼하고 향긋한 향기를 아울러 풍겨 내기 시작했고, 담장 가의 산수유꽃도 그 노란 금빛 망울들을 열기 비롯하고 있습니다.

 아무것도 없는 무에서 새봄마다 이런 기막힌 화려장엄이 새로 눈 뜨고 생겨나 다가와서 우리를 치레하고 달래고 매혹하다가 다시 무 속으로 자취를 감추고 봄이 되면 또 생겨나 그러고—이렇게 영생하는 걸 느끼고 있으면, 우리들의 생사의 생성과 잠적도 또 쌩긋이 눈웃음 지을 만한 일 같기는 합니다.

 불교에서 말하는 적멸 속으로 우리가 자취를 감추어 들어가고, 대신 손자나 증손자의 새 꽃봉오리를 우리 있던 자리에 대치해 두는 것도 꽤나 멋들어진 것 같긴 합니다.

그러나 자식을 늦게 낳아 놓은 사람은 그 애들을 다 가르쳐 내기도 전에 그만 입적하고 말면 뒤가 안심치 않아 어쩔까 싶어 그것이 제일 큰 걱정이 되지. 나도 이제야 겨우 중학 3학년에 다니는 막내 아들이 있어, 어떻게라도 한 십몇 년쯤은 더 살아 있어 그 애를 돌봐 길러 주어야 할 텐데 언제 어쩔까 싶어 그것이 제일 마음 걸리는 일이 되어 있습니다.

비 내리는 날 찢어진 고무신 발로 손수레에 번데기를 실어 끌고 가며 "뻔데기요…… 뻔!" 외치는 번데기 장수 아이들을 보면 그것이 우리 안심치 않은 다음 세대의 상징만 같아 제일 마음에 걸립니다그려.

더구나 이 애들에게 쥐어질 남북 대전의 총대, 이 애들 앞에 다가오고 있는 다난할 미래, '안심하고 살라'는 한마디도, '성공할 것이다'라는 말 한마디도 제대로 입에서 잘 나와지지도 않는 우리의 어쭙잖은 형편을 느끼면 느낄수록 뼛속만이 그냥 저려올 뿐입니다그려.

남우.

지금도 역시 여기가 그 때문에 짭짤하게 살려는 우리 시인 같은 사람들에게는 제일 명당이라는 느낌이야 여전하지만 그렇다곤 해도 저 아이들을 어떻게 격려해 내지? 실제 문제로 어떻게 격려해 내면 좋지? 옛날부터 우리 선인들이 해 오던 대로 "부처님이나 믿어 봐라", "예수나 믿어 봐라" 중얼거려 들려줄밖에 따로 무슨 뾰족한 수가 있는 것 같지도 않고……

남우.

우정의 떳떳함과 미더움을 이 봄날에 삼삼히 새로 느끼고 있는 남우의 수수한 군자의 모습이 눈에 어른거려 보이는 것 같군. 남우는 확실히 옛날 같으면 단정한 망건 위에 큰 갓도 하나 갖춰 쓸 만해. 또 하늘도 갓으로 늘 점잖게 갖춰 쓰고 지낼 만해.

그런데 니체도 어디선가 말한 듯하지만 '어떤 우정에도 주인이 되려는 의지는 또 있다'는 건 영 느껴지지 않습디까? 이게, 순 동양의 옛날식 우정이라면 이따위 해석은 영 인색해 못 쓸 것이라 무시 받아 마땅하겠지만, 서양식 사고방식의 우정에는 아닌 게 아니라 니체의 해석도 일리는 없지도 않은 것 같습니다. 이쪽에서는 그냥 친구 좋아 빙글거리고만 있는 동안에 문득 보면 어떤 사람들은 우리의 머리 위에 쏙 걸터타고 앉아서 "실례하네" 인사말 한마디도 없이 제 한 술 더 뜨기에만 골몰하기도 하지요.

"자네가 내 친구라면 내 하석에 좀 앉아 주시게"—이렇게밖에 나올 줄 모르는 우정도 지금 우리 세상엔 꽤나 많은 줄 아는데, 아닙니까?

그러나 물론 이러니까 우리도 또 그렇게 하자는 것은 아니오. 나는 우리 인류가 가진 우정의 한 전형으로, 예수와 그의 제자이며 친구였던 사람들의 최후의 만찬의 광경을 지금도 마음속에 그리고 있소. 서른세 살의 젊은 주님이 그의 제자이고 친구인 사내들의 더러운 발을 종처럼 수그리고 깨끗이 깨끗이 맑은 물로 씻어 주고 있는 광경이오.

우리도 만일 그렇게만 한결같이 우정을 가져 나간다면 물론 그까짓 니체의 생각쯤이 감히 여기까진 침범할 수도 없기에 그럽니다. 이것이 그대로 우리의 마음이라면 우정은 지지 않을 것입니다만, 만일 한술 또 뜨려는 저 많은 우정들을 우리도 또 한술 더 떠 이겨 나간다면, 우리는 니체의 규정보다 더 나은 우정을 만들 길이 없을 것입니다.

남우.

나도 사십대까지는 부부 싸움의 한 선수였는데, 남우도 비록 한두 번일망정 경험하고 있다니 시인에겐 부부 싸움도 또한 필연인 모양이군. 남우는 무엇 때문에 싸웠다는 이야기는 아직 하지 않았으니 내가 나잇살이나 더 먹은 값으로 먼저 이야기하지.

나는 내 마누라를 두고 질투를 일삼았는데, 그것도 "너는 왜 아무 개라는 사내를 보고 그렇게 웃고 있었느냐" 대개 이런 심리적인 것을 두고 우리 부부의 일치가 어긋나면 어쩔까 염려하는 데였소. 그래 이만한 이유로 주먹다짐도 가끔 했지요. '일심동체'라는 것, 이를테면 그걸 해 보겠다고 그런 셈이지.

그랬더니 이건 내 본심이 서로 나쁘자고 그러는 것이 아니라는 것—그것이 아내한테도 결국은 통합디다. 나한테 얻어맞고 밥도 안 먹고 울고 있다가도 결국 화해 마당에 들어가게 되면 아내는 "당신 속 잘 알아요. 그러니 따라 살고 있지 않아요?" 합디다.

그러다가 첫새벽마다 맑은 냉수를 별 하늘 밑 장독대에 떠 괴고 비는 아내의 기도가 시작되었지. 이것은 물론 나를 위한 기도만은 아니었을 거요. 한 10여 년 이 새벽 냉수의 기도가 날마다 계속되어 가면서 그네는 자기의 마음의 정화와 그 정화에서 오는 표정의 변화도 아마 느끼면서 그걸 계속하고 있었던 것 아닐까요?

남우.

우리 인생의 모든 일이 일생 동안 두루 시련인 것처럼, 부부 관계도 결국 두 사람의 의지 여하에 따라서 어떻게라도 될 수 있는 한 시련에 불과한 것입니다.

그래 이제 내 아내는 내가 그전에 두들겨 팬 것을 어느 때 조용히 사죄를 하면 "괜찮아요. 당신 뜻이 궂어 빠져 그랬더라면 벌써 도망가 버렸지만……" 합니다. 남우. 그러니 염려 마시오. 우리 남우의 뜻이 궂어 빠진 것과는 정반대여서 그 사랑이 한때 부인에게 가혹했더라도 부인은 결국 다 이해하실 것입니다. 가작佳作으로 무난한 것과는 아주 이야기가 다르지. 암, 아주 다르고말고!

남우.

춘분이 그저께. 인제부터 햇빛이 밤보다 길어지면서 우리가 보아야 할 더 간절한 일들의 가짓수도 또 늘어 가기 시작하는데, 이 세계의 가장 따분하고 기막히는 상명당의 하나에 살면서, 남우, 우리 시하는 것 더 짭짤하게 바짝 정신 차려 해 가야겠군.

남우.

역시 시인은 애인이라야 쓰겠소. 모리배 고아원장이니, 사기 결혼이니, 거짓 애국자니―이런 단어들을 모조리 불로 태워 사를 수 있을 만한 애인이 먼저 되어야겠소.

비 내리는 날 그 번데기 손수레를, 아마 끼니도 굶고 밀고 가며 "뻔데기! 뻐언!" 외치는 아이들의 소리가 다음 세대의 상징으로 다시 머릿속에 떠오르기 시작하오. 일본과 중공, 소련이 넘겨다보고 있는 눈초리며, 우리 어린것들의 손에 쥐어질 안심치도 않은 총부리, 우리 것보단 더할 것만 같은 운명이 눈에 보이는 것 같아 또 손바닥의 손금을 우두커니 들여다보오.

하지만 남우, 이 뻑뻑한 상명당에 태어난 우리는 또 할 수 없이 시인이니, 우리 푼수는 해냅시다. 어느 역사의 어느 누구에 비겨도 우리가 창피할 것 전연 없는 마지막 밑바닥의 애인이면 돼. 그러면 우리보고 못 되었다고는 미래에 영원히 누구도 탓하지 못할 거야.

(『여성동아』 1972.5.)

# 자기 운명의 과감한 운전사 되기를
— 시인 박성룡 씨에게

남우의 이번 편지에는 어느 때보다도 새봄의 풋풋함이 담기어 있
어 무엇보다 반갑소.

봄의 흙 기운이 남우의 속으로 물씬물씬 타고 올라와서 사방에 풍
기는 것이 역력히 느껴져서 비로소 한 농부 박성룡 씨의 모습이 뚜
렷이 드러나 보이는군.

이거 나도 아무래도 두 손이 점점 꺼칫꺼칫해 가면서 몸소 흙 기
운을 빨아올려 풍기는 토착 농부의 자격—그게 되는 게 훨씬 낫겠는
데…… 질긴 토착은 운명을 받아들이어 소화해 내는 힘으로써는 이
땅 위에선 아무래도 으뜸가는 힘이 아닐 수 없을 테니까……

남우.

나는 며칠 전에 관악산 마을로 들어오는 언저리의 꽃나무 밭에서

개나리 꽃나무 한 그루를 사다 심었지.

꽃장수 얘기를 들으면 이건 과천 어느 마을의 할아버지가 가꾸다가 놓아두고 간 것이라고 해요. 홀로 남은 할머니는 이것을 혼자 보고 있기가 도무지 어려워서 꽃장수보고 캐어 가 버리라고 해서 갖다 놓은 것이라고 하더군.

그래 나는 꽃나무를 우리 뜰에 옮겨 심은 뒤에는 불가불 어쩔 수 없이 본임자인 돌아간 할아버지의 저승과 홀로 남은 할머니의 이승을 함께 느끼지 않을 수 없게 되었소. 이 꽃나무를 똑바로 눈의 힘을 다해 보고 있는 할아버지의 저승과 아무래도 똑바로는 못 보고 모로 얼굴을 돌리고 섰는 할머니의 이승을……

이 나무는 생기기가 꼭 조그맣고 아담한 두어 길짜리 초가삼간의 오막살이집 같아서 저승과 이승의 두 모양이 더구나 잘 보이는 것 같소.

그리고 이걸 보면서 느끼던 눈으로 뜰에 서 있는 나무들을 쭈욱 둘러보니까, 그것들도 모두 다 자세한 곡절을 내가 못 들어 모르지만 가지고 있을 것이 분명해집니다.

나무도 백 년을 넘는 것은 반드시 신이 붙어 있다고 옛날부터 우리 선인들이 말해 온 이해가 환하게 열려짐은 물론 아무리 작고 어린 나무들까지도 그건 두루 신들린 나무가 달고 있던 바로 그 씨앗이라는 것도 아울러 느껴집니다그려. 공자가 '신은 모든 것에 붙어 남기는 일이 없다'고 했던 것이 바로 맞는 말씀인 걸 다시 확인하게 됩니다.

남우.

그런데 우리는 신을 꼭 사람의 힘으론 똑같을 수 없는 것으로만 느끼고 살 필요가 있을까요?

그리스도는 자기는 신의 외아들로 자각했으면서도 사람들에겐 그 자격을 주지 않았고, 공자도 '하늘의 명에는 따를 것'이라 하여 우리 운명은 하늘에다가 맡기기로 했습니다만 이건 아무래도 좀 덜 생각한 것만 같습니다. 신을 아는 것도 사람의 마음이고 하늘을 느끼고 마음먹어 아는 것도 사람의 마음뿐인데, 사람의 마음이 신과 하늘에 해당할 만하면 일원적으로 거기 딱 합해져 버리는 신위의 자격도 주어야 할 일 아닐까요.

내가 왜 이런 말을 새삼스레 하고 있느냐 하면, 남우의 이번 편지 속에는 '신이 아닌 담엔 모를 일입니다' 하는 구절이 보여섭니다.

신을 아는 것도 사람의 마음인데, 신만 알고 우리는 모를 일도 담 쌓아 둘 일이 있어야 할까요? 신과 사람인 우리의 거리를 줄여 가다가 마침내는 신위神位, 그것에 딱 합쳐져서 살려는 노력—이것은 시인의 노력으로서도 가장 중요한 것이 되어야 할 줄 압니다.

자기 운명을 스스로 운전하는 자가용 운전사로 사는 인생의 책임 분량과 그 능동의 매력들에서, 남우, 남우는 자기 운명의 자가 운전사로서의 자각과 용기와 매력 속에 늘 사는 시인이기를 나는 충심으로 바랍니다. 이 점은 역시 석가모니의 생각이 한술 더 뜨겁고 또 아주 친절한 것 같소마는, 어떻소, 그 신도야 되건 말건 한가한 때 석가모니의 생각도 좀 참고로 읽어 보심은?

남우.

남우가 내게 말씀한 "미당이 어렸을 때 즐겨 먹었다는 그 흙 맛은 어떻습니까?" 하신 것은 아마 내가 1940년엔가 발표한 「나의 방랑기」라는 잡문 내용을 말씀하시는 것 같은데, 아, 아닌 게 아니라 바람벽의 마른 흙은 내게는 어린 시절의 한동안 좋은 과자였소.

찻길에서 몇십 리 걸어 들어와야 하는 두메산골이고, 또 귀 빠진 바닷가에 생겨난 내게는 어려서 먹을 간식거리라고는 우리 집의 대추와 남의 집 감나무 밑에 떨어지는 벌레 먹은 감 정도뿐 아무것도 거의 없었으니까. 온 집안사람이 집을 비우고 들로 일을 나가고 여섯 살쯤 되는 나에게 혼자 집지기 일을 맡기는 날은, 도대체 너무나 심심하고 답답해 견디기 어려워서 몇 바퀴씩 집을 에워싸고 맴돌다가, 너무 쓸쓸하고 무섭기도 하면 집 한쪽의 벽을 쓸어안고 놀다가, 거기 흙을 뜯어 먹어 보기 시작한 것이 길이 들어 집만 보면 그 짓을 되풀이하게 되었었지.

괜찮아, 괜찮아. 몰라, 그 마른 벽의 흙 속의 모래알이 내 어린 위속에 들어가서 그 위를 얼마나 다쳤는지 그건 모르지만, 그 맛은 지금도 기억이지만 꽤나 괜찮아. 우리 민족의 시조 단군 할아버지의 어머님은 곰이었다가 마늘과 쑥을 잘 참아 자시어서 사람 노릇을 하게 되었다고 하는데, 우리 흙에도 아스라이나마 그 쑥과 마늘의 냄새는 스며들어 있어서 어리고 쓸쓸한 여섯 살짜리 고독한 집지기 나를 꾀어 그걸 일찌감치 먹어 보게 하셨던 것 아닐까요?

내가 지금 살고 있는 관악산 밑의 우리 집 이름을 '쑥 봉蓬' 자, '마늘 산林' 자를 붙여 '봉산산방蓬蒜山房'이라고 했을 때에도 나는 여섯 살 때 떼어 먹던, 내 고향 질마재 마을의 오막살이 벽의 그 마른 흙 맛을 한쪽으론 느끼고 있었습니다.

남우.

요즘 새마을운동에 한몫을 톡톡히 치르고 있다고 하시니 이것은 또 나하곤 인연이 있소그려. 왜냐하면 나도 뽑히어서 요즘 그 새마을운동이라는 걸 호남 지방 방방곡곡을 쭉 훑어보고 돌아온 지가 바로 엊그제니까.

남우의 고향인 해남 바짝 옆의 무안의 어떤 마을에 들렀는데, 설명하러 나온 마을의 대표자는 팔꿈치가 다 닳아 떨어진 검정 사아지 양복저고리─넥타이를 맬 때 입는, 우리의 눈에 잘 익은 양복저고리 밑에 때 묻은 속샤쓰만 드러내고 있는 게, 또 바짝 마른 게, 꼭 우리 남우 비슷합니다. 아주 점잖은 것까지도……

그런데 괜찮겠습니다. 사람의 똥오줌, 돼지나 소의 똥오줌 그런 걸 기계 속에 넣으면 메탄가스라는 게 나오는데, 이게 이 마을의 부엌에서는 인제 눈 익은 걸로 쓰여진 지 오래어서 마을 아낙네들은 여기에 밥솥을 얹어 놓고 개울에 걸레를 빨러 갔다 올 정도로 되어 있다니까……

또 전라북도 장수군의 어느 두메 마을에 가니까, 한 가정의 한 달 수입이 평균 오만 몇천 원이라고 마을 청년들이 와르르 쏟아져 나와 늘어서서 우리한테 설명하기도 합디다. 담배 기르는 데서 얼마, 논에 새로 심어 거둔 통일볍씨 농사에서 얼마…… 이런 식으로 설명해 계산해서 말이오. 호남의 어느 농촌 마을도 트럭이 들어갈 길은 다 뚫리고, 비가 많이 오는 날 국민학교 아이들이 못 건너 학교엘 못 가던 개울에는 한동안의 서울 시내 육교들처럼 다리가 걸쳐지고 있는 중입디다.

여기 반대할 사람이 이 나라에 있을 수 있을까요?

정당의 대립이라는 것도 여기서는 시간이 지날수록 점점 완화되어야 함을 느꼈습니다. 다만 이 일에 딴 허망한 야심이 아무에게도 없어, 우리 농민의 소원이 이루어져서 좀 더 잘살게 되기만을 빌 뿐입니다.

남우.

이번에 장수라는 데를 가 보니까 겨울에 좀 추운 곳이기는 하지만 한 평에 오 원짜리 땅도 꽤 쓸 만하더군. 만 평이면 오만 원, 십만 평이라도 오십만 원 정도. 나도 인제는 말기운도 전만 못해 따분해 가니 대학의 훈장 노릇도 그만저만 치우고 남우처럼 두 손이 꺼칫꺼칫한 농부나 되어 볼까. 봄에 한껏 땅의 흙 기운이 치밀어 오르는 농부로나 다시 돌아가 볼까. 그래 우리 쑥과 마늘 냄새 나는 흙 속에 대단히 끈질긴 뿌리를 박고, 토착하여, 실없이 우리를 희롱하고 따분하게 만드는 모든 외세 속에 태연히 살아 볼까.

내 운명의 요지부동하는 주인으로서 아주 싹 버티어 뿌리박혀 설까.

남우의 끈질긴 영생을 다시 또 믿습니다.

(『여성동아』 1972.6.)

내가 만난 사람들

# 내 뼈를 덥혀 준 석전 스님

## 영원한 맥박

석전石顚 박한영 스님 하면 사람들은 1923년부터 그가 세상을 떠난 1948년까지에 이르는 25년 동안 우리나라 불교의 최고 대표자인 교정敎正 스님이었던 걸 기억하고, 또 지금의 동국대학교의 전신인 중앙불교전문학교의 오랫동안의 교장이었던 것, 또 1911년 일본이 우리나라를 합병한 지 얼마 안 되는 기세로 불교까지를 합병하려 했을 때 그 부당한 걸 끝까지 주장하여 기어코 못 하게 했던 스님인 것, 또 그가 우리 신문학의 문인들 속에서도 이광수를 비롯하여 최남선, 신석정, 조종현과 필자 등의 직계 제자들을 가진 사람인 것, 춘원 이광수의 머리를 중대가리로 박박 깎게 한 것도 바로 그였던 것 등을 잘 기억해 말들 해 내려오고 있다.

그러나 지금도 그 육신이 그대로 여기 있다면 이미 백 살 하고도 또 두 살이 더 되어 있는 이 스님을 생각할 때, 맨 먼저 떠오르는 기억은 꼭 내 돌아간 할머니의 음성을 동시에 느끼게 하는 음성의 어떤 특질이다. 여기에다 그걸 음악의 보표로 옮기는 재주가 내겐 없어 유감이지만, 이 음악은 지금도 내 뼈다귀 속에 스며들어 나를 바로 앉게 하고 영원의 맥박 속에 내가 어쩔 수 없이 끼어 있는 걸 다시 자각게 한다.

1934년 늦봄의 어느 날, 나는 그분의 불경 강의실이 있던 서울 동대문 밖 개운사 대원암의 뒤꼍 별당 마루에 혼자 걸터앉아 이어 버릇 들인 담배를 무심코 길게 피우고 있었는데, 뜻밖에 누가 어디선지 "정주!" 하고 걱정 섞인 친구 같은 소리로 불러, 두리번거리다 보니 바로 내 정면에 마주 보이는 강당의 뒷마루에 석전 스님이 언제 어디로 어떻게 나왔는지 솟아나서 서 있는 것이었다.
'이만한 일쯤이야 이해해 주실 터이지……'
나는 결국 이쯤 생각을 모으고, 웃어른 앞에선 담배를 꺼야 하는 우리 예법을 기억해 내 그걸 가만히 재떨이에 비벼 꺼 놓고 있었는데, 그러나 이 일은 내가 생각하던 것처럼은 석전에게는 간단한 일이 아니었다.
"거, 꼭 굴뚝이 연기 내놓는 것 같구나!……"
말은 간단한 것이었다. 그러나 나는 이 말 때문이 아니라 그분이 말하실 때에 거기 실려 나오는 소리가 문득 내 뼈다귀들을 씻어 그 속으로 울려 들어와서, 깜짝 놀라 그의 두 눈총 앞에 나를 꼿꼿이 하지 않을 수 없었다.

"최남선이 같은 사람도 공부하려고 담배를 아주 딱 끊어 버렸었다. 그까짓 것 하나를 주체 못 해 가지고 무슨 공부를 어떻게 해! 이 사람아!⋯⋯"

말 그것이 아니라 거기 울리는 소리 때문에, 나는 이때 내 출생지 전북 고창 선운리 생가의 툇마루에 가 앉혀 있게 되었다.

내가 아직 서당에 가기 전이었으니 여섯 살쯤 되었을 때였던 것 같다. 집안 식구들이 점심 뒤에 모두 다 들일을 나가고 나 혼자 툇마루에 앉아 뒷산 뻐꾹새 소리에 묻히어 집을 지키고 있다가, 어느새 인지 거기 고꾸라져 다듬잇돌을 베고 잠이 들었던 것인데, 문득 "아이고 내 새끼야!" 소리와 함께 누가 나를 두 팔로 붙들어 껴안고 있는 걸 보니, 언제 와 있었는지 밭에서 이미 돌아와 있던 할머니—툇마루에서 자다가 굴러 아래로 떨어지려는 것을 옆에서 지키고 있다가 냉큼 주위 껴안은 내 할머니였다. 그런데 석전 스님의 담배 나무라는 말씀 속의 음성은 "아이고 내 새끼야!" 하고 떨어지는 나를 가로채 안던 때의 내 할머니의 스스로 아파하시던 그 소리와 아주 똑같은 울림을 하고 있었다.

나는 석전을 생각할 때마다 먼저 이 음성을 생각하지 않을 수 없다. 제자의 과실에 역정을 내는 것이 아니다. 그 과실을 가진 본인은 아무렇지도 않은 장승같이 앉아 있는데 그게 그리도 본인 대신 쓰라리시던 음성—이 음성이 영원의 맥박을 따스하게 느끼게 하기 때문이다.

## 추사가 준 아호

위의 생각에 잠기다가 나는 또 석전 스님의 그 석전이란 호가 추사 김정희가 손수 유지遺志로 지어 준 것이라는 걸 아울러 생각해 내곤 긴 흥에 잠긴다.

추사가 이 나라 땅에 살아 있던 때, 그는 석전의 7대 법조였던 백파 스님하곤 친한 사이여서 어느 날 '석전 만암石顚曼庵'의 네 글씨를 써 주며, 가지고 있다가 어느 때건 당신 법손 중에서 도리를 아는 사람이 나오건 호로 쓰게 해 달라고 부탁했었다 한다. 뜻은 아마 '돌 이마의 만주사꽃 암자 절간'이거나 '돌 이마의 예쁜 암자 절간'일 것 같은데, 그야 하여간 언제 생겨날지조차 모르는 미래 영원 속의 누구의 호까지 미리 지어 선사하던 추사의 작명법과 사람 상종의 격식부터 그렇게 해 보지 못하고 있는 우리에겐 많이 재미있다.

그러나 추사의 정신보다도 오히려 더 우리를 감동하게 하는 것은 멀다면 멀기도 한 일곱 대의 사이를, 추사가 준 아호를 지닐 만한 사람이 생겨나오기를 고스란히 기다리다가, 백파의 7대 법손 박한영을 만나 그것을 비로소 전해 주어 실천해 낸 백파 계통 대대의 중들의, 영원을 하루같이 여겨 이어 살아온 그 끈질기고 한결같던 마음의 힘이다.

아마 석전의 아버지 중이었던 설유 화상은, 석전한테 얼굴도 모르는 옛 추사가 준 아호를 전해 주기로 작정하면서 석전을 여러모로 음미하고 있었을 것만은 틀림없는 사실이었을 것 같다. 그 정말의 단단하고 큰 차돌덩이같이 꽝꽝한 우리 석전 스님의, 밉지 않은 앞뒤 짱구인 머리통의 모양도 눈여겨봤을 듯하다. 그래 설유는 손수 그의 법을 인계해 주며 붙인 영호映湖라는 대단히 으리으리한 재조를 느끼게 하는 법명과 함께, 또 그것을 아주 잘 보완하는 이 아호를 여러모로 안심하며 전할 수 있었을 것이다.

　이런 고법古法은 참 멋이 있다. 하긴 우리나라엔 예부터 이런 식이 많이 있긴 있어 왔던 것 같다. 신라 때 여왕 선덕과 문무대왕 사이의 어떤 연락의 이야기도 이 식이었다. 선덕여왕은 그 육신으로 여기 살아 있을 때 "나는 죽으면 도리천이라는 하늘에 가서 살겠다"는 말을 해 두었는데, 그네로부터 3, 4대 만에 대왕 문무가 선덕여왕의 능 바로 밑에 사천왕사라는 절을 지어 선덕여왕의 한마디 말을 실현해 성립시켜 드린 것도 틀림없는 그 식이다. 불교의 속계의 여러 하늘 가운데에서 선덕여왕이 가겠다는 도리천은 바로 사천왕천이라는 하늘 바짝 위의 하늘이니까, 선덕여왕의 능 아래 사천왕천을 표시하는 사천왕사를 지어 드리는 것으로써 선덕여왕의 말은 비로소 실현되었으니 말이다.

　천 년을 훨씬 넘는 동안 나 같은 나이 또래 사람의 옆에까지도 끊임없이 이어져 내려온 이런 인생법은 참말 멋있다.

　더구나 석전 스스로 쓴 '완당이 백파를 대한 것은 늘 모순인 것 같다阮對白坡始終似矛盾'는 제목으로 된 글에서 보면, 추사하고 백파는 단 한 번 서로 친히 만나 본 일도 없이 편지 왕래만 가지고 의견이 안 맞아 타시락거리기도 했던 걸로 되어 있는데, 어떻게 그만큼 한 사이에 영원을 앞에 두고 자손의 아호를 미리 서로 주고받을 정도로 일치해서 백천년의 다리를 같이 놓은 것인지 그건 신비하다고 할 만한 일이다.

더구나 백파와 추사가 티시락거리면서도 서로 협력해서 그렇게 남겨 준 '석전'이란 아호를 받은 본인이 '백파 하나를 가지고 성내기도 하고 좋아하기도 한 것은 모순인 것 같다'고 완당을 은근히 핀잔하면서도 완당이 남긴 아호를 그대로 받아 쓰고 살다 간 것을 보는 것은 더욱더 신비한 매력이 된다.


## 석전 만나던 날

내가 석전, 영호 박한영 스님을 처음 만난 것은 1933년 겨울, 내 나이 열아홉 살 되던 해였다.

이해 가을에 나는 잠시 색다른 치기를 일으켜 서울 마포 도화동의 빈민굴에 몸을 던져, 쓰레기통을 뒤져서 얻은 것을 푼돈으로 바꾸어 호구연명하는 그런 사람들 틈에 끼어 잠깐 살던 일이 있었는데, 내 중학 선배요 또 친구인 배상기라는 청년이 석전 스님을 찾아갔다가 무슨 대화 사이에서 우연히 알게 되어 스님의 공명감을 불러일으킨 데에서 그리된 것이다.

"자기 집도 잘사는 사람인데 톨스토이주의가 되어서 그러고 있답니다"라고 배상기가 말하니 "그래 그런 소년이 요새도 더러 있나? 허허 거 아집을 넘어설 줄 아는 아이가 다 있군. 좀 데려와 보게. 어

디 좀 데려와 보아" 하고 배상기를 내게 보내어 나와 그의 초대면의
기회를 만들어 준 것이다.

　내가 겨우 사흘인가 하곤 치워 버린 불행한 사람들의 친구 노릇의
행각을 하늘은 맑은 그의 거울에 비쳐 보고 그리도 어여삐 보시어
내게 석전 스님한테로 가는 다리를 놓은 걸로 안다.


　석전이 그의 방에 나를 맞이하는 반가움을 풍기는 것은 새로 불기
시작하는 바람을 맞이하는 여름 수풀의 나무가 반가워 사운거리듯
했다. 또 국민학교 때의 제일 친했던 동기 동창을 고등학생쯤 되어
다시 만난 것같이 보이기도 했다.

　"그래 자네가 그렇게 했는가? 어디 이야기 좀 들어 보세. 말해 봐."

　무슨 재미나는 옛이야기에 열중한 아이가 한 뼘씩 한 뼘씩 앉은 엉
덩이를 옮겨 점점 더 가까이 이야기꾼한테 다가오듯이 이 나라 불교
의 오랜 종정 스님은 나를 반겨 가까이 다가앉으며 첫말을 걸었다.

　"그것 꼭 어디서 주워 단 훈장같이 못 쓰겠기에 집어치웠습니다."

　나는 아마 이렇게 그한테 대답했던 것 같다.

　"아하하하 하하하하 하하하하……"

　그는 내 대답이 어디가 그리도 우스웠던지, 꼭 인제 금시 이빨을
새로 갈기 시작한 나이 또래의 아이가 무엇에 많이 우스워 터뜨리는
것과 조금도 다를 것이 없는 너털웃음을 터뜨리며 좋아라 했다. 이
런 웃음엔 아무리 쩡쩡보라도 덩달아 같이 웃지 않을 수가 없는 것
이다. 나도 배상기도 그 너무나 즐거운 웃음소리에 감염되어 한바탕

을 같이 웃어 대고 있는 수밖에 없었다.

인제 생각이지만 그의 반기던 첫인상을 비유하자면, 『열자』의 우공愚公 이야기 속의 아홉 살짜리 새로 이빨 가는 이웃집 과부 유복자의 반김, 그것 비슷하겠다. 아흔 살 먹은 우공이 집 앞을 가로막은 중국 전설 속의 제일 높은 태항산을 헐어 내기로 작정했을 때, 누구나 다 노망했다고 반대했지만 "야 그것 신난다 해 보자"고 좋아라 반기며 찬성해 왔던, 이빨 인제 겨우 새로 갈기 비롯한 그 이웃집 아홉 살짜리 유복자와 많이 같았던 것이다.

그래 나는 존장 앞의 까다로움 같은 건 물론 벌써 예순 하고도 네댓 살 더 되어 있었던 이 석학 대덕 대종사의 나이까지도 잠깐 동안에 깡그리 다 잊어버리고 아주 마음 편한 재미 속에 잠기고 말았다.

"증주(정주의 전라도식 사투리)라고 했지, 증주. 그럴 것 없네. 우리 그러지 말고 시방부터 여기서 나하고 같이 공부나 좀 해 보세."

이것이 이분이 너털웃음 속에 나를 끌고 들어간 뒤에 바로 이어 내놓은 말씀이다. 그는 내가 뭐라 답변할 겨를도 주지 않고 바로 곧 이어서 "인호야!" 하고 나무보다 더 크게 돌이나 쇳소리가 나는 음성으로 어떤 사람의 이름을 부르더니 그가 방에 들어서자 "거, 삭도 준비해라. 이 사람이 증준데 거, 머리 깎아 놓으면 아주 보기 좋을 것이여. 그리고 뒤 칠성각 방을 잘 치워서 이분 거기 있게 해라" 내게 '그럽시다'나 '아니요'를 말할 겨를도 주지 않고 혼자서 척척 마음대로 작정해 버리는 이 소학 동기 동창만 같은 노인에게 그러나 나는 아무래도 거절할 마음은 생기지 않아, '예'도 '아니요'도 한마디도 끼우지 못한 채로 그냥 따라가고만 있을밖에 없었다.

나는 이렇게 해서 이 어린애 그대로인 박한영 스님의 너털웃음에 말려들어 같이 웃은 재미 하나로 요즘의 히피 머리보다도 훨씬 더 잘 가꾸어 기른 심란스런 머리털을 잘 드는 삭도로 그 자리에서 박박 깎고 이분 문하의 한 거사가 된 것이다.

"증주!"하고 한 번 큼직하게 다시 불러 보고, 일어서서 내 옆에 와 내 가장자리를 한 바퀴 맴돌며 거의 털을 다 깎인 머리통을 음미하면서 "깎아 놓으니 새파란 게 꼭 좋은 알 같구나. 되었네, 되었어. 중이야 되건 안 되건 공부꾼은 머리털을 시원하게 깎고 지내는 게 훨씬 좋으니. 꼭 파아란 알 같다니까, 알 같어" 그러곤 또 한 번 좋아라고 깔깔깔깔 너털거려 다시 나를 그 웃음 속으로 몰고 들어갔다.

### 그의 문하들

나만 그런 것이 아니라 여기 그의 문하에 있는 이들은 전부가 석전 스님의 어린애 꼭 그대로의 웃음과 짓거리가 그리워서 거기 말려 있었던 걸로 안다.

뒷간에 곶감을 가지고 가서 먹고 바닥에 곶감씨를 수두룩이 흐트리뜨려 놓는 짓거리를 우리는 벌써 열댓 살 되면 점잖지 못하다고 느껴 그치는 건데, 영감은 예순댓 살이나 잡순 한 나라 불교의 대종정이라면서 아직도 창피한 줄도 모르고 가끔 하고 있는 것이, 우리 어린 때를 추억게 해서 웃었다.

뒷간에 갈 때 휴지를 잊고 가기가 일쑤여서 엉덩이를 까 내놓은 채 엉금엉금 앉아서 걸어 뒷간 옆 개울물에 와서 거길 씻고 있다가 가끔 우리한테 발각당하는 모양도 언제던가 우리 어린애 때에도 한두 차례쯤은 비슷한 일이 있었던 것만 같아 또 우리를 웃겼다.

비 오게 생긴 날도 우산을 제대로 준비할 줄도 몰라, 대종사이고 또 불교대학의 교장이기도 한 높은 스님이 남의 집 추녀 밑에 비를 피해 온 외로운 새같이 바짝 다붙어 초라하게 서 있는 것을 가끔 보게 되는 것도 꼭 우리들의 훨씬 더 어렸을 때의 어느 모습만 같아 역시 웃겼다. 더구나 그런 때 그런 언저리서 돼지기름기만은 절대로 없게 해 부친 빈대떡 같은 걸 사 먹고 있다가, 우리 누구한테 발각되는 것은 너무도 많이 그전 어느 때의 우리 같아 우리를 반갑게 웃겼다. 이렇게 두루 웃기어 석전의 문하생들은 그를 생각하거나 말하곤 항시 깔깔거리며 머물러 있었던 것이다.

내가 그의 문하에 들어와 『능엄경』을 배우기 시작한 지 오래지 않은 겨울 어느 날 아침밥 때였다. 아침 공양을 우리 대중들과 함께 자시고 있던 그는 문득 "인호야" 하고 동석해서 밥을 먹고 있던, 이곳 살림의 경제 담당자였던 인호 스님을 부르더니 "너, 거, 오늘 아침엔 두붓국을 맛있게 끓이게 했구나" 하고 칭찬을 했는데, 그 칭찬 말씀을 가지고는 하나도 우스울 것이 없는데도 상당히 많은 중들이 조금씩 나직이 짓누르며 킥킥거리고 웃다가 멈춰서, 그 이유가 뭔가를 아침밥 뒤에 인호 스님한테 물어봤다.

싱겁게 왜 까닭 없이 킥킥거렸느냐고 내가 인호 스님한테 물으니, "싱거운 게 아니라 그건 간이 잘 맞아서요." 그는 대답하고 또 한 번 이번엔 마음 놓고 킥킥거리고 나더니만, "오늘 아침 두붓국이 왜 맛있었는지도 모르는 걸 보니 당신도 꼭 우리 조실 스님 같소" 하고 나서 "그것도 몰라?" 하며 옆에 앉은 중의 옆구리를 손가락으로 쿡 찌르곤 또 킥킥거렸다. 들으니 그 두붓국이 석전 스님한테서 그렇게 칭찬받게 된 것은 그게 어란 — 즉 민어알을 삶아 낸 물에다 끓인 때문이라는 것이다.

아닌 게 아니라 이런 때 두붓국이 특별히 맛있는 이유를 아는 우리에겐 '오늘 아침엔 두붓국을 맛있게 끓이게 했다'고 칭찬하는 석전 스님은 역시나 또 우리를 웃겼다. 공부 잘하는 모범생의 등때기에 몰래 뒤에서 무슨 언짢은 표딱지를 써서 붙여 놓고 킥킥거리는 동급의 국민학교 아이들처럼 우리를 웃겼던 것이다. 그나마 우리가 한 장난은 교묘하게 발각되는 일도 없이 우리를 웃기기만 했다.

또 어느 가을 김장 때엔 그가 다니는 길가에 보이는 김장거리에 신바람이 나기만 하면 몇 짐이건 또 값이 얼마건 그 수를 별로 헤아려 보는 일도 없이 꾸역꾸역 절 마당으로 짐 지워 몰고 들어와서 달라는 대로 값을 치르기 때문에 두통이라고 인호 스님은 말했는데, 이런 것도 물론 우리를 안 웃기는 일일 수는 없다.

"그렇게 하시는 게 아닙니다고 해도 아무 소용도 없어요."

인호 스님은 이렇게 말했는데, 이 정도의 김장거리 보는 신바람이라면 그건 벌써 국민학교가 아니라 오히려 셈의 초보도 제대로 할 줄 모르는 유치원 언저리의 아이만 같아, 또 학인 대중을 웃기는 모양이었다.

그는 이렇게 살며 동심 그대로의 신바람 속에 깔깔거리며 웃고, 우리는 거기 말려들어 너무나 유치했던 우리 어린 때의 일들을 기억해 내고 덩달아 낄낄거렸던 것이다.

춘원 이광수가 오랫동안의 기독교 신앙 뒤에 이분한테서 머리를 박박 깎고 불교도가 된 것도 그의 웃음에 말려들어 같이 웃다가 재미나게 그랬던 것 아닌가 생각한다. 아마 틀림없이 그랬을 것이다.


**영원 경영**

내가 그의 문하에 들어섰던 이듬해 첫여름, 금강산으로 참선을 하러 가기를 작정하고 그의 방에 들어가서 말하니 "교리도 잘 몰라 가지고 벌써 참선은 자네가 무슨 참선?" 했지만 꼭 가야 한다고 내가 꼭이란 말을 한마디 더 붙였더니 "그럼 저기 내가 신다 놓아 둔 편리화(요새 국민학교 아이들이 신는 것과 비슷한 베로 만든 운동화)가 한 켤레 있으니 그거나 신고 갔다 와 보소. 자네는 다시 돌아오게 되느니……" 했다.

이때의 대선사로 금강산 마하연에 있던 만공 스님에게 나를 소개하는 편지 한 통, 또 내가 걸어가는 도중의 각 사찰 주지들에게 숙식을 주어 통과시켜 보내라고 부탁하는 쪽지 하나, 그러곤 아까 말한 그분이 신던 편리화와 주머니 속에서 나온 1원 몇십 전인가의 돈이 내게 주어졌다.

"동두천 나루만 건너면 가기 어려운 데는 없다. 자네는 시인이니까, 경치가 보기 좋겠구만. 꼭이라야 한다니까 그럼 어디 한번 갔다와 보게."

이것이 그의 곁을 하직할 때 내게 준 말이었다.

그리고 이 말은 그대로 두루 다 들어맞았다. 왜냐하면 내가 금강산에 가서 만난 만공 선사가 그때 내 비위엔 어딘지 아직 잘 맞지 않아 또 그도 나를 굳이 더 말리지도 않아, 오래잖아서 석전의 예언 그대로 되었으니 말이다. 만공 그는 그때 영원암이란 암자에서 여승들의 한 떼 속에 묻혀 앉아 맥아더 장군만 못지않은 큼직하고 늠름한 풍채와 좋은 복사꽃빛 뺨을 하고 한담 속에 쉬고 있었는데 "오늘 밤 여기 묵으면서 다시 한 번 생각해 보시오" 한마디 하곤 내게 보낸 주의력을 바로 곧 여승들한테로 가벼이 옮겨 버려, 이튿날 나는 "가겠다" 하고, 만공은 또 "그럴 줄 알았다" 하여 그가 주는 여비로 며칠 뒤엔 외금강에서 열차를 타고 되돌아와 버렸으니 말이다.

석전은 세상 물정에는 어린애 그대로 많이 어두워 우리를 늘 웃겼지만, 내가 되돌아올 것을 미리 다 알고 있었던 걸 보면 이런 일엔 또 묘하게 잘 알아보는 빛나는 눈이 따로 있었다.

그 눈만이 따로 그냥 있는 게 아니라 이런 눈으로 알아본 것을 가지고 늘 기다리고 다시 불러들일 때가 오면 빼지 않고 다시 부르고, 다시 불러선 "여보게 증주, 그럴 것 없이 우리 같이 한번 해 보세" 그랬던 것이다.

금강산에서 돌아와 고향 집에 가서 쉬고 있다가 그해 겨울에 또다시 서울로 흘러와서 와룡동의 어떤 집에서 국민학교 6학년짜리의 가정교사 노릇을 하고 있었는데, 석전 스님은 어디로 어떻게 찾아 알아낸 것인지 내가 있던 바로 이 집으로 어떤 날 그의 문하생을 또 보냈다. 그가 마음눈으로 본 것에 맞추어 사람을 기다리고 찾는 것은 어느 경찰서의 어느 좋은 형사보다도 훨씬 더했던 것이라고 지금 나는 생각한다.

내가 찾아내져서 다시 그의 앞에 갔더니 이번엔 그는 "자네, 선생 노릇 좀 해야 할 일이 생겼는데 어떤가?" 하고 여기 학인들 몇이 오는 봄에 중앙불교전문학교의 학생으로 입학하기가 소원인데, 그들은 소학교밖엔 나오지 못해서 일본어 실력이 대학 강의를 잘 필기할 정도가 못 되니, 좀 가르쳐 주라는 것이었다.

그래 그걸 한겨울 동안 훈수하고 지냈더니, 입학기가 되자 그는 나를 다시 불러 앉히고, "자네도 우리 학교로나 한번 옮겨 들어가 보지그래" 하는 것이었다.

그래 그의 권고를 마지도 못해 이때 그가 교장이기도 했던 이 학교에 들어간 것이 인연을 지어 결국 지금에도 내가 우리 동국대학교의 훈장 밥을 먹고 살고 있는 것이다.

그는 처음 내게서 그의 직계 계승자를 찾으려 했던 것 같다. 그러나 그렇게는 안 되게 생긴 것을 보자 끝까지 나를 놓치지 않고 찾아내서 학교 쪽에나마 집어넣어, 문필만 가지고는 먹고 살 수 없는 내게 대학 훈장의 급료를 보태 사는 길을 미리 준비해 놓아 준 것이다.

지금도 나는 잠 잘 안 오는 새벽에는 그의 이런 눈과, 그 눈이 본 대로 기어코 해내서 우리를 바로 있게 하던 정을 돌이켜 생각하곤, 그가 지시하고 있는 영원 경영에 뼛속이 따스함을 느낀다.


## 신 붙은 것

1946년이던가 47년이던가 입적하시기 한 햇가 두 해 전에 그가 묵고 있던 전북 정읍군의 내장사로 처와 둘이 짝해서 문안을 드리러 갔더니, 그는 무슨 종기를 등한한 때문에 한쪽 눈을 실명해 버리고 남은 다른 한쪽 눈만을 뜨고 우리 내외인 걸 알아보고 나선, 가을 오후의 순금빛 햇볕이 한 모서리를 비추고 있는 그의 앉은 툇마루에서 영 우리를 놓아주지 않고 꽤 오래 만류했다.

"선생님, 인젠 그만 물러가겠습니다" 해도 못 알아들은 듯 다시 이야기를 꺼내 나는 아무래도 손쉽게는 자리를 뜰 수가 없었다.

"육당하고 춘원이 친일파로 손가락질을 받는다니 그게 정말인가. 자네가 나서서 서둘러 가지고, 좋게 만들어 내소" 하기도 하고, "재주는 범부만 한 재주도 드무느니…… 어디서 시방은 무얼 허는고?" 하기도 하고, 그가 가까이했던 많은 학자와 문인들의 안부를 묻노라고 해가 이미 기우는 줄도 잊고 있었다.

입적하신 뒤 들으면 그는 임종의 자리에 불법의 후계자들을 모아 놓고 한 폭의 족자를 전하며 아래와 같이 말했다 한다.

"이건 내가 열아홉 살에 중노릇 올 때 가지고 와서, 줄곧 책상머리에 걸어 놓고 지내던 것이다. 나한텐 소중한 것이었지만, 운수행각하자면 너희들한테는 되려 짐이 될 것이니, 이 글씨 임자의 후손을 찾아서 간직할 만한 사람한테 맡기는 게 나을 것 같다. 꼭 간직할 만한 후손을 찾아내서 맡겨라."

그래 그의 후계의 스님들은 그 말씀 그대로 했다고 한다.

나는 지금 머리맡에 소동파의 「적벽부」의 어떤 대목이 쓰여 있는 두 짝짜리 병풍을 두르고 지내는데, 이건 석전 그의 마지막 제자였다는 석조라는 환속한 사람이 석전 스님의 대원암 조실 방에 있던 그것을 비슷하게 모사해서 만든 것이다.

나는 이 병풍을 몇 해 전 금산에 강연 갔다가 뜻밖에 석조를 거기서 초대면하게 되어 선물로 얻어서 지니게 되었는데, 더구나 석조는 이걸 내게 전하곤 오래잖아 세상을 그만 떠 버리고 말아, 이건 내게는 불가불 공자도 말한 그 '신 붙은 것'이 아닐 수 없이 되어 있다.

석전이 중간에 들어 만든 인연은 이렇게 또 어쩔 수 없이 신 붙은 것이라야 하기도 하는 모양이다.

(『월간중앙』1971.2.)

# 미사 배상기의 회상

## 벚꽃이 흩날릴 때

1932년 봄 벚꽃이 창경궁 뜰에 흩날릴 때, 미사<sup>彌史</sup> 배상기는 창경궁 옆 원남동 14번지 최 상궁 댁의 수양아들로, 안방 따스한 아랫목에 앉아 내게 익숙하게 잘 길든 산조의 한 토막을 거문고 줄에 옮겨 들려주고 있었다. 우리나라 거문고의 제일 명인이었던 심상건의 수제자이기도 했던 그의 진양조 울리는 소리가 그의 무릎 옆 목기 속의 유자와 모과들의 향기와 어울려 내게 무한정 먼 쑥풀길을 보여주고 있을 때, 그는 그것을 뚝 끊어 멈추고, 그다음 시작한 짓은 한 개의 굵직한 낚시를 만드는 일이었다.

꽤 굵직한 철사 토막을 어디서 들추어내 가지고 나와 숫돌에다 갈아 대기도 하고, 조그만 줄을 사방 다 뒤져서 찾아내서는 그걸로 철사를 쓸어 대기도 하고, 손가락에 힘을 다 주어 구부려 대기도 하고, 그러고는 헌 가야금 줄로 그 낚시 자리를 단단히 단단히 묶어서 햇볕 속에 높이 치켜들어 한참 동안 음미해 보고는 빙그레 눈웃음치며 "잘되었네" 했다.

뭘 할 작정이냐 물어도 거긴 아무 설명도 없이 그저 우물우물할 뿐 지독한 신경쇠약에 걸려서 바늘 끝이나 칼끝 같은 것만 보면 영 견디지를 못했었는데, 이제는 이런 낚시끝을 다 만들어 내게 되었다고 좋아라 했다. 그러고는,

상담에 구름 걷혀 저문 산이 비치고          湘潭雲盡暮山出
파촉에 눈이 녹아 봄물 흘러내린다          巴蜀雪消春水來


이런 한시도 한 구절 역시 좋아라 되뇌었던 것 같고, 참, 저 개 새끼들 속에 끼어 살던 사자 새끼의 이야기도 아마 이때 내게 들려주던 듯하다. 어떤 사람이 사자 새끼 한 마리를 잡아다가 집에서 기르던 개 새끼들 틈에 끼워 두고 기르고 있었더니, 어떤 아주 맑은 봄날인데 먼 데 사막에서 사자들의 울음소리가 울려 퍼지자 두 귀를 곧추세워 듣고 있다간 쏜살같이 그리로 달려가 버렸다는 이야기였다.

붉은 콩을 놓은 저녁밥의 숭늉이 좀 미적지근하자, 식모를 불러들여 다시 더 불을 때서 덥게 득득 문질러서 가져오라고 아주 중요한 일로 정색해 당부해서 그걸 나와 둘이 나누어 마시고, 그는 밥이 끝나자 이내 "우리도 어디 한번 창경궁 벚꽃 구경하러 가 보세" 했다.

따라가 보노라니 그는 창경궁 밤벚꽃이 우리 위에도 어느 만큼씩 흩날리어 내리는 것이나 쌍긋하게 섭섭한 그 향기 같은 것에도 별 아랑곳 없이, 또 밀려가고 밀려오는 일본인 남녀들이나 그들의 종의 신분으로 와자히 오가는 우리 동포 남녀들에게도 별 딴 주의를 하는 일도 없이, 곧장 뚜벅뚜벅 발을 옮겨서 수궁 앞 연못가에 오더니 어떤 으슥한 구석에 따악 멈춰 서면서 비로소 나와 마주 서 내 얼굴을 물끄러미 바라보며 "정주, 우리 오늘 밤엔 여기 잉어나 한 마리 낚아다가 한잔해 볼까. 자네는 망을 아주 잘 봐야 하네. 나는 누구 눈에도 띄진 않을 것이니……" 하는 것이다.

나는 잠시 생각해 보고 그의 말대로 했다.

'까딱 잘못하면 들키어 끌려가서 경을 톡톡히 칠는지도 모른다. 그렇지만 그까짓 거야 될 대로 되어라. 어차피 일본인 밑에 모범생 되기는 작파했는데, 잉어 잡수는 당상이 되건 못 잡수는 역적이 되건 대수냐. 더구나 여기선 이조 말까지만 해도 상기의 수양어머니 최덕순 상궁도 한몫 끼어서 우리 왕이란 사람이 잉어를 낚기도 하던 곳일 텐데…… 재미있다, 재미있다.'

이 비슷한 생각이었던 것 같다.

수궁 연못가의 후미지고 으슥한 곳에, 전나무던가 무슨 나무 그늘의 바윗돌 위에 검정 두루마기 바람의 잉어 도적이 웅크리고 앉아 있는 꼴은, 남몰래 슬쩍 급한 오줌이나 누고 있는 것같이 얼마 뒤에 내게 느껴졌는데, 물론 이런 것도 상기는 미리 다 궁리해 가지고 올 만한 사람이었다.

참, 좀 앞서 말할 것을 잊었지만, 이 수궁의 연못 속에는 요즘과는 달라서 1930년대 전반기에는 어느 소년이라도 조금만 애쓰면 낚을 수 있을 만큼, 손님이 던져 주는 카스텔라 같은 걸 받아먹으러 수면 위로 솟아오르는 잉어의 수는 헤아릴 수 없을 만큼 득시글득시글하기도 했었다.

그래 내 한 쌍의 눈은 거의 100프로로 햇빛에 밤 지키는 개 새끼 몇 마리쯤의 코까지를 합친 것이 되어 지키고, 또 상기의 숨은 낚시질은 거문고 갑 속에 들어 왕비와 밀통했다는 신라 때의 어느 중 녀석의 하던 짓과 꼭 같이, 호젓이 이 기막힌 때를 꽤 호숩게 잠류하고 있었다.

그리고 우리의 잠류는 5분인가 10분쯤으로 곧 끝났다.

상기가 내 옆으로 다가오기에 "어찌 되었어?" 물으니, 그는 좀 색다른 일이 생겼을 때는 반드시 하는 버릇으로 턱주가리를 양옆으로 각각 한 번씩 움직여 보이고는 픽 웃으며 두루마기의 양옆 구멍에 가지런히 들어 있던 두 손 중의 한쪽을 꺼내 내 한쪽 손을 끌어다가 거기 두루마기 안 자루 속에 이미 집어넣어져 꿈틀거리는 것을 손수 만져 보게 했다.

이런 잠류의 고소한 맛—이런 것을 상기나 나 같은 사람만이 이때 누린 특별난 것이라고 내가 여기 말한 건 아니다. 소재야 어쨌든 우리나라 청년들이 얼마나 많이 숨어서 이 비슷하게 살고 있었을까, 그것을 다시 한 번 주의시켜 독자들에게 느끼게 하기 위해서 썼을 뿐이다.

이때 미사의 나이는 스물다섯 살, 아직 총각이었고, 내 나이는 열아홉 살. 미사는 내 아버지 서광한과는 시골 서당의 한 스승 밑의 동문으로, 물론 한때의 동기는 아니지만 서로 그 서당 때의 재조를 들음들음으로 잘 알고 찬양하는 사이이기도 했다.

영초라던가 하는 경상도 유생 문하의 호남 맨 처음의 제자가 내 아버지고, 맨 끝의 제자가 미사 배상기였다.

상기는 전라남도 영광의 아주 가난한 산지기의 아들로 태어나서, 훈장 영초가 마침 그의 마을에 가 서당을 차리고 있을 때는 그 서당 공부꾼들이 부러워 서당 창문 곁에 와 자주 엿듣고 있기가 일쑤였던 아홉 살인가 열 살짜리의 아기였다고, 내 아버지가 언젠가 영초 선생한테 들은 거라고 일러 주었다. 그게 하도 불쌍해서 영초 선생이 하루는 불러들여 글을 읽혀 보니 방 안에서 공부하던 애들 누구보다도 나아, 아무것도 내지 못하는 이 아이를 하나 끼워 가르쳐 냈다던가.

서당에서 대강 공부가 끝나자, 이내 집을 버리고 절간으로 도망쳐 새끼 중이 되었다가 다시 서울로 뺑소니쳐 올라와서 어떻게 한 것인지 껑충껑충 속수(速修)로 뛰어올라서 중앙고등보통학교(지금의 중앙중고교)를 졸업하여, 여기 관계로는 나한텐 3년인가 4년인가 선배기도 하다.

그는 중앙학교 때 이조 말부터의 늙은 상궁 최덕순이라는 이의 양자가 되어, 내가 1932년 봄 그를 만났을 때까지도 거기 이어 묵고 있었다.

## 쓰레기통 시절

1933년 가을 어느 날 오후, 그는 나를 데리고 계동 입구에서 창덕궁으로 가로질러 가는 한길 건너 바로 맞은편 언저리에 있던 태평당이란 이름의 한약국으로 들어갔다.

일은 앞서서도 잠시 말한 것처럼 내가 이 가을에 딴 생각을 잠깐 내어 빈민굴에 들어가서 쓰레기통을 며칠 동안 뒤지고 다니다가 그 것도 싱거워져 놀고 있을 때라, 쓰레기통 뒤지기 같은 그런 허영적 인 일보단 좀 더 실제적인 일을 내게 하나 골라 주기 위한 것으로 그 걸 이 태평당 약국에 묵고 있는 노소용(?)이라는 이와 상의하려 해 서였다.

태평당 약국에 들어서니, 거기에는 해방 뒤 우리 새 대한민국의 사회부 장관도 지낸 전진한을 비롯해서 소설가 김동리의 큰형 범부 김정설, 장연송, 별호를 볼기짝 여덟 개라는 뜻의 '둔팔'로 가지신 아 직 상투 그대로 둔 관상쟁이 사내, 독수리나 매 같은 맹금이라야 되 겠다는 좋은 윗수염의 취당이라는 영감님, 여기 주인 한의사 노기용 등 뺑 둘러앉아서 하는 일의 가장 큰 걸로는 배포 좋게 자주 깔깔깔 깔 너털거리는 일이었다.

"으…… 흥…… 자네 쓰레기통 뒤지고 다니다가 그게 길에서 주운 훈장 같다고 그만두기로 했다면서. 앗 하하핫앗 하하핫, 그래 그래 자네가 주워 온 것 하나 여기 있다. 봐라."

이것은 범부 김정설이 맨 먼저 내게 한 말이다. 그가 "여기 있다. 봐라" 한 것은 딴게 아니라 내가 쓰레기통을 뒤지고 다니다가 어느 부유한 일본인 주택가에서 주운 건데, 일본인들이 겨울에 거기 더운 물을 담아 밤내 이불 속에서 끌어안고 자는, 일본말로 '유담뿌'라고 하는 바로 그것이다.

　쓰레기통 기대어 앓는 잠꼬대를
　피리 소리는 갈수록 자지러져

　잊었지만 이런 구절로 되어 있는 한학자 범부의 한글 시는 나를 생각하고 쓰신 걸로 기억하고 있다.

　본초 선생이라는 이도 상기하고 나보단 조금 뒤에 여기 태평당 약국에 나타났다. 이분의 이야기는 뒤에 미사한테 조용히 들은 것이지만, 처음 들었을 때만 해도 영 이해가 안 되던 것이 요즘 와서야 겨우 이해가 되기는 하지만, 지금도 역시 그걸 생각할 때마다 너무 딱하고 서러워서 참을 길이 없다.
　이분은 내가 처음 만났을 때는 이미 오십대의 좋은 밤빛 수염(우리나라에도 가끔 밤빛 수염도 생겨난다)을 기르고 있는 너무 단정하다 할 정도로 단정한 선비였는데, 들으면 그는 본초학의 최고 권위가 되기 전 아들이 병이 나서 다 죽게 되었을 때 자기보다 훨씬 더 나은 영등포 쪽의 어떤 선배한테 그 일을 물으러 한강 다리를 건너갔었다고 한다. 그래 적당히 거기서 술도 마시고 밤 느지막이 한강 다리를 다시 건너오는데(그때는 밤 통행금지라는 것은 영 없었으니까) 벌써 자기 아들의 죽은 기별을 가지고 달려오는 그 댁의 심부름꾼과 다리 위에서 딱 마주쳤고, 이 영감은 그 말을 듣자 손에 들고 오던 선배 처방의 약을 한강 물에 휘익 내던져 버렸다는 것이다.

술 잡숫고 느릿느릿 오다가 다리목에서 아들의 부고와 만나 약을 강물 위에 내던져 버리고 마는 식의 체념은 어디서 배워 온 것일까. 나라 망하면 자손이 살아가도 죽은 거나 별 다름없는 거라는 뼈저린 느낌이 골수에 젖어 있지 않았다면, 이 영감 왜 이런 짓을 하셨을까. 일본이 우리나라를 식민지로 다스릴 때의 여러 이야기 중에서도 이런 이야기가 제일 속 쓰렸던 것으로, 지금도 내게 남아 있다.

나와 배상기 두 사람이 내 실제적인 일 때문에 만나러 갔던 장본인인 노소용이라는 분—그분은 만주에 있던 어느 우리 독립군에 있다가 나왔다고 상기가 귀띔해 주었는데, 처음 보기엔 뭐냐 하면 요새 노가다 일터의 십장 비슷한 느리고도 육중한 인물이었다.

"나는 이 근처 새 기와집들에 니스 칠이나 해 주고 밥을 먹고 지내는 사람인데, 당신도 좀 배워 보려우?"

그는 상기가 가까이 가서 부탁하는 말을 듣자 이렇게 내 쪽을 향해 물어 와서 나는 즉석에서, 그렇게 하겠다고 승낙하고 한 시간쯤 뒤엔 그를 따라 일터로 나갔다.


가회동이었던 것 같다. 어느 작지도 않은 한식집 대문에 니스라는 것을 칠하는 일이었는데, 물론 노소용 씨의 도제 견습공인 나는 그걸 쓰윽 참 늠름하게 칠해 나가는 그 주무에는 관여할 수가 없고, 그저 우선 니스 통이나 받들어 들고 서서 그분의 풀비가 움직이는 대로 뒤따라 오고 가고 하고만 있으면 되었다.

"저도 같이 좀 칠해 봤으면 좋겠구먼이라우" 이런 경우엔 언제나 표준어 사용을 깜빡 잊어버리고, 그만 내 고향 전라도 사투리로 되어 버리는 버릇으로 좀이 쑤셔 소원의 말씀을 건네니, 그는 걸터타고 있던 사다리 위에서 일손을 잠시 멈추고 나를 한참 동안 내려다보며, 또 묘하게는 느긋한 미소를 한참 동안 보내고 있었다.

이런 웃음은 이분에게서밖에 나는 딴 데선 더 본 일이 없다. 우선 그 느긋한 푼수로서만도 내가 보아 온 것 중에선 가장 느긋한 것으로, 산둥서 온 호떡 장수 중국 노인 열 사람쯤이 함께 웃고 있는 느긋함을 여기 비교해 봐도 이 단 한 사람인 노소용의 것이 훨씬 더 느긋하게 느껴지는 것이었다. 그리고 이건 또 묘하게는 점점 더 그 중량감을 내게 더하면서, 드디어는 웬만히 큰 바위산만큼은 무거운 것이 되어 나를 지그시 누르기 시작하여, 이 무게에 우선 견뎌야 할 내 힘의 작성을 강요하고 있었다.

"어디 한번 해 보시우" 그는 느긋한 웃음을 아마 한 2, 3분 내지 5분쯤은 내게 계속해 퍼붓고 나서, 이렇게 말하며 사다리를 내려와 풀비를 손에 쥐어 주면서 올라가 해 보라 했지만, 나는 벌써 그 난생처음 본 웃음의 무게에 눌려 사다리를 제대로 가벼이 오를 힘을 지탱해 가지고 있지 못했다.

올라가서 잔잔한 것, 우락부락한 것, 있는 대로의 모든 상상과 솜씨를 다해 땀을 뻘뻘 흘리며 기껏 해 보기는 해 보았지만, 이건 결국 한바탕의 너털웃음거리만 되고 말았다.

"안 되겠는데, 안 되겠어. 극극극극극극극…… 글 쓰는 게 역시 낫겠수다. 이걸 하려면 잠자코 니스 통이나 들어 받치고 꽤 여러 날 내 하는 것을 공부해야 할 텐데."

여기다간 달리 표현할 길이 없어 위에선 편의상 '극극극극극극극……'이라고 그저 비슷하게만 적어 놓았지만, 그의 너털웃음 소리도 그 미소만 못지않게 지독하게는 느긋하고도 무거운 것이었다. 아까 나는 그의 미소를 산둥 호떡 장수 노인 열 사람 몫의 미소보다도 더 느긋한 것이라고 했지만, 이것이 마침내 폭발되어 나오는 그 너털웃음 소리에선 산둥 꾸리(苦力) 1억만 명 몫쯤의 처참, 이미 처참도 아닌 느긋함이 폭발하고 벙그러지는 기기묘묘한 한 꽃송이의 모양을 앞에 보는 듯했던 것이다.

이런 것이 태평당 약국이고, 그 기풍이었다. 그래 나는 어쩔 수 없는 인력에 끌려 한동안 열심히 태평당의 도제 노릇을 했고, 이건 내 그 뒤의 인생에 영향을 준 걸로 안다.


**가야금을 타며**

요즘 나는 미사 배상기의 모양을 문득 생각하고 앉았다간 내 막내 놈하고 대조해 그려 보는 버릇이 생겼다. 그도 짱구머리고 막내 놈도 짱구지만 배상기의 머리는 내 막내 것보다도 훨씬 더 큰 짱구다. 사내로선 속눈썹이 지나치게 긴 것도 비슷하다. 학기마다의 성적이 좋은 것도 비슷하지만 내 막내는 학비에 곤란한 일까지는 없이 또 박또박 햇수도 채워 다니면서 그렇기나 하지만, 상기는 고학과 남의 도움으로 그나마 껑충껑충 햇수를 줄여 뛰어올라 오면서 해낸 아이였던 것이 다르다면 다르다.

같으면서 다른 것이 또 있다. 그건, 자식은 우리나라가 해방한 뒤에 아비어미 밑에서 학교를 다니고 있어서 그 나이가 되면 대학엘 갈 것이고 또 저만 하려 한다면 서양 유학도 보낼 작정이지만, 상기는 이 나라가 일본의 식민지였던 때 시골의 가난뱅이 산지기의 아들로 태어나서 이리저리 떠돌아다니며 겨우 어찌어찌 고등학교까진 마쳤지만, 한 무식한 상궁의 수양아들로서는 대학 입학의 길 하나 터보지도 못하고, 거문고 가야금이나 하나씩 배우고 술이나 마시면서 아까운 재주 다 접어 두고 일찍이 떨어진 잎으로 놓고 만 점이다.

나는 이런 상기를 생각하고 있다간, 이렇게 일찍부터 떨어져서 첩첩이 쌓여 세상 난 보람도 없이 시들고 썩어 간 젊은 사람들이 얼마나 많았을까를 상상해 본다. 참 엄청나게 많은 수효였을 것이다. 상기의 재주나 정의나 정성이나 용기는 나보다도 몇 배 더 뛰어났던 것을 잘 알고 있는데, 나보다도 훨씬 더 나은 젊은이들이 그렇게 한정 없이 낙엽 더미처럼 쌓여 아무 생색도 없이 국으로 썩어 갔고, 또 썩어 가고 있다고 느끼는 것은 내게는 지금도 한정 없는 설움거리다.

그러나 배상기는 1932년 그와 내가 창경궁의 잉어를 낚아 먹던 무렵으로부터 한 7, 8년 동안은 아직도 학업의 희망을 아주 던지지 않았을 뿐 아니라 오히려 더 크게 잡아 프랑스로 유학 갈 셈으로 여비와 학비를 마련키 위해 미두(지금의 주식시장의 주권)와 경마에 열중하고 있었다.

"정주, 다 된단 말이여. 한동안만 기다리고 있게. 우리 범부랑 연송이랑 다 데리고 파리로 공부하러 가세. 자네 장연송 씨가 누군지 아는가. 저 설산 장덕수 선생의 매제 말이여. 기차를 지금의 석탄불 말고 딴 동력으로 움직일 수 있는 연구를 거의 다 해 놓고도 그걸 완성할 자리가 없어 저러고 있지 않은가. 염려 말게, 염려 말어. 잠깐이면 내 꼭 한밑천 잡아서 자네랑 모두 데리고 갈 테니……"

그는 원남동 그의 방에서 거문고나 가야금을 타고 있다간, 시간만 되면 불에 덴 사람처럼 자리를 차고 일어나며 어느 땐가 내게 말했다. 어떤 덴가 구경시켜 달라고 조르니, 따라오라고 하여 명동의 그 미두취인소라는 데를 나도 가 보고 이어 여러 차례 같이 다니며, 연애하는 사람처럼 불그레 상기되어 오르는 그의 얼굴을 옆에서 물끄러미 지켜보고 있었다.

"『안나 카레니나』라는 톨스토이의 소설에 말이여. 뛰어가던 경주마의 다리가 부러져 버리는 대목이 나오네. 자네는 괜찮겠지? 틀림없이 성공하겠지?"

내가 어느 땐가 상기된 얼굴을 보다가 물으니, 그는 문득 급소를 예리한 칼로 찔린 사람처럼 윗입술을 경련하듯 움찍거리더니 "이 사람아, 하필이면 왜 골라서 그런 말을 재수 없게!" 하며 잠깐이지만 대단히는 격해 하던 모양이 지금도 눈에 선하다.

1940년이던가, 그의 양모가 가졌던 시골의 전답이나 임야들은 물론 원남동의 집까지 미두와 경마에 다 날려 버린 뒤 또 인제는 프랑스 유학 가겠다는 생각도 단념해 버리고 그저 그날그날의 호구 연명의 길이 막연하여 여전히 경마 때면 경마장에 나와 뒷구석에서 서성거리고 있을 때, 그런 그를 어떤 가을 해 질 무렵에 신설동 경마장 밖에서 기다리고 있다가 만났을 때의 기억은 지금도 새것처럼 눈에 뚜렷하다.

그는 저녁때 거기에서 나와서 길가에 기다리고 서 있는 나를 만나자, "어디 가서 쐬주나 한잔할까" 하고 앞장서서 안암동 쪽으로 올라가는 신설동 뒷골목의 어떤 영 안 팔리는 듯한 조그마하고 됫박만한 선술집으로 들어섰는데, 그 소주인지 뭔지 아주 메스껍게밖엔 취하게 할 줄 모르는 고약한 맛의 모조 소주뿐, 이 집이 손님을 위해 가진 거라곤 짜디짠 무짠지 쪽뿐이었다.

서너 잔씩 억지로 들이켠 뒤에 "이것이 무엇인지 아는가?" 하고 그는 한쪽 주먹을 잔뜩 거머쥔 그대로 널판자 상 위 바짝 내 두 눈앞에 내놓았다.

보니, 그 손등은 어느 사나운 매 발톱이 갈기갈기 찢어 놓은 듯이 굵직한 피 어린 고랑이 여러 군데 패어 그어져 있고, 또 땀이 축축이 그 핏줄들 속으로 모여들고 있었다.

"그것들이 어떻게는 엉기어 와 여기 매달려서 간질이는지, 그래도 할 수 없어서 거머쥐고 올 것은 거머쥐고 왔네. 한잔만 더 먹세" 하면서 그는 경마장 어느 구석에서 움켜쥔 채 그대로였던 듯한 주먹을 인제야 겨우 펴는 듯 뒤집더니만, 그 단단히는 오므렸던 손바닥을 내 앞에 비로소 넓적하게 펴 보였다.

5원짜리가 한 장쯤 있던가. 그러고는 1원짜리가 두어서너 장, 나머지는 50전짜리 은전이 두어 닢— 모두 합쳐야 10원도 다 안 되는 돈이 역시 땀에 축축이 젖어 거기 두드러져 나타나고 있었다. 나는 위로할 말이 없어,

> 먼 산에 해묵은 눈 사위는 저녁이건
> 장구를 쳐줄게. 설장구를 쳐줄게.
> 거북이여.
> 그대 쇠먹은 목청이라도
> 두터운 갑옷 아래 흐르는 피의
> 오래인 오래인 소리 한마디만 외여라……

이 무렵에 내가 썼던 시의 한 구절을 읊어 들려주기라도 할밖에 딴 재주는 없었다.

### 유오산수遊娛山水

앞뒤가 좀 뒤바뀐 듯하지만, 그가 윤치왕이 돈암동 외곽에 지은 삼선각이라는 별장을 1938년에 맡아 가지고 있을 때, 그를 찾아내 같이 한동안 지낸 재미는 또 이 글 속에서 내게 이걸 꼭 빼지 말고

또박또박 말하라고 하고 있다.

내가 가까스로 찾아내 가 보니, 지금의 삼선국민학교 근처인 여기만 해도 그때엔 수풀로 꽤 그득한 곳이었는데, 미사 그는 삼선각에서 한 시동만을 데리고 앉아 거문고만을 열심히 타고 있었다.

좋다고 내가 말하니, 외상값쟁이 다루기에 힘이 든다고 그는 말하고, 외상값 받으러 오는 사람 겨루는 길은 침묵 이상은 없는 것이라고 했다. 그것도 받으러 온 사람을 아주 싹 부하를 만들지 못할 바엔 따분하고 따분해서 아주 못 견디게 하는 침묵 이상이 없는 것이라고 하며, 그는 튀기던 거문고 줄을 놓고 잠깐 동안 너털거렸다.

"집, 참, 한번 좋네. 어찌 된 셈인가?" 하니 "그야 이리될 수도 있고, 저리될 수도 있지…… 그런데 자네, 뭐 돈냥 조금이라도 가진 것 있나?" 해서 얼만가 호주머니를 털어 주었더니, "유길아……" 하고 시동을 불러, 내가 준 걸로 몇 잔의 막걸리를 날라다 내 앞에 놓게 했다.

나는 그 막걸리를 한참 마시다가, 그의 속도 모르고 옆에 와 앉아 있는 상기의 시동 유길이라는 아이를 보며 느끼는 게 있어 "여보게, 유길有吉이가 뭣인가. 왈길日吉이라고 하게. 유길이는 길吉일라면 싱거워서 못쓰겠어" 이런 농담도 하고 어쩌고 했던 것 같다.

나는 여기 와서 한 결사結社를 만들기로 작정하고 그한테 안을 짜 설명하고 그 맹주가 되어 줄 것을 부탁했다.

아무것도 않고 놀고만 있는 것보단 그래도 무슨 일을 해 보는 게 좋겠다는 것, 일 중에는 그래도 우리가 직접 먹을 것을 거기서 얻고 또 장차에는 거기 묻힐 곳이기도 한 흙을 다루는 게 제일 직접적인 일이고, 또 이 일밖에야 어디 누가 무슨 일을 맡겨 주기나 하겠느냐는 것, 땅을 다루는 일을 하려도 우리한테는 소유한 땅도 서울 근처엔 없으니 불가불 남의 땅을 이용해서 거기 한번 우리 땀을 퍼부어 볼밖엔 딴 수가 없는데 그러자면 손쉽게 할 수 있는 무슨 일이냐는 것, 아무리 생각해 봐도 '노가다' 판이나 하나 꾸며 길 내는 공사, 그런 데 가서 한몫 끼어 팔도를 두루 돌며 구경도 하는 것이 제일 실현 가능성도 있고 좋겠다는 것, 그것은 유오산수하는 화랑도 정신을 이어받은 저 '한산인부'의 후조같이 자연을 누벼 다니는 일이니 우리한테는 아주 잘 맞는 일이라는 것.

이런 것 등을 설명해 들려주고 "어떤가, 자네는 불가불 십장이 되어야겠는데……" 하니, 그는 여간 좋을 때 아니면 보이지 않는, 머리를 양쪽으로 느릿느릿 움직이면서 큰 소리로 깔깔거리는 아주 좋은 웃음을 한바탕 웃어 젖히며 "거 좋았네" 했다.

그래 나는 곧 명동이나 종로의 다방에서 서성거리고 있는 문학 하는 우리 젊은 친구들을 꾀어 삼선각으로 모이게 했다.

1936년에 내가 편집인이 되어 냈던 잡지 『시인부락』과 한 무렵에 나온 『낭만』이라는 시 잡지의 편집인이었던 민태규, 지금은 전북대학교에서 대학 신문의 주간 일을 맡아보고 있는 희곡작가 동화 박덕상, 그 밖에 4, 5명의 문학 또는 철학 청년들이 우리 노가다 판의 결성 준비를 위해 모였다. 막걸리는 물론 배상기가 늘 "외상값 조르는 사람도 없는 날은 심심해 못 견디겠어"니까, 아마 어디서 외상으로 마실 만큼 가져오게 했던 듯하다.

나는 먼저 우리들의 그 거추장스런 이름부터 아주 싸악 노가다식 이름으로 고쳐 버리자고 제안했더니 모두 그것 좋겠다고 하여, 배상기는 '몽니', 박덕상은 그의 고향 목포의 산 이름을 아호로까지 딱 얹어 '유달산 박달쇠', 민태규는 몸은 가느다랗지만 단단키는 하여 내가 '철사'라고 하자니까 본인이 부득부득 사상가도 하나 있어야 할 테니까 '사상'으로 해 달라고만 졸라서 '민사상', 나는 '뚝술'이라고 내 스스로 붙였는데, 이건 별다른 뜻은 없고 '뚝섬'이라 할 때 쓰는 이 '뚝毒毒毒' 자가 '독毒'이 세 개나 있어서 그럴듯해 보이는 것, 그래도 글 쓰는 사람이니까 '술' 자가 하나 드는 게 아주 섭섭지는 않다는 것—그런 따위 느낌 때문이었다.

이 노가다식 이름들을 '사상'만 빼놓고는 모두 내가 붙였는데, 상기를 '몽니'라고 한 것은 전라도 말로 심술이 뭉클하고 아주 무섭게 사나운 사람을 "몽니 고약다" 하는 느낌 그것을 생각해서 그에게 물으니 "응 그것 좋네, 인제부턴 그걸로 쓰도록 함세" 하여 그리된 것이다. 상기는 이 자리에서 약속한 대로 지켜, 일정 말기가 우리나라에서 끝날 때까지 도장까지도 '몽니蒙利'라고 새겨서 쓰고 살았다.


**수억의 선인들**

내 정신의 오늘까지의 가형 미사 배상기가 여자들한테 어떻게 처했던가 하는 게 여기 와서 기억에 떠오른다.

"메주같이 생겨야 겨우 주붓감이네. 자네는 미인은 하지 말게."

상기가 언젠가 내 결혼 전에 우연처럼 말한 이 말을 나는 지금도 잊지 않고 있고, 인제 생각해 보니 내가 메주 같은 아내를 맞아들여 가택이 비교적 평안한 것도 그 말의 영향 아니었는가 지금도 나는 내 마음속에 묻고 있다.

큰자식이 생겨나기 전 그 애가 아직 제 어미 배 속에 들어 있을 때 "첫아이가 태어나면 이름을 뭐라고 해야 허지?" 그한테 물으니, 한 5분쯤 겨우 까물거렸을까, 그는 즉석에서 "승해가 좋겠네" 했다.

"자네 봤는지 안 봤는지 모르겠네마는, 옛날에 그것이 없이는 절대로 못 살 만큼 중요한 구슬을 어쩌다가 바닷물에 빠뜨린 사람이 있었지. 그 사람이 날마다 그 바닷가에 와서 바닷물 전부를 품어 내고 구슬을 바닥에서 찾아내려고 생각했네. 글쎄…… 바다가 다 품어 내질 것인지, 구슬은 정말 다시 제 손에 돌아올 것인지, 낸들 그거야 어찌 알겠나. 그렇지만 내 첫아이가 여기 새로 생겨 나온대도 나는 이 '바다를 품어 내고 있는 놈'이라는 뜻의 이름밖엔 더 줄 건 없네. 정주, 이 이름을 자네 자식에게 줄라는가?"

그래 나는 나보단 여섯 살 위인 이분의 소원대로 큰자식의 이름을 '승해升海'라고 쓰기로 하고, 지금까지 그리해 오고 있다.

그가 언젠가 나도 몰래 슬그머니 장가를 가 버렸다.

단성사 뒷골목이던가 봉익동 어디던가 신혼살림집에 들렀더니, 신부를 내게 인사시키곤 나가라고 하고 난 뒤에 말했다.

"이 사람은 죽은 어떤 순사부장의 아내였다는데, 사람은 메주여. 그 순사부장이 죽어서 인제 나한테 왔네. 어떤가?"

이 말을 듣고 또 너무나도 미인과는 거리가 먼 미사 부인을 대조해 보며, 초혼한 미사 배상기가 본심으로 생각하는 것이 무엇인가를 이때 나는 꽤 오래 생각하고 있었던 듯하다.

"금강산 비로봉에 올라갈 땐데, 누가 옆에서 되게 웃어서 보니 젊고 밉지도 않은 여자더구만. 같이 이야기를 해 봤지. 그렇지만 이 사람아, 마지막에 당하니까, 서리보다도 칼날보다도 이 여자는 더 높데나그려. 나는 그래서 이 비로봉을 가끔 꿈에서도 꾸네. 자네, 우리 나라 여자가 아주 높은 것을 늘 생각하게. 우리 어머님들 마찬가지로 말이여."

이어 말하던 걸로 미루어 보아, 그는 결혼도 99프로쯤 깎아서 살고 가려고 했던 걸 알 수 있다.

99프로씩 자기를 깎고 겨우 살다가 땅에 묻힌 모든 선인들―그 수억만 명의 선인들의 망령 앞에 늘 그 상징적 존재로 기억되는 미사 배상기는 우리 한국 흙 위의 고추 맛, 된장 맛같이 참 묘하다.

(『월간중앙』 1971.3.)

# 무의 시인 오상순

**무의 맛**

내가 이 세상에 나서 지금까지 만난 사람들 가운데 우리 시단의 선배 공초空超 오상순처럼 철저히 무無의 맛에 길들여 살던 이를 더 이상은 기억지 못한다. 몰라, 우리가 잘 모르는 문인 이외의 세상에선 이보다도 더 무에 철저했던 이가 우리 시대에서도 호흡하고 있었을는지, 하여간 내가 만나 알고 있는 한계 안에선 그렇다.

세상 사람들이 흔히 있는 게 좋다고 생각하는 것들—재물, 입신 출세니 지위, 일정한 주소, 아내와 자녀, 심지어는 장서 또 문인의 마지막 집착처인 저서욕까지도 그는 전연 늘리려 생각한 일 없이 모조리 줄이려만 해 와서, 장년에서 늘그막에 오는 동안에는 거의 완전히 무 그것만을 마지막 짝처럼 연연히 더불어 살던 사람이다. 물론 현실에서의 이런 유형적 무소유의 태도는 물질 아닌 정신의 영생만이 생명이었던 동양의 많은 선인들이 오래 두고 시행해 온 일이긴 하지만, 우리 시대에 철저한 실행자를 직접 눈여겨보게 되는 것은 그것만으로도 한 아스라한 매력이 된다.

내가 그를 처음 만난 것은 1934년이었으니까 그의 나이 마흔두 살, 내 나이는 갓 스무 살 때였다. 나는 이때 절간과 불교에 풋내기의 관심을 모으고, 당시 우리 불교의 종정이었던 영호 석전 박한영 스님 문하에서 잠시 불경을 배우고 있던 문학청년이라, 선배 시인이고 불교도이던 그를 만나 정신의 지내 온 이야기를 들어 보는 것은 뺄 수 없는 과목처럼 여겨 마침 서울 안국동 뒷골목의 선학원이란 데에 묵고 있단 말을 듣고 별러서 찾았던 것인데, 그러나 이때엔 그는 나를 상대할 마음의 겨를을 갖고 있지 않은 듯했다.

안내하는 젊은 중이 선학원의 어느 구석방 앞에 나를 이끌어다 놓아서 기침을 한 번 하고 "공초 선생님 계십니까?" 소리를 아마 서너 번쯤 거듭하니, 그때서야 "어?……" 하는 가느다랗고 아주 가라앉은 소리가 한마디 겨우 알아들을 만큼 울려 나왔으나 그뿐, 누구냐는 말도 들어오란 말도 한마디 더는 없이 그저 꿩 구워 먹은 뒤같이 잠잠키만 했다.

"들어가도 괜찮습니까?" 한참 있다가 부득이해서 내가 재차 물었으나 그 속에서는 역시 "어?……" 하고, 들어오라는 건지 게 있으라는 건지 알 수 없는 음조의 한마디가 다시 아스라이 울려 나왔을 뿐 그 뒤는 또 매한가지 꿩 구워 먹은 소식이었다.

그래 나는 이 "어?……"를 '누구냐, 들어와도 무방하긴 무방하다'

는 뜻으로 겨우 작정해 가지고 삐시식이 창문을 열고 들어서서 꽤나 넓은 방 한쪽 구석에 가 엉거주춤 앉으며 보니, 중 그대로 박박 깎은 머리를 한 그는 아랫도리 속옷 하나만을 걸치고 웃통은 순 알몸으로 발가벗은 채 방 한복판에 번듯이 천장을 향해 누워 있었는데, 그의 손인 나에 대한 관심의 표시는 겨우 천정을 보고 누워 있던 머리를 한 두어 각도쯤 내 앉은 쪽으로 돌리며 감고 있던 듯한 두 눈을 역시 두어 각도쯤만 연 듯 안 연 듯 열어 보인 것뿐이었다.

그는 이렇게 누운 채 처음부터 끝까지 나를 대했다. 그것도 내가 창문 밖에서 그를 찾았을 때에는 그래도 "어……" 소리라도 두어 번 보냈으나, 방 안에 내가 들어온 뒤에는 그것마저도 아주 빼 버린 완전한 침묵만으로……

나는 사람과 초대면할 때 누구나 하는 격식으로 성명 석 자를 알리고, 또 내가 무엇 하는 사람인가를 먼저 말해야만 그와 내가 동일 계통의 공부꾼이라는 데 그가 관심을 가지고 말문을 열 것 같아, "나는 시와 불경을 공부하고 있는 학인입니다"라고 또렷또렷 발음을 꽤 크게 해 그걸 알렸다.

그러나 그는 내가 무얼 말할 때에도 겨우 두어 각도쯤밖에 안 열린 눈으로 무슨 안 보이는 돌이나 앞에 대하듯 가만히 보고만 있을 뿐, 누운 몸의 자세를 고쳐 보이지도, 기침 소리 한 번도 내지 않았다.

지금 생각하면 그는 그때 와선입정卧禪入定 중이었거나 하여간 무얼 골몰해서 생각하던 중이어서, 내 내방이 영 아렴풋이밖에는 잘 보이지도 들리지도 않았던 듯하다. 그러나 내방한 손을 앞에 두고 이만큼 영 못 보고 못 듣는 사람도 그리 흔히 있는 건 아니다. 공초에게는 무엇에 한번 골몰하면 딴건 영 보지도 듣지도 않고 철저하게 몰입하는 희한한 면이 있었다.

그러나 이 초대면의 때에만 해도 나는 그런 걸 두루 잘 헤아릴 줄을 모르던 애송이라, 마침내 나는 계속되는 침묵의 중력과 그의 반라 와상의 압력에 오래 견디지를 못하고 방에 들어선 지 5분쯤 지났을까 말까 해서, 공중에 던져진 고무공처럼 자력인 듯 타력인 듯 퉁겨져 나와서는 선학원 대문 밖을 가까스로 빠져나오자 문득 웃음이 복받쳐 나와 남에게도 들릴 만큼 깔깔거리며 한바탕 웃고 또 속으로 뇌까렸다. '야 참, 괴물이다.'

나는 이때에 이미 그의 대강의 경력과 또 몇 개의 에피소드도 그를 아는 사람들에게 들어 알고 있었다. 그가 일찍이 일본의 도시샤 대학에서 신학을 공부하고 한동안 기독교의 목사가 되었던 것, 또 1920년에 나온 『폐허』라는 문학 동인지의 동인으로 그 '허무'라는 것을 주로 많이 여기 썼던 것, 또 주객 시인 수주樹州 변영로 등과 같이 술자리를 야외에서 벌이면 어디 벌판의 소를 끌어다가 옛날의 신선처럼 잔등에 곧잘 올라타기도 하고, 또 아무리 지독한 쏘내기를 만나도 그 자리를 비키지 않았다는 것―그런 것들을 여기저기서 들어서 알고 있었다.

그렇기 때문에 나와 초대면 때의 그의 반라의 일관한 침묵은 내가 들어 알고 있던 그런 동황動況들과 비교해 볼 때 한층 더한 괴물의 느낌을 주었던 것이다. '그렇게 움직이던 인물이 이렇게 또 가만하기만 할 수도 있을까?' 속으로 나는 혼자 물으며 한동안을 속으로 더 깔깔거리고 웃었다.


## 불전 교수 시절

그 뒤 오래지 않아 우리 가야금꾼 미사 배상기—공초와도 친분이 있던 배상기를 만나서 공초 찾았던 이야기를 했더니, 그도 한바탕 너털거리며 나보고 말했다.

"잘 봤어. 그게 공초네. 자네, 왜, 공초가 불교전문학교 교수 시절에 길가에서 개 흘레하는 것 보는 데 빠져 학교 작파하게 된 것 못 들었나?"

들으면 1930년이라던가 그 이듬해라던가 공초는 불교전문학교에 교수로 있었는데, 한동안 또박또박 시간을 대 나오다가 첫여름 어느 때부턴가는 거의 날마다 지각을 하게 되고, 그것도 어떤 날은 수업 시간이 반나마 지난 뒤에야 교실에 들어서고 하여 학교 측과 학생들이 머릿골치를 앓았다는 것이다.

그런데 어떤 날 이 학교의 공초 제자인 어느 게으른 학생 하나가 느지막이 걸어서 등굣길에 있다가 어느 골목에서 문득 오상순 교수를 만나게 됐는데, 공초 오 교수는 이때 두 마리 암수캐의 흘레 장면을 보는 데 몰입하여 옆에 제자 학생이 지나는 것도 눈여겨볼 줄 모르고 골목의 개구쟁이 몇과 함께 시간 가는 줄도 모르고 서 있더라는 것이다.

이 학생의 소개로 학생들은 공초의 지나친 지각 이유는 길가의 개 흘레 구경 때문이라고 말하게 되었다. 그리고 그 뒤의 모든 지각 이유도 이것에다 몰아붙여 이야기하게 되었다고 한다. 물론 그의 길가의 몰입의 모든 이유가 이 개 흘레 하나 때문만은 아니었을 것이다. 이것 말고도 길가에 전개되는 그 많은 사람과 동물들의 짓거리들— 그것들이 이 몰입 잘하는 산책가에게는 늘 다른 매력을 주어서 거기 잠재하느라고 지각은 잦고, 학생들은 개 흘레만을 목격한 그 게으른 학생의 말을 꼬투리로 해 "공초가 늘 지각하는 이유는 개 흘레 때문이다" 하게 된 듯하다.

그야 하여간 이런 이는 교수 같은 시간 생활에도 견뎌 낼 길은 없다. 그래 그는 오래잖아 보성고등보통학교(지금 보성중고교)와 불교전문학교 두 군데를 교육자 생활의 마지막으로 사표를 내지 않을 수 없었다는 것이다.

미사는 또 내게 말했다.

"자네, 공초가 또 고양이엔 얼마나 빠졌던가 아직도 못 들었나? 이것도 별나기론 이 세상에선 아마 더는 없는 것일세. 왜 공초가 여직까지 총각으로만 지내는 동안에, 중앙불교전문학교 교수를 그만둔 뒤 한동안 어디서 헌 여자를 하나 얻어 가지고 대구서 지내던 일 못 들었어? 시인 이상화니 누구누구가 들어 공초가 너무 쓸쓸하겠다고 한동안 그렇게 했었단 말이여. 그래 그때 공초는 그 헌 여자와 함께 고양이 한 마리를 기르기 시작했었네."

그런데 이 이야길 또 이어 들으면 공초는 이 헌 여자와 고양이 한 마리를 거느리고 대구 어느 골목에서라던가 '오뎅집'—요새 우리말로 풀이하자면 꼬치안주 술집이라는 걸 열었는데, 날마다 친구들과의 주회酒會놀음하기로 몇 달 못 가 몽땅 다 털어 마셔 버리고, 헌 여자하고도 자연히 갈라서게 되고, 때에 맞추어 공초의 아끼던 고양이는 또 무엇 때문인지 지독한 병을 앓아 시체로 뻐드러지게 되었다는 것이다.

"공초네 오뎅집 문이 잠기고, 그 문에는 공초가 먹글씨로 손수 쓴 '기중忌中'이란 딱지가 여러 날 붙어 있었어."

미사는 그때 일을 내게 말했다.

사람들이 드문드문 찾아가 들여다보니, 방 안에 있는 것은 죽은 듯이 혼자 누워 있는 공초와 그 옆에 나란히 누워 있는 고양이 시체 하나뿐이더라는 것이다.

찾아간 사람 중에 누구 시인이라던가 "자네, 이 고양이는 무엇에 쓰려나?" 물으니 "이것은 그래도 장례식을 치러야지" 공초는 그때도 누운 채로 단 한마디 대답했었다 한다.

그렇게 해서 이 고양이의 장례식은 옛날 사람의 것과 똑같은 꽃상여에 담기어져 여러 상두꾼의 어깨 위에 떠메어져 실려 가서 사람의 것만 못지않은 산소를 차지해 묻혔고, 공초는 장례식 뒤에는 대구에서 또 한동안 어디론지 사라져 버렸다.

"이렇게 생겨 먹은 것이 공초네" 미사는 내게 말했다. "그렇지만 이 이야기 하나만 더 듣고 생각해 봐" 미사가 뒤이어서 말한 또 하나의 이야기가 지금도 내 귓바퀴를 맴돈다.

"그의 친구 하나가 감옥에 들어가면서, 이 사람이 외로운 사람이라 갓 젊은 그의 아내를 공초한테 맡기고 간 일이 있었지. 2년인가, 3년 몇 개월 만에 감옥에서 풀려나왔는데, 공초가 그 친구의 아내를 그때까지 맡아 바로 장지 하나 사이의 자기 옆방에다 두고 먹이고 기다리게 해냈거든……"

이 소리는 개미 쳇바퀴 돌듯 지금도 귀뿌리를 맴돌고 있다.

산아 무너져라
그 밖 좀 내다보자

젊었을 때 그의 시구절과 함께 지금도 귀에 맴돌고 있다.

나는 이제 그의 어린아이 때의 고향, 서울 노량진 검은돌(흑석동)로 회고를 옮기고, 그의 생가에서 유년과 함께 자라던 나무―한 그루의 대추나무 쪽으로 마음을 기울인다. 그러곤 그 가지 큰 대추나무 위에 소년 오상순이 늘 올라가서 꾸던 꿈과 그것의 결말을 생각한다.

이 고집불통―한번 집을 나와선 또다시 거길 들어간 일도 전연 없는 이 고집불통이, 생가의 늙은 대추나무 위에 올라서서 먼 곳을 바라보며 어릴 때 꾸던 꿈을…… 대추나무를 두고 쓴 그의 산문시를 읽으며 다시 생각한다.

## 마지막 보물

1937년 가을이던가 내가 시단에 나온 지 얼마 안 되는 신진 시절의 어느 날 오후, 미사와 둘이서 종로를 걸어가다가 만난 그는 비교적 말끔한 양복에 매우 점잖은 중절모자에 좋은 단장을 짚은, 어디 강단에서 금시 나오는 듯한 교수풍의 차림새였다. 머리털도 리젠트로 하여 귓바퀴 너머 잘 빗질해 넘겨 붙이고까지 있어서, 교수라도 꽤나 멋쟁이 교수의 모양새로, 내가 "그전에 선학원에 가서 뵈온 일이 있는데요" 하니, 처음 그 눈은 나를 알아보지 못하는 걸 나타냈지만 곧 그걸 아무러나 좋지 않느냐는 걸로 고쳐 가지고 입으로 옮겨 "그래 그래 그래 아— 그래 그래 그래 히하아! 하하하하하핫 하하!"

이런 말을 잣알 쏟아지는 맛만큼이나 꽤는 구수하게 내풍기면서 십년지기나 되는 것처럼 내 손목을 붙들어 잡고 좋아라 했다. 그러고는 그를 단 한 번이라도 만나 본 성년 남자의 누구나가 다 겪어서 잘 알고 있는 것처럼, 궐련갑을 포켓에서 냉큼 꺼내 들고 그중의 한 개를 넌지시 꺼내 무조건 붙이라고 들이대는 것이었다.

"히하아! 하하하하핫 하하하!"

이 소리를 또 붙이면서…… 마치 이 담배로 말하면 이를테면 삼신산이라는 데 가서 금시 캐 가지고 나온 무슨 불로초 같은 선약이거나 아니라도 하여간 가진 것 중의 유일무이한 마지막 보물이고 또 반드시 내게 유산으로 전해야 할 건데 '이거 이 기회를 놓치면 언제 전하나' 하는 물실차기勿失此機라는 표정으로 불가피히 내맡기는 것이었다.

언제부터 그리되었는지 임종까지 애연을 여러 십 년을 계속해서 하루 평균 백 개 이상이었던 것은 그를 아는 누구나 두루 잘 알고 있는 일이지만, 이것도 말하자면 몰입벽의 일종 —그것도 무 쪽으로의 몰입벽의 하나일 것 같다. 모든 것이 허무로 사라져 가는 시점과 처점에 늘 다가서서 무의 맛에 길들여 깊숙이 몰입해 들어가느라고 그는 이 담배를 마지막 향유물로 고른 것이 아닐까.

하기는 그는 담배만을 "히하아 하하하하핫 하하하!" 하며 무조건 우리한테 권했을 뿐만은 아니었다.

그다음 또 한 가지는 술인데, 이것도 역시 그는 이걸 벌이고 있는 어디서거나 그 희한하게 구수한 '히하아! 하하핫 하하'의 웃음소리와 함께 반드시 무조건 우리한테 권했었다.

이건 요즘도 우리들이 지니고 사는 인색한 노릇 —이를테면 언제나 빈털터리기도 한 소설가 S씨 등을 몇백 원씩 호주머니에 가진 문인들이 어느 땐 슬쩍 따돌리기도 하는 그런 습관하곤 아주 대조적인 것이다.

1930년대 후반기의 한동안 영화배우 복혜숙 양이 안국동 지금의 신민당사에서 인사동 쪽으로 내려오는 언저리에 양주 마시는 가게를 벌이고 있었는데, 겨우 몇 잔 값밖에 지니지 못한 우리들은 공초의 무조건 권주를 보태어서 꽤 거나하게 되는 적이 가끔 있었기 때문에 일부러 거기 공초를 노려 기웃거리는 사람들까지도 생기게 되었다. 자기가 산 것이건 아니건을 가리지 않고, 또 십년지기거나 아니거나를 살필 것도 없이 공초의 권연권주

歡酒歡亭歡酒는 그가 있는 곳 어디서거나 시행되었으니까, 빈털터리 호주가 그 있는 술자리를 노린 것도 무리는 아니었다. 더구나 눈치 살필 필요도 없이 구수키만 한 '히하아! 하하핫 하하'의 웃음소리에 곁들여서 그걸 언어 마시는 것이었으니, 좋을밖에 없었다. 더욱이 술자리에 앉으면 공초는 곧잘 하이델베르크 대학생의 하나나 되는 것처럼 독일 말도 단단한 이빨 사이에 두고 그 '히하하! 핫하하!'에 버무리기도 하여 그것도 무미하지는 않았다.

## 무예의 몰입

1945년 해방이 되어서 한 해쯤이 지난 어느 날 명동 어떤 다방에 나갔다가 그를 만나서 꽤 오랜만에 모시고 담배와 술을 같이 나눈 뒤에 "해방도 되고 했으니 선생님도 저하고 같이 우리말 시나 좀 열심히 해 보십시다" 했더니, 그는 "응, 그거야 자네들이 잘하면 되지 않나?" 했다.

나는 지금은 예술을 꼭 한 사람의 당대에서만 끝맺는 건 아니라는 생각을 겨우 가지게 되어 있지만, 이때만 해도 아직 그렇게는 생각할 줄 모르던 형편이어서 "선생님은 왜 쉬시려고만 하시지요?" 어쩌고 그 비슷한 불만을 말하고 있었다.

그러나 그는 그걸 충고로 받아들이려고도 하지는 않고 담배를 또 한 개 뽑아 내게 권하는 걸로 마무리를 하며, 이 무렵부터 시작한 큼직한 사인첩을 보자기에서 꺼내며 "뭐 좋은 글을 썼거든 여기 좀 옮겨 써 놓게. 기념으로 내가 지니고 다니며 볼 것이니……" 했다.

그는 이미 자기라는 것을 따로 생각하려 하지 않고, 말하자면 민족아民族我라는 전체 속에 담아서 쉬고 안한하며 후배들이나 믿고 태평하게 되어 있는 형편이었다. 그리고 그런 자기 포기는 물론 무얼 하려야 두루 성취할 길이 없기만 했던 고난의 시대의 우리 선인들이 애쓰고 애써 겨우 길들인 '무'에의 몰입—이제는 헤어나려야 헤어날 수도 없는 그 무에의 몰입이었던 것이다.

그러나 나는 이때만 해도 이런 선배의 마음을 잘 요량도 못하고 반대하기만 했다. 지금 적멸 속에 잠잠한 이분을 생각할 때 미안한 생각뿐이다.


### 호두 두 알

이로부터 머지않은 어느 겨울, 내가 해거름에 명동에 나갔더니 공초는 무얼 생각했는지, "오늘 하룻밤은 자네 집에 가서 한번 지내 봤으면 싶군" 해서, 모시고 공덕동의 내 누옥으로 왔는데, 그는 이때 열심히 영어 공부를 하고 있는 듯 『라이프』라는 미국 잡지를 늘 손에 들고 다니던 때여서, 내 방에 들어와서도 자주 뒤적이며 거기 실린 어떤 기사들을 재미나는 듯 소년처럼 열심히 내게 번역해 들려주곤 했다.

그러더니 술이 거나하게 되자 내가 이때 마침 방에 두고 따분할 때 주먹 속에 넣어 주무르던 마른 호두 두 개를 어디선가 발견해 주워 들고는 잠시 묵묵하다가 "이 호두를 보니 내가 우편으로 받았던 호두 소포 생각이 난다" 했다. "무슨 호둔데요?" 하니, 이번에만은 그 '히하아! 하하핫 하하!' 소리를 내지 않고, 그냥 그 단단한 두 줄의 이빨을 지그시 눌러 느긋하게 눈웃음만을 보이며 "무슨 호둘지, 정주, 자네가 어디 한번 알아맞혀 봐" 하고, 과히 무거울 것도 없는 수수께끼로 만들어 버린다.

"얼마나, 어디서 그걸 보낸 건데요?" 공초의 호두의 대조는 그게 비교적 어울리는 구성인 것 같기도 하여 재미있어라 하며 내가 대드니 "그게 미국서 웬 여자가 보낸 건데, 글쎄 한 두어 됫박은 되었을 거야" 한다.

그가 과히 무거워하지 않고 다루는 이야기, 나도 가벼이 그걸 받아 "아따 선생님도 한번 다 로맨스입니다그려. 그래 아무래도 벽안 금발 미인은 아닐 거고 아마 역시 거까지 흘러가신 우리 깜장 머리였겠지요?" 했더니, 이번에도 그는 이 이야기에서만은 두 줄 이빨을 지그시 짓누르는 조용한 눈웃음만을 보이며 "자네가 틀렸네. 그게 머리털이 금발은 아니고 밤빛이지만 눈은 아주 새파란 거기 여자란 말이야……" 했다.

비로소 나는 마음속으로 "야!" 소리를 내며 "이건이라우, 절대로 딴 데 발설하진 안 할 텡게라우……" 하고 이런 때는 저절로 나오는 내 전라도 고향 말로 바짝 딱지를 떼고 그에게 다가앉으니 그때서야 그도 불가피한 듯 그 '히하아! 하하하하핫 하하하!'를 한바탕 하고 나서, 역시 무겁진 않게, 아니 내 신경의 착각일는지는 모르지만 어찌 보면 일부러 가벼이 말하려고 마음 쓰는 듯한 눈치로 이어 말했는데, 대강만 말하자면 그건 아래와 같은 것이다.

그가 일본 교토의 대학생 시절이라던가 거길 나온 지 얼마 안 되었을 때의 서울에서라던가 —이건 내 기억력의 부족으로 아스라하지만 하여간 이십대의 젊었을 때 그가 독일 말을 늘리고 다니다가 사귀어 알게 된 것이 호두를 소포로 미국서 보낸 바로 그 여자인데 "이쁘셨겠지요?" 내가 물으니, "이쁘다고 하기보다야 훌륭했지" 했다. 술은 역시 많이 좋은 데가 있는 것이다. 무의 도인 공초 오상순을 시켜 이 호젓한 밤에 후배의 사실私室에서 이런 고백까지를 시키게 한 것을 돌이켜 생각해 보면.

둘의 사이가 점점 가까워져서 결혼을 할까 망설이기도 했지만 또 여자 쪽에서는 그걸 원하고 있었지만, 그 '사상'이라는 것을 하노라고 어찌어찌 생각해 가다 보니 자기는 총각으로 일생을 지내기로 작정했고, 독일계의 미국 여자는 고향으로 돌아가 버리고 말았다는 것이다. 그래 편지가 이어 와도 자기는 답장도 잘 보내지도 못하고 있었는데, 아까 말한 그 호두 소포가 —두어 됫박의 소포가 오고는 그만이 되었다는 것이다.

"뭐라고 답장해서 수다가 잘 떨어졌겠나? 나 만나서 고생이나 실컷 하다가 지쳐서 죽으라고? 히하아…… 하하하핫 하하하하!"

그는 이렇게 이야기를 마무리했지만 이건 여기선 나를 꽤 무거운 걸로 누르기도 했던 게 기억난다.

이렇게 아마, 그의 생애에 단 한 번뿐이었을 결혼 가능의 기회를 작파하고, 또 좀 더 있다가는 소원이었던 글 쓰는 것까지도 작파하고, 산 채로 입관되어 아무것도 없는 무만이 누릴 것이어야 했던—

그래서 가까스로 이 마련에 길들어 '히하아! 하하하하핫 하하하' 하고 가벼운 듯 웃게쯤도 되어 있는지, 이 망한 나라에 살아온 선배의 그 가벼운 체념은 역시 처절한 것이었던 게 기억난다.


**무의 장식**

1950년 6·25 사변이 일어나서 정부 따라 도망하여 종군하고 다니다가, 8월 초순경 대구에 가서 청각과 시각의 환각병에 빠져 시인 구상의 알선으로 내가 병원에 나자빠져 있을 때 부산 후방으로 누가 나를 데리고 내려가야 하자, 그걸 선선히 나서서 맡은 이는 이때 이미 육순 길에 들어선 공초 그분이었다.

부산에 가서 청마 유치환 댁의 간호에 맡겨지기 전, 어느 초라한 여관방에서 밤 깊어 내가 옆에 누워 있던 그에게 "선생님, 나보고 문둥이라고 불태워 죽이라고 여럿이 외치는 소리가 공중에서 들리지 않아요?" 하니 "가만있게. 뭐라고 들리건, 대강은 다 못 들은 체 접어두어 버리고, 꼭 대답 안 하면 안 될 것이건 그때만 간단하게 한두 마디로 대답하게. 가만있어, 가만있어" 하시던 게 생각난다.

그 많은 개수의 담배를 대 줄 제자도 가까이 없어, 손톱 끝이 노랗게 절을 정도로 담배를 아껴 피우며, 그래도 그 연기로 무의 마지막 장식을 부지런히 수놓으며 내 환각병 옆에서 절제와 체념을 권하기에 몰입하던 이 '무'의 정통자의 기억은 새롭다.

그의 임종 전후의 일을 나는 속무에 바빠서 잘은 모르지만, 임종이 별로 머지않던 어떤 날 황혼, 그는 D일보 옥상에서 손녀뻘의 어떤 애제자와 나란히 서 있었다고 하며, 마침 좋은 놀이 하늘에 있었다고 하고, "너하고 나하곤 나이가 거의 같아" 이런 말을 그 어린 소녀한테 했었다고도 한다. 검은돌의 고향 집에서 그가 어렸을 때 먼 곳을 보기 위해 곧잘 올라갔었다는 대추나무와 이 D일보 옥상도 대가 맞는다면 잘 맞는 것 같다.

그의 육신이나 물질이나 영화는 아무것도 안 가지기로만 한 정신의, 영원의, 꿈의 전망엔 썩 잘 대가 맞는 것 같다.

(『월간중앙』 1971.7.)

# 함형수의 추억

함형수에게 나는 아직도 부채를 갚지 못하고 있다. 그것은 유고집의 발간이다. 생전의 나와의 정의로 봐서, 그의 혼은 누구의 손에서보다도 내 손에서 이것이 엮어져 나오기를 바라고 있는 줄을 나는잘 안다. 그러나 나는 아직껏 시행을 못 하고 있다.

1945년 남북의 양단과 동시에 그의 부고를 들은 뒤로는 원고를모을 길이 없어 단념해야 했던 것이 요행, 월남한 그의 친지의 손을통해 얼마만큼의 원고가 옮겨져 와서 현재 장만영이 가지고 있는 줄을 안 뒤에도 사정은 아직 그것을 출판할 만한 힘을 내게 주지 않고있다.

그러니까 이 부채를 갚기 전에 그중 몇 편 시를 예로 들면서 이런식으로 이야기를 먼저 하게 된다는 것은 내게는 흡족한 일이 되지 못한다.

그러나 나는 내 계획의 차례대로를 고집할 수만도 없이 되었다. 그것은 현대문학사의 시우 박재삼의 궁금증과 독촉 때문이다. 그는 멀리 청량리 밖의 조연현가 서재에까지 쫓아가, 옛『시인부락』지의 함형수의 작품을 베껴까지 보내면서 내게 이 글을 기어코 쓰기를 당부하고 있다.

하여 이 글은 불가불 쓰여지게 된 것이다.


나는 이삼십대엔 사진 찍기를 즐기지 않던 성미여서 그의 사진을 갖고 있지 못한 것은 유감이지만, 그는 그를 아는 친구들에게 그리움을 느끼게 하는 몸 모습과 얼굴을 가진 청년이었다. 지금도 가끔 김동리는 그를 회고하곤 "까치! 까치!" 해 쌓지만, 그의 웃는 소리 때문에 김동리가 그에게 붙인, 우리 몇 사람 사이에서만 통용되던 이 별명은 그한텐 꼭 맞는 것이었다고 생각한다. 반가운 손님이 오시려면 문 앞의 산 나무에 와 우는 것이라는 까치의 반가움이 그에게선 늘 배어나고 있었다.

해방 전 일본 신조사에서 번역 발행한 세계 문학 전집에 보이는 그 머리의 웨이브 멋드러진 투르게네프가 아주 반갑게 즐겁고 젊은 얼굴을 한다면, 우리가 기억하고 있는 함형수의 얼굴에 가깝다.

지금 생존해 있는 우리나라 시인 중에서 비슷한 얼굴을 찾는다면 장서언이 어느 만큼은 같다. 서구적인 데 가까운 얼굴에, 좋은 천연의 웨이브를 가진 윤기 좋은 곱슬머리에, 형형히 필요 이상으로 빛나는 큼직한 눈에 늘 면도를 대야 하는 무성한 구레나룻에 건강한 여자의 것만 못지않게 붉던 입술과 가지런히 흰 이빨―함형수는 이쁜 사내였다.

내가 그를 처음 만난 것은 1935년 4월 개학 때 중앙불교전문학교에서였는데, 그때 벌써 그는 사각모 아래 물결치는 이 좋은 머리 차림과 구레나룻을 말쑥이 깎아 낸 푸르스름한 턱을 가지고 있었고, 검정 세루의 양복 맨 밑엔 가벼운 산양신山羊神의 것 같은 단화에 태양의 오렌지빛 양말을 드러내고 있었다. 나이는 나보단 한 살 아래니, 그때 열아홉.

이 청년과 아니, 이 소년과 누가 먼저 알은체를 해 첫인사를 하였는지는 지금 확실치 않다. 어이튼 아마 그 독특한 반가움이 풍기어 그렇게 되었던 것만은 기억에 새롭다. 누가 소개할 것 없이 우리는 맑은 날 교정의 봄 잔디 언덕 위에서 만나 서로 웃고 가까이 가서 첫말을 건네고 알게 되었다.

첫인사 며칠 뒤에는 벌써 나는 성북동 냇물가의 그의 하숙에 이끌려 가 같이 한방에서 뒹굴고 있었다. 안 통하는 사람하고는 영 안 통하지만 통하는 사람하고는 바로 쉬이 통하는 그런 유의 쉬움이 그에게는 있었다.

처음 그의 하숙을 찾아갔을 때, 그는 나를 위해서 과자 하나도 사 대접할 돈은 없어 못 했으나 대신 하모니카를 참 맑게 불어 주었다. 아니 나를 위해서라기보단 그것은 나를 거기 놓아두고 또 혼자 가는 이 소년의 멜로디였던가 보다. 드리고와 슈베르트의 〈세레나데〉를 이때도 많이 불었고 그 뒤의 성북동 달밤에도 많이 불었다.

나는 그와 사귄 뒤 오래잖아, 그가 시로는 롱펠로의 「화살의 가는 곳」을 애송하고(물론 원문으로), 소설로는 투르게네프의 『아버지와 아들』을 좋아하는 걸 알았다.

또 그가 비밀히 안호주머니에 감추고 다니는 것도 알게 되었다. 나한테도 물론 보여주진 않았지만 그는 바느질해 봉해 버린 안호주머니 속엔 돌아가신 아버지의 유서가 들어있음을 말해 주었다. 아마 이 비밀은 그의 재경(在京) 중 나한테밖엔 고백 안 된 걸로 알고 있다.

들으면 그의 아버지는 청년 시절부터의 불평객이요 방랑자로 형수를 낳아만 놓고는 만주로 시베리아로 헤매고 다니느라고, 형수가 고등보통학교에 다닐 때까지 여러 해 만에 한 번씩 다녀갈 뿐이었다고 했다. 그러다가 아버지가 마지막 찾아온 것은 형수가 함북 경성 고등보통학교의 상급반 때였는데, 그때 이미 형수는 또 학생들의 민족주의 운동 지도자로 함흥인가의 감옥에 있을 때였다고 했다. 아버지는 집에 돌아오자 오래잖아 아내와 충돌을 일으켜, 도끼로 내리쳐서 큰 상처를 입히고 형수가 있는 감옥으로 오게 되었다. 물론 아들이 먼저 이 감옥에 들어와 있다는 걸 알고 온 것이다.

그래 아버지는 감옥에 오자 이내 아들이 있는 데를 찾기 시작한 모양인데, 공교롭게도 이 방랑자는 또 곧 감옥 속에서 세상을 하직하게 되어 유서로밖에는 아들에게 하고 싶은 말을 못 전한 것이라고 했다.

형수의 아주 꿰매 버린 한쪽 안포켓에 이런 유서가 들어 있는 것을 고백 듣고, 또 아무에게도 딴 사람한테는 말 마라는 당부를 받은 뒤엔 형수는 내겐 비밀한 둘이만의 친구가 안 될 수 없었다.

그 뒤부터 그는 청소년들이 흔히 혼자서만 수행하는 것인 자잘한 여러 계획표들도 내게는 거의 숨기지 않았다.

무용가 조택원 씨가 동경에서 처음 나와 무용을 해서 그때 C 모란 신생 무용 비평가가 조선일보에 비평을 했는데, 이걸 들고 와서 나한테 읽어 주며 "이게 뭐니야?"고 그는 조소를 했다.

"이따위 것도 무용 비평이라면 내가 훨씬 더 낫지. 심심한데 장난이나 한번 할까. 머저리들 판에 무용 비평가나 톡톡히 한번 해 볼까."

그러면서 그는 조선일보의 한 페이지 전체를 자기 무용평으로 특집을 꾸미게 할 테니 며칠 두고 보라고 했다. 조선일보엔 이 모 교수가 가까운 것도 다 조사해 놓았으니, 학생이라곤 말고 '권위'라고 한마디만 전화 걸라고 하면 된다고 했다.

그래 그런 계획표들은 대개 또 잘 적중하였다. 아닌 게 아니라 그의 계획대로 그가 난생처음 쓴 무용평은 조선일보의 특집이 되기도 했던 것이다.

그래 이런 원고료가 생긴 때는 그와 나는 두 마리 참새처럼 좋아라 하며, 독한 소주와 말라붙은 오징어를 사 들고 청량리 뒤 수풀을 찾아가 '학교고 낯짝이고 다 팽겨쳐 두고'(이건 그의 말투였다) 수풀 새로 내리쬐는 햇빛 속 잔디에 뒹굴면서 마시고는 늘펀히 자빠져 갔다.

그의 학비로 오는 것은 매월 16원뿐, 이것은 꼭 밥값이 되는 돈이었다. 어머니가 국경의 경성에 누이 하나와 사내동생 하나를 데불고 살면서 두만강 다리를 건너 만주 도문 땅으로 행상을 해 보내는 것이니, 받아 쓰기도 싫다고 했다.

이 무렵—그러니까 열아홉 살 때 대학 노트에 자꾸 써서는 내게 보여 준 것들이 그의 대부분의 유작이다. 다음 해 11월에 발간한 우리들의 동인지 『시인부락』에 발표한 것들은 대부분 다 이해에 되었다.

> 나의 무덤 앞에는 그 차거운 빗돌을 세우지 말라.
> 나의 무덤 주위에는 그 노오란 해바라기를 심어달라.
> 그리고 해바라기의 긴 줄거리 사이로 끝없는 보리밭을 보여 달라.
> 노오란 해바라기는 늘 태양같이 태양같이 하던 화려한 나의 사랑이라고 생각하라.
> 푸른 보리밭 사이로 하늘을 쏘는 노고지리가 있거든 아직도 날아오르는 나의 꿈이라고 생각하라.

'청년화가 L을 위하여'라는 후기가 붙어 있는 이 「해바라기의 비명」이라는 작품이나,

> 내만 집 안에 있으면 그 애는 배재 밖 전신대에 기댄 채 종시 들어오질 못하였다.
> 바삐 바삐 쌔하얀 운동복을 갈아입고 내가 웃방문으로 도망치는 것을

보고야 그 애는 우리 집에 들어갔다.

인제는 그 애가 갔을 쯤 할 때 내가 가만히 집으로 들어가 얼굴을 붉히고 어머니에게 물으면 그 애는 어머니가 권하는 고기도 안 넣은 시래지 장물에 풋콩 조밥을 말아 맛있게 먹고 갔다고 한다.

오랜만에 한 번씩 저의 어머니의 심부름으로 우리 집에 오던 그 애는 우리 집에 오는 것이 좋았나? 나빴나?

퉁퉁한 얼굴에 말이 없던 애―그 애의 이름은 무에라고 불렀더라?

「그 애」라는 제목의 『시인부락』 제1집에 실린 이 작품도 이때 그 대학 노트에 썼던 것이다.

그는 또 조선일보 특집의 무용평 이후 무용을 주제로 하는 시편들도 상당수 만들어서 당시 『삼천리』지의 사장이었던 동향의 시단 선배 김동환 씨에게 주어 발표도 했다.

그러나 나는 학교의 통학보다도 내 정신에 더 중요한 것이 있어, 이해 가을까지만 그와 왕래하곤 방랑해 다니노라고 이듬해 가을까진 가끔 대할 뿐 자주 만나지는 못했다.

이듬해 1936년에 나는 동아일보 신춘문예에 시가 당선되어, 다시 동인지를 계획하게 되어서 1936년 9, 10월경에 와서야 우리의 잦은 친교는 복귀되었다.

나도 이때에 와선 자연히 학교도 그만두게 돼 있었지만, 형수 역시 저절로 치워 버리고 있었다. 졸업장이니 하는 것도 너무나 진부

한 것으로 그나 나나 생각하고 있었던 것이다.

『시인부락』지는 누가 출자해서 낸 게 아니라 동인들의 호주머닛돈을 그때 돈으로 10원씩 털어서 한 것인데, 사(社)의 간판을 붙일 곳이 적당한 데가 안 보여, 함형수가 봄부터 가정교사를 하던 통의동의 보안여관이란 여관집 출입구에다가 처음엔 붙였었다. 사람을 부르는 여관이라 놓아서 겨우 그걸 붙이는 걸 허락하였던 듯하다.

형수는 이 여관집 가정교사 시절에는 한층 더한 청교도가 되어 있었다. 술을 마시고 잡스러이 노는 마당이 되면 그는 새려고 했고, 나보고도 "예이 새쓰개(미치광이의 함경도 말)!" 하고 역정을 내기도 했다.

이때 나와 그가 서로 좋아 마주 오래 앉아 있던 곳은 경무대 앞 수풀에서 열린 어느 소학교의 운동회 구경 마당이었다.

더 어렸던 때들이 그리워서 그랬는가. 이날의 그는 진종일 여길 떠날 줄 몰라 했고, 나도 또 그런 그가 좋아 옆을 뜨지 못하고 햇빛을 같이 누렸다.

골똘하고 매섭다면 또 퍽 매서운 형수는 눈물을 보이는 일이 영 없었다. 이상과 같이 밤 깊도록 술 마시고 다니던 이해의 어느 겨울 밤, 우리의 아닌 밤중의 통곡의 자리에서도 이상보다도 더 단단한 얼굴을 하던 것은 함형수였다.

곧 죽을 객혈자 이상의 호주머닛돈으로 밤 깊도록 술집 순례를 하고 다니다가 서소문 근처의 어느 선술집에 들렀을 때, 이상은 무엇을 느끼고 있었는지 앉아 있는 젊은 주모의 스웨터의 가슴 단추를 심야의 벨을 누르듯 자구 연거푸 눌러 댔다. 파리한 그의 얼굴은 거의 귀미魁味를 띠고 그만 아는 어느 하늘에다 자구 구원의 신호를 보내고 있는 듯하였다.

모두 질려 거기서 나오다가 제일 심약한 동인 이성범 군이 땅바닥에 쓰러져 걷잡을 수 없는 통곡에 빠지자, 나도 언짢고 이상도 "왜 그래? 왜 그래?……" 말은 하면서도 역시 언짢은 낯굿이었는데, 형수만은 제일 단단하였다. 이때에도 그는 "이 새쓰개, 왜 이래?" 했다.

그해 오래잖아 나는 형수를 서울에 두고 또다시 방랑을 떠나서 1940년 만주에서 그와 다시 만날 때까지 보지를 못했다. 뒤에 들으면 이 동안 그는 여관의 가정교사 자리마저 주인이 그만두라 하여서, 조그만 영어 시집들과 소설책들을 들고 몸 붙일 데 없이 시중을 방황하다가 밤에는 10전짜리 노동자 공동 숙박소에서 자곤 했다는 것이다. 오, 참 영어 성경책도 하나 같이 손에 들고……

1940년 가을 나는 만주양곡주식회사란 데에 취직이 되어서 간도 연길이란 데 좀 있다가, 겨울에 용정으로 옮겨 있는 판인데, 어떤 날 초저녁 내 하숙으로 회사의 안내자를 데리고 형수가 나타났다.

"무얼 하느냐?"고 물으니, 여전한 그 까치웃음을 치며 만주제국소학교 정훈도正訓導라고 했다. 결혼은 했느냐니까, 했지만 도망가 버렸다고 했다. 만주돌이 순회극단의 여배우가 이뻐 보여서 결혼하고 같이 살아왔더니, 그냥 가 버렸다고 하면서 역시 그 까치웃음을 쳤다.

바보야 하이얀 멈둘레가 피었다.

네 눈섭을 적시우는 용천의 하눌 밑에

히히 바보야 히히 우숩다.


이렇게 시작되는, 그때 용정서 쓴 지 얼마 안 되는 「멈둘레꽃」이
라는 시를 보여 주었더니, 동감이라는 얼굴로 미소했으나 까치소리
는 내지 않았다.

이 밤 우리는 둘이 안고 잤던 듯하고, 얼마 뒤 도문의 그의 집에 또
내가 가서도 바짝 다붙어 잤다. 도문에서는 그의 어머니와 누이와
사내동생도 우리 옆에 같이 누워서 잤다.

그 형수가, 1941년 봄 고향으로 돌아온 뒤 소식을 모르다가
1945년 해방되던 해 월남한 그곳 친구들한테 들으니 실성을 하여
해방이 되자 남으로 오는 초만원 열차의 기관차 지붕에 올라앉아 오
다가 떨어져 불귀의 객이 되었다고 한다.

하늘의 시험은 그에게는 너무 과했다.

(『현대문학』 1963.2.)

# 이상의 일

## 박쥐 같은 귀재

시인 이상李箱이 1934년 일간지 조선중앙일보에 '오감도'란 대제목 밑에 10여 편의 시 작품을 매일 한 편씩 연재하고 시단에 나왔을 때, 문단인과 문학청년들은 그에게 '귀재'라는 수식을 붙였다.

시의 형식이나 내용이 여태까지의 우리 시단에서는 볼 수 없던 기발한 것이라는 점, 원래 공과대학 출신의 건축설계가로 문학과는 거리가 먼 사람인데 밤중에 홍두깨처럼 불쑥 시단에 내밀고 나와 오래지 않아서는 당시 이 나라의 가장 유능한 중견 문인들의 회합이었던 구인회의 한 멤버가 대뜸 되어 버렸다는 점, 또 사생활에서 낮과 밤을 남과는 달리 거꾸로 바꾸어 쓰고 살아서 박쥐 비슷하게 깜깜한 밤을 고스란히 활동의 때로 삼았다는 점—이런 일이 그에게 붙인 귀재라는 지칭의 대강의 내력이었던 것 같다.

그러나 나는 그 '귀재'라는 한마디 말만으로는 다 나타낼 수 없는 더 간절한 것들을 그가 지니고 있었던 걸 안다. 물론 그는 이미 꽤나 성큼한 귀기를 띠고 있었던 것도 사실이다. 그렇지만 그가 어쩔 수 없이 착복한 귀기와 아울러 지니고 있었던 가장 귀중한 것은 마지막 극한점―아마 하늘 밑 땅 위에 생겨났던 문인들 속에서는 제일 마지막 극한점에 놓였던 그가 겪은 진통하는 사람의 모습이다. 이 무렵 우리 민족의 꼬락서니의 가장 처절한 상징으로만 보이는 그 진통하는 사람의 모습이다.

이 점을 두고 일찍이 시인 박용철도 그의 소설 「날개」를 말하다가 '인류 있은 이후에는 제일 슬픈 소설'이라고 표현한 일도 있지만, 내 생각과 거의 일치하는 것이 아닐까 한다.

이반 투르게네프의 『첫사랑』이라는 소설 어디에던가 소나기 내리는 캄캄한 한밤중에 유리창으로 문득문득 비쳐 오는 하늘가의 번개의 모양을, 높은 곳에 매달려 학살당하는 새의 고도히 떨리는 몸부림에다 비유한 것이 생각난다. 이상를 번개에 비유해 맞을 것인지 그보다도 더 무엇이라야 할 것인지는 좀 더 생각해 봐야겠지만, 하여간 높지거니 매달려 극형당하는 새의 부르르르 떠는 몸부림과 같다는 점만은 웬일인지 이상의 일을 생각하면 꽤나 잘 어울려 보인다.

그러나 그 처형의 막대 위에서도 언제부터 그리된 것인지, 신경질적이기는 하지만 항용 낄낄낄낄 웃어 젖히기만 하던 이상이라는 새는 그 기묘한 웃음 하나를 투르게네프의 처형 마당의 새보다 더 가졌었다. 물론 이것도 이때 많이 이러했던 이 민족의 가장 기막힌 상징인 것처럼……

입정정—그러니까 지금의 청계천로 4가 언저리에서 을지로 4가 쪽으로 가는 구석진 뒷골목에 살고 있던 그를 내가 처음 찾은 것은 1935년 가을 어느 해 질 무렵이었다.

장마 뒤의 좁은 골목은 유난히 질척질척한 데다가 맞추어 모든 게 까맣게 낡아 빠지고 망가져 들어가는 최하급 일본식 건물인 그의 집의 인상은 거기 사람 아닌 동물이 살기라면 역시 할 수 없이 박쥐나 한두 마리 넣어 둠 직한 그런 것이었다.

군데군데 창살이 부러져 버린 대문이자 현관문인 까맣게 낡아 빠진 목조의 한 짝뿐인 미닫이를 한옆으로 삐걱삐걱 힘들여 밀어젖히고 들어서면 반 평쯤 되는 현관 옆에 단 한 개뿐인 그의 방으로 들어가는 한지 바른 방 미닫이가 바로 거기 무슨 학질병이나처럼 으스스하게 바르르 떠는 듯이 나타났는데 "이상 씨 계십니까?" 하고 몇 번을 연거푸 불러도 아무 사람 기척이 없다가 "네에, 네, 네, ……" 이렇게 '네' 대답을 세 번이나 되풀이하고 부스스 우리 앞에 나타났던 걸로 보면, 그는 습관대로 이때까지 자고 있다가 나온 모양이었다.

나와 같이 이때는 불교전문학교의 학생이었고, 일정 말기에는 만주제국의 국민학교 훈장이었다가, 1945년 해방 직후 서울로 오는 기관차 지붕에 끼어 앉아 오는 길에 떨어져서 죽어 버린 함형수— 1936년의 『시인부락』지 시절엔 중요한 동인의 하나였던 시인 함형수와, 한일합병 때의 우리나라 마지막 왕 융희황제의 시종이었던 오승지라는 노인—한일합병 뒤에는 무슨 강박관념의 병에선지 하루에도 몇 차례씩 "대일본국 천황 폐하 만세!"를 자기 방 속에서도 고창하고야 견디는 버릇이 들어, 이해 가을 우리가 이상을 찾아갔던 무렵에 날마다 만세 고창을 되풀이하고 있었던 창덕궁 앞 운니동의 오승지 노인의 아들 오장환이란 시 청년, 또 하나는 이때는 연희전문학교 영문과 학생으로, 1936년 함형수와 오장환이와 나와 함께 잡지 『시인부락』의 동인이었다가 지금은 범양사라는 무역 회사의 사장이 돼 있는 이성범, 이렇게 우리 방문객은 모두 네 사람이었는데, 우리 누구보다 4, 5년은 손위인 이상을 앞에 두고 그 성명 밑에 선생을 붙이지 않고 이상 씨라고 부른 것은 이편은 자존심이지만, 저편은 어찌 여길까, 에라, 만일 그걸 가지고 꽁한다면 별사람도 아니니 더 찾지 않으면 될 것이다—나는 그쯤 생각하고 있었던 것인데, 이상은 역시 우리가 기대한 것 이상으로 그 별사람일 수 있어서 영 거기 꽁하는 눈치는 조금도 없었다.

「날개」라는 소설의 주인공 바로 그대로 그는 껌정 하이넥 스웨터에 껌정 코르덴 양복바지를 입고 있었고, 그게 모두 꾀죄죄하게 허술해져 있는 게 역시 「날개」의 주인공 그대로 이걸로 자리옷까지 겸하고 있는 모양이었다.

처음으로 그를 찾은 우리 네 사람의 방문객에게 둘러싸여 앉은 그의 모양은 어느 공립병원 무료 병실의 부스스 일어나 앉은 환자 비슷했다. 그러나 꼭 환자 같으면서도 아주 딴판인 점은, 거기 앉은 우리 누구보다도 건강한 채 도사리는 그의 단호한 두 눈과 머릿박과 말과 음성이었다.

"아, 네에, 네, 네, 네……", "아, 저런, 저런이라니……", "준데(좋은데), 괜찮아, 준데, 괜찮아, 준데, 괜찮아……" 이런 되풀이 되풀이가 우리가 거기 아마 두세 시간쯤 앉아 있는 동안 그가 우리한테 보낸 모든 말의 거의 전부이긴 했지만, 이렇게 짤막짤막 되풀이하고 있는 그의 음성, 그의 눈에는 본심의 찬성이거나 칭찬이거나 감복이 아니라 우리를 어느 골수에선지 되게는 딱하게 여겨 동정하는 듯한 그런 작정이 느껴졌다.

창덕궁 앞 미친 오승지의 아들 오장환이 자작시 원고 뭉치를 꺼내 들고, 아직도 십대 말기의 치기로 눈치도 없이 꽤 오랫동안 낭독하는 사이, 그는 위에서 우리가 본 것 같은 장구의 장단 같은 것을 빈틈없이 이어서 그 틈틈이 끼웠는데, 그건 지금 생각이지만, 이미 빈사 상태에 있었을 그때의 육신의 건강과는 너무나 다른 그의 그 형이려는 마음속 건강의 표현이었던 걸로 보인다. 이를테면 어느 처참한 식민지 외딴섬의 나병의 고아 수용소에서 빈사하는 형님뻘 하나가, 저보다 나이 몇 살씩 적은 친구들의 하소연을 귀담아듣고 앉아서 그래도 무언지 고무하려고 하소연 사이사이 집어넣는 그런 맞장단과 흡사한 것 아니었던가 기억된다.

아직 이십대의 젊은 나이고, 훤칠한 명모호치의 미남인 덕으로 소쇄한 데가 훨씬 더 느껴졌던 게 다르다면 다를까, 그걸 빼놓고는 흡사 보들레르의 그 처참한 말년의 뼈다귀만 앙상히 남은 송장 그대로의 사진을 연상케 하는 바짝 말라붙은 빈사의 이상—아주 가까운 죽음을 자신이 벌써 잘 알고 있던 그에게서 이런 위로를 우리가 받고 있었던 것은 많이 처량한 일이다.

그러나 이때만 해도 우리는 그의 빈사까지는 요량을 못 한 채로 형님뻘 노릇 하고 앉았던 꼴만이 꽤나 익살스럽게 느껴졌던 것인데, 함형수도 나같이 느낀 모양으로, 이상의 집 앞 골목에 나서게 되자 오장환을 붙들어 잡고 "야, 이 자식아, 자기 시를 남한테 내놓는 것도 작작해야지 그게 뭐야? 이상이가 좋다고 맞장단 친 게 그게 본심인 줄 아니? 그건 동정이라는 거야. 자식이 너는 왜 눈치도 그리도 없니?" 했다.

그러나 오장환은 바로 뒤이어 1930년대 후반기의 한동안을 이곳 저널리즘의 인기를 사서 젊은 시의 왕으로까지 선전되었던 만큼 그런 소질 때문인지 나나 함형수처럼 그걸 그렇게 느끼지는 않았지만……

### 망국인의 운명감

얼마 뒤 이 가을의 또 어느 해 질 무렵에 다시 우리가 이상을 찾았을 때는 오장환은 데리고 가지 않았다. 또 그가 자작의 무얼 읽어 대고, 이상이 거기 동정의 '괜찮다' 장단을 치고 있는 따분함이 싫었고, 이상 그의 본모양을 바로 보는 데 흥미가 있어서였다. 지금 나 같으면 이런 따돌림 같은 것도 반대했겠지만, 십대 말기나 이십대 초기

또래들이란 자타 간에 예나 이제나 그 따돌리기도 꽤 잘하는 것 아닌가.

이상은 혼자 사는 줄 알았더니, 이때 보니 안경쟁이의 살이 토실토실한 둥근 얼굴을 가진 여자와 동거하는 듯 우리가 현관에 들어서자 이 안경쟁이 여자는 거기로 나오며 이상더러 "다녀오겠어요" 했다. 뒤에 또 언젠가 밤에 그를 찾아가 꽤 늦도록 앉아 있을 때 "타다이마(일본말로 '지금 금방 오는 길'이라는 뜻)……" 하고 들어서서 우리를 자리에서 일어서게 했던 여자도 이 안경쟁이였던 걸로 보아, 이 여인이 그의 동거인이었던 건 틀림없지만, 그네가 무슨 직업을 가졌는지 안 가졌는지, 가졌더라도 그게 무엇이었는지 그건 나는 모른다.

다만 우리 방문객은 이 무렵 이 여자가 이상 그의 방에서 해 질 녘에 나가며 "다녀오겠어요" 한 것과 밤이 깊기 시작할 때 돌아와 "타다이마" 하던 그 인상만으로 점쳐서, 혹시 어느 '다방'이나 '바' 같은 데 나다니는 거나 아니냐고 돌아오는 길엔 그의 소설 「날개」의 환경에서 유추해 가며 소곤거리기도 했지만…… 하여간 그건 "야 그건 별난 일이겠지" 하는 애송이의 호기심이 앞선 것이었을 뿐 그가 여자를 두고 이때 당연히 느꼈을 그 처절한 슬픔이 무엇인가를 요량할 만한 나이들도 되어 있지는 못했다.

국민학교부터 들어가기 무척 힘들었던 공과대학에 이르기까지 한 번도 빼지 않고 사뭇 수석으로만 치달려 마쳤던 이 수재 학생이, 서울의 꽤 큰 집들도 잘 설계해 낸 이 유능한 일꾼이고 똑똑하고 잘 생긴 사내가, 마지막으로 일본에 가서 박사 학위나 하나 얻어 가지고 나와, 좋은 여자한테 장가나 들어 어찌어찌 살아 보려고 하다가 문득 두루 다 팽개쳐 버려야만 하는 사형수가 되어 가지고, 그의 타고난 결백성 때문에 새 처녀한테는 장가도 차마 못 들고 어디 헌 여자나 하나둘 데리고 조금씩 가까이 있어 보던 그 차단된 고독과 향수가 실질로 어떤 것인가를 이해해 줄 만한 정신연령들이 아니었던 것이다.

허술하게 내던져진 망국인의 운명감에, 일정 시절의 의약으로는 그 집행이 아주 가까운 사형선고나 다름없는 폐병 3기의 진단을 받고 장가드는 것마저 작파해야 했던 이 수재의 사내가 어디 헌 여자나 하나 대수롭게 가까이 동거하고 지내는 심정을 알아줄 만한 경험들도 없었던 것이다.


## 격리된 사랑의 고독


벌판한복판에꽃나무하나가있소.근처에는꽃나무가하나도없소.꽃나무는제가생각하는꽃나무를열심으로생각하는것처럼열심으로꽃을피워가지고섰소.꽃나무는제가생각하는꽃나무에게갈수없소.나는막달아났소.한꽃나무를위하여그러는것처럼나는참그런이상스러운흉내를내었소.

「꽃나무」라는 제목이 붙은 이 시를 보면 상당히 소년다운 치기까지가 아른거리는 대로 그의 그 막다른 격리된 고독과 닿을 길 없는 향수가 길게 서리어 있다. 이상에게 마음속에 결혼 상대로 눈여겨둔 처녀가 있는지 여부를 나는 모르지만, 그만큼 한 사내니 그거라고 없을 리 없다라고 생각하고, 이 「꽃나무」라는 시를 읽어 보고 또 사형선고된 그 불치의 폐병기를 여기 가져 놓아 보면, 이 작품엔 거의 광기가 다 된 격리된 사랑의 고독이 그뜩이는—참 그의 말대로 하면 열심히는 복받쳐 혼자 솟아올라 퍼지고 있는 걸 느끼게 된다. 이런 '퓨리턴' 이상을 우리가 느낄 때 이런 사내가 가지는 처참한 대용품으로 아까 그 안경 낀 동거 여인을 계산해 보는 것은 「꽃나무」의 더 처참한 속편처럼 뻑뻑하기만 하다.

　달빛이내등에묻은거적자욱에앉으면내그림자에는실고추같은피가아물거리고……

이것은 그의 「소영위제素榮爲題」라는 제목의 세 편의 단시 가운데 맨 마지막 것의 첫 부분이다. 그리고 이 내용은 거지, 거지라도 상거지의 마음 아니고서는 못 느낄 그런 것이다. 염천교 다리 밑이나 그런 데서 등때기에 자국이 박힐 정도로 거적을 달밤에 오래 깔고 누워 있던 거지거나, 그걸 잘 아는 친구 아니면 알 수 없는 내용의 이 주인공의 그림자에는 또 보통의 행복자라는 사람들의 느낌으론 느끼지 않기가 보통인 붉은 핏줄까지가 서 있고, 그나마 그건 이 민족의 남유다른 기호품이기도 한 맵디매운 실고추 같은 맛과 냄새와 빛인 것이다.

달이 어쩌나 밝은지 나뭇가지가 그 빛의 힘으로 찢어질 것같이 밝다는 느낌을 '가지가 찢어지게 달 한번 밝다'고 하는 표현은, 이 나라의 무식한 농촌 아낙네들도 달밤엔 가끔 쓰고 있고, 김삿갓이 금강산에 갔을 때 어떤 중하고 번갈아 가며 같이 지은 것이라는 어느 시엔가에도 '가지가 휘어지게 달빛이 밝아' 어쩌고 한 것도 있긴 있었다.

그러나 예부터 우리나라에도 달의 시도 많았지만, 하필이면 오래 깔아 등때기에 박힌 거적 자국을 비치고 내려앉는 달빛에 광증 다되어 '내 그림자에도 붉은 핏줄이 서고, 그건 실고추빛이고 냄새고 맛이더라'는 환장할 상거지의 달빛 소감의 시는 이상이 우리나라 시 있은 지 처음으로 쓴 걸로 아는데, 이것이 그가 이 나라에 태어나서 살다 간 동안에 철들어서 만든 자기 여건 인식 중의 또 하나의 가장 중요한 것으로 보인다. 물론 이것은 그가 일정의 식민지 백성으로 생겨나 자라 오면서 느낀 망국민의 처절한 염한念恨이 빚은 것이다.

그리고 내가 왜 이걸 이렇게 새삼스레 강조하느냐 하면, 이거야말로 앞서 우리가 본 그의 불치의 폐병 3기의 사형선고보다 앞서서 그가 자각한 가혹한 종신징역형의 뜻이 되기 때문이다. 이 종신징역형에 이어서 온 엉뚱한 사형선고를 합쳐서 받은 걸 뼈저리게 느끼면서 시인이려고 했던 것이, 1934년 시단에 나와서 1937년 4월 세상을 뜨기까지 만 3년도 채 다 못 되는 동안의 그의 자의식에 박힌 두 개의 큰 암종이었다고 보이기 때문이다. 식민지인으로서의 종신징역형뿐이었다면 공학박사나 되고 장가나 들어서 그도 우리들 대다수처럼 그렁저렁 복역했을 것이다. 그러나 돌연히 내려진 이중의 형벌 그 극형 때문에 그렁저렁까지를 다 팽개쳐 버리게 되면서 식민지인의 종신징역형 의식도 남유달리 뼛속에 저리게 느껴 겪게 된 것이다.

그 안경쟁이 여자 동거인이 문밖을 나서는 것을 보며 함형수와 이성범과 나 세 사람이 방으로 들어서려 하니 "잠깐…… 우리, 그러지 말고 같이 밖으로 한번 산보나 나갑시다. 거기 잠깐 기다리시오." 하며 이상은 그의 고정 착용품인 바바리코트와 깜장 해트를, 소설 「날개」의 주인공용과 같은 하이넥의 스웨터―즉 깜장 도꾸리와 깜장 코르덴 바지 위에 집어 얹어 가지고 우리 앞에 나타나 앞장을 섰다. 그 깜장빛의 해트는 1930년대의 구미산의 갱 영화 등에서 흔히 볼 수 있는, 챙이 좀 넓고 부드러워 머리에 쓰면 항용 눈썹까지를 거의 가리는 그런 것―그것을 그는 역시 무슨 갱의 참모나 비슷하게 한쪽으로 좀 삐뚜름하게 젖혀 쓰고, 엷은 카키빛 바바리도 두 줄 단추에 허리띠까지 매는 것을 그 띠만은 어딘가 빼내 던져 버리고 없는 것도 그 갱의 참모나 부랑하는 불량배의 참모 그런 것 비슷했다.
6척에 거의 가까운 바짝 메마른 장신에 일주일에 한 번쯤이나 면도와 세수를 합쳐서 하는 5밀리쯤은 매양 꺼칠꺼칠하게 자라 있는 위아래 수염과 얄따란 면사포 같은 때에, 그러나 그런 것들은 형형하게 밝은 날카로운 눈과, 빳빳하게 잘 선 콧대와, 단단하고 가지런

한 단호한 흰 이빨과, 타고난 사치한 피부 그런 것들의 인상의 바닥 위에 이루어져 있기 때문에 조금도 추한 느낌은 주지 않고, 무슨 잘 갈아 둔 강철의 비수에 녹이 인제 새로 어느 만큼 앉기 시작하는 것을 보는 것 같은 느낌이었다.

그가 말한 산보라는 것을 따라다녀 보니, 술집 순례를 뜻하는 것으로, 어떤 한 군데 술집에서 오래 마시고 마는 그런 음주 행각이 아니라 여러 군데 술집을—좀 더 확실히 말하자면 무한한 술집들을 밤의 어둠이 남아 있는 한 끝까지 번갈아 휩쓸고 헤매 다니며 순례하다 중단하는 그런 따위의 술집 나들이였다. 그의 산보는 이렇게 하여 먼동이 틀 무렵 해장국집의 해장국 안주의 술까지 계속되고, 그러고는 방에 돌아가 낮에는 쓰러져 자고 해 질 무렵이면 또 부스스 일어나는 모양이었다.

그가 그림을 '선전鮮展'에 입선할 만큼 잘 그렸던 것은 그의 이력을 아는 이는 대개 알고 있는 일이지만, 그는 노래도 상당하게 잘 불렀다. 더구나 〈창부타령〉만은 내가 지금까지 들어 온 이 나라 사람들의 모든 〈창부타령〉 가운데서도 아주 인상적이었던 것의 하나로 아직 기억에 선연하다. 특히 그가 〈창부타령〉의 가사들 속에서도 술집을 돌며 즐겨 노래하는 구절은 '노세, 노세, 젊어서 놀아, 늙어지면은 못 노나니, 화무는 십일홍이요, 달도 차면은 기우나니라'였는데, 이건 당시의 이 노래의 명창이었던 백운선의 레코드판보다도 내겐 더 인상적으로 기억되어 있다.

그는 또 언제 어디서 배웠는지, 젓가락으로 선술집 술목판에 곧잘

장단을 치며 〈창부타령〉을 광대 못지않게 정성껏 뽑아 넘기고는 한
잔 또 꿀꺽 삼키고 무에 그리 우스운지 항용 낄낄낄낄 하는 호탕한
소년 같은 웃음소리를 바로 그 뒤에 끼웠는데, 그 웃음소리에 또 단
호한 인력이 있어서 매우 쩡쩡한 주모들의 쌍판에까지 제법 볼만한
미소의 꽃을 피우게 하는 위력이 있었다.

그러나 어떤 때에는 우리의 미소를 그대로 있게 하지 않고 이 위
에 성큼한—아주 몸서리가 칠 만큼 성큼한 딴것을 가져다가 끼웠
기도 했다.


## SOS의 초인종

새벽 2시쯤은 되었을까. 지금의 반도호텔 언저리의 어떤 선술집
에 벌써 청계천 4가에서 종로의 여러 술집을 거쳐 우리는 도착해 있
었는데, 이때만 해도 이 근방은 반도호텔은 물론 그 비슷한 어떤 현
대식 빌딩 하나도 없는 지금의 계동 뒷골목과 거의 비슷한 순 한식
기와집만이 납작하게 늘어서 있던 조용한 때여서, 새벽 2시 무렵이
면 그 어디 인가의 새벽닭 소리도 제법 교교하게 잘 들려왔었다.

이상은 여기서도 〈창부타령〉과 젓갈 장단을 처음은 잠시 되풀이
하더니, 뜻밖에 무엇을 생각했는지 한 서른댓 살쯤은 됨 직한 주모
앞으로 바짝 다가서서는, 그네가 입고 있던 깜장 빛깔이던가 쑥 빛
깔의 스웨터 앞가슴의 단추를 되게 눌러 대기 시작했다.

"아이 이분이 왜 이래요?" 어쩌고, 처음 주모는 상냥히 대했지만

자꾸 연거푸 되게 눌러 대는 동안 아마 꽤나 아팠던 모양인지 주모
는 마침내 발악해서 "이거 이 사람이 왜 이래! 왜 이래!" 하고 날카롭
게 끝이 난 소리를 질렀다.

그래도 이상은 멈추지 않고, 주모의 스웨터 단추를 계속해서 눌러
댔다. 자세히 그의 얼굴을 눈여겨보니 이마에는 땀의 흔적까지가 어
느 만큼 어른거려 보이고, 이건 그냥 장난인 줄 알았더니 벌써 장난
도 아닌 아주 심각한 것이 되어 있었다.

나는 그래 비로소 그 짓거리를 새로 눈여겨보게 되고, 그가 무얼
하고 있는가를 느끼자 온몸에 소름이 오싹 끼치는 것을 안 느낄 수
없었다.

그는 방문객이 대문간에 서서 영 잘 안 나오는 어느 집안사람의
영접을 오래 두고 열심히 기다리며 문간의 초인종을 연거푸 눌러 대
듯 눌러 대고 있는 것같이만 보였고, 이것은 결국 그 SOS라는 것—
그가 하늘론지 영원으론지 우리 겨레의 역사 속을 향해선지 문득 보
내고 있는 아주 절박한 SOS같이만 느껴졌기 때문이었다. 이런 SOS
의 초인종의 진땀나는 누름, 거기 뚫어지는 한정 없이 휑한 구멍—
이런 것의 느낌 때문에 나는 들었던 술잔을 더 지탱하지 못하고 술
목판 위에 떨어뜨리듯 그만 놓아 버리고 말았다.

우리는 여기를 더 견디지 못하고 이상을 재촉하여 밖으로 나오고
말았다. 조선호텔 앞을 돌아 치과대학 앞을 지나 지금의 상업은행
모퉁이 근방까지 누구도 한마디의 말도 없이 왔는데, 거기서 지금
범양사라는 무역 회사의 사장이 된 문학청년 이성범 군이 포도鋪道

에 납작 나자빠져 뻐르적거리며 통곡해 대는 꼬락서니를 벌이고 말았다.

"이 형 왜 이래? 이거 창피하게 왜 이래 이 형" 이게 엉거주춤하고 섰던 이상의 말이었다. 그리고 여기 특별히 형을 붙인 것도 위에서 우리가 본 오장환의 열띤 자작시 낭독 때 "아, 저런, 저런이라니. 준데, 괜찮아, 괜찮아……" 어쩌고 대꾸하던 그 형님뻘의 동정의 또 한 표현이었을 것이다.

이상에겐 이렇게 묘한 구멍을 하늘 한구석에 문득 뚫어 우리를 성큼하게 하고 잘 못 견디게 만드는 강력한 무엇이 틀림없이 있었다.

그러나 이 성큼한 것만이 그의 정신의 힘이었더라면 3년도 채 못 되는 기념비적인 문학 업적도 견디어 남기지는 못했을 것 같다. 그에게는 선조 이래의 유산이겠지, 말하자면 꽤나 점잖고도 철저한 익살이라는 것이 있어서 이것으로 그 절박했던 마지막 몇 해를 그만큼 지탱했던 것 같다.

소학교 동창이고, 만년에 그를 많이 돌봐 주었던 꼽추 화가이고 또 창문사라는 인쇄소의 주인이기도 했던 구본웅의 말을 들으면 이 수재에겐 폐병 3기의 사형선고가 내리기 전에도 꽤나 볼만한 그 익살 발산—말하자면 기지와 풍자벽을 얼버무린 것의 발산이 상당히 풍부하게 있었다.

이상이 그때 경성고등공업학교라고 불렸던 3년제의 전문학교를 일본인 학생들과 겨루어 수석으로 마치고 나와서, 일본 학생이 거기 수석 졸업이라면 으레 가기로 돼 있던 철도국의 기사(고등관) 후보의 자리를 조선인이라는 이유로 가 보지도 못하고, 조선 총독부 토목과의 한개 보통 문관의 기수로 낙착하고 말았을 때, 날마다 맡는 설계 일을 독특한 속성법을 연구해 내서 오전 11시쯤이면 하루치를 다 늘 깡그리 마치고, 나머지 시간은 마르셀 프루스트의 『잃어버린 시간을 찾아서』라던가 그따위 소설만 사무탁에서 읽고 지냈다는 것도 익살이라면 꽤나 익살이기도 하다.

"군은 왜 관청의 사무탁 위에다 소설이나 올려놓고 한일월을 하는가?" 과장이 눈치채고 옆에 다가와서 힐난했을 때 "과장, 나는 날마다 맡은 일은 그래도 또박또박 다 해 놓고 남은 시간에 소설을 봅니다" 하여 그의 해 놓은 일을 두루 샅샅이 점검받고 과장의 탄성을 듣고, 상사의 요청으로 설계 속성법 강의를 동직의 딴 직원들한테 시행했다는 것도 익살인 것이다.

이상이라는 그의 아호를 이화여자대학(이때는 이화여자전문)의 어떤 건물의 부설계자가 되어 현장감독을 나다니다가, 그곳 노동자들한테 선물로 받아 쓰게 되었다는 것도 아닌 게 아니라 꽤 익살맞다. 본성명이 김해경이니까, 그의 성을 일본말로 보통 경칭 붙여 부르자면 으레 '긴 상'인데, 동포의 노동자들이 이걸 '이가李哥'로 착각하여 '리 상'이라고 불러 주는 걸 그냥 그대로 무던하다고 느껴, 여기에 한자 '李箱'을 맞춰 그대로 써 버리고 만 것도 물론 꽤나 단호한 익살이다. 남루하고 가난하여 말도 눈치 보아 일본 말로 냉큼냉큼 고쳐서 해야 했던 이 벼락 맞은 식민지의 노동자 동포들이 우리말로 직접 불러 주는 것보단 이 서글픈 간접이 그의 시의 감상대에 닿아 이걸 그대로 받아 습용하기로 작정한 것일까. 하여간 틀림없이 이것도 익살이다.

건축 이야기가 났으니 또 기억이지만, 왜 서대문에서 서울역으로 향해 가자면 서대문 경찰서에서 얼마 가지 않아서 서울 연초 전매청이라던가 하는 그런 우중충한 여러 채의 붉은 벽돌집이 있지. 이것이 하필이면 겨우 스무 살 남짓한 우리 이상의 주설계로 지어졌다는 것도 어쩐지 익살인 것만 같다. 내부 시설을 어떻게 정교하게 꾸미었는지는 안 보아 모르지만 그 겉모양만을 지나면서 보면 이상 그가 살던 입정정의 박쥐집 같던 우중충한 오막살이가 생각나고, 이 연초 전매청도 어딘지 그의 주거를 닮은 것만 같아 익살맞아만 보인다.

그의 익살은 한정이 없다. 만년에 쓴 「권태」라는 수필을 보면, 두메산골의 어린애들이 장난감도 없어 긴긴 한낮을 풀숲길로 헤매 다니며 느릿느릿 똥을 누어 놓고 그걸 보며 겨우 심심풀이를 하고 있는 것을 아주 많은 관심을 가지고 눈여겨봤던 것이 표현돼 있지만, 흡사 그것과도 비슷한 그의 심심풀이의 익살들은 한정이 없다.

그가 이학박사 준비를 하기 위해 조선 총독부의 토목 기수 자리를 사표 내고, 퇴직금에 그의 몫인 유산까지를 합쳐 몽땅 공학 관계의 책을 사들이고 있었던 것, 그러나 일본으로 공부를 떠나기에 바로 앞서 찌뿌듯한 건강을 경성제국대학 병원으로 물어 가서 폐병 3기의 진단이 뜻밖에도 나오자, 병원에서 나오면서 많은 피를 토해 거기 보태고, 그러고는 샀던 책들을 모조리 고본상에게 내어 팔아 던지고, 나머지 살아 있는 동안의 기념품을 남길 양으로 겨우 문인이 되었던 것—그것도 익살이라면 적지도 않은 익살이다.

그 뒤 그가 '식스 나인(69)'이라는 이름의 다방을 경영했던 것— 흔히 남녀의 성행위에서 거꾸로 얼린 걸 말하는 것이라는 이 69의 이름을 하필 골라 다방의 이름으로 했던 것도 익살이고, 이 말짱했던 총각의 그 헐어 빠진 여자들과만의 동거들도 익살이 아닐 순 없다.


### 취소될 수 없었던 사형

1936년 겨울이었던 듯하다. 충무로를 지나가다가 문득 일본제국 대학의 모자를 쓴 학생과 같이 가던 그를 길에서 만나 같이 어떤 다방으로 들어가 앉았는데, 내가 "어디 촌으로 가서 자연의 혜택이라는 걸 좀 빌려 보면 어떻겠소?" 묻고, 나는 곧 제주도로나 건너가서 명년에는 어느 보리밭에 배꼽을 아주 드러내 놓고 있어 볼 생각이라고 하니 "소용없는 일입니다"라고 그는 대답했다. 지난여름에 황해도 어느 시골에 가서 그 비슷하게 해 보았지만, 서울로 돌아와서 그을린 것 다 벗겨지고 나니 도로 매일반이라고 하며 낄낄거렸다.

그러고는 경성제대 문과의 일본인 학생이라고 내게 소개한 그 학생을 향해, 이때 마침 내가 편집해 발행한 『시인부락』 창간호에 실린 「문둥이」라는 내 짧은 작품을 외어 번역해서 즉석에서 들려주며 "이건 꽤 무섭지?" 하고 역시 일본 말로 그에게 말했다.

해와 하늘빛이

문둥이는 서러워


보리밭에 달 뜨면

애기 하나 먹고


꽃처럼 붉은 울음을 밤새 울었다.


　그 뒤 나는 그가 말한 그 무섭다는 뜻이 무엇인가를 오래 생각해
본 결과, 아래와 같은 답변을 냈다. 그것은 아무래도 '보리밭에 달 뜨
면 애기 하나 먹고' 하는 그 구절 때문일 것으로, 그로서는 어떻든 고
독의 객관을 하는 경우에도 이런 상상까지 하는 것만은 꺼려 하는
사람이었다는 답변이다. 그렇게 그의 속에는 순수히 천사연한 소년
이 들어 살고 있었다. 어느 자연으로도 자기의 사형은 이미 취소될
수 없다는 철저한 단념과 어울려서 말이다.
　나는 이십대짜리였던 내 모든 과거의 지인들을 생각해 본다. 아직
어린 청년이 이렇게까지 격리 단절되어 이만큼 풍류일 수 있던 사람
이 따로 생각 안 난다.

(『월간중앙』 1971.10.)

# 김영랑과 박용철

## 마음속은 누에실같이

1936년 가을 나는 내 시의 벗 함형수와 함께 적선동에 살고 있던 용아龍兒 박용철 선배의 댁을 처음으로 찾았다. 용아가 주간으로 1930년에 창간했던 『시문학』의 역량과 공적을 좋아해 오던 우리라, 이 가을은 마침 우리 신진 시인들의 동인지 『시인부락』을 내려 계획하고 있던 무렵이어서, 그의 자문이 필요하다 생각되었기 때문이다.

아직도 대학생복 차림의 이때 겨우 갓 스물의 함형수와 스물한 살짜리의 나는 물론 우리보다 10년쯤이나 연장이고, 또 시단에서도 지식이 해박하기로 널리 알려져 있던 용아가 당연히 그만큼 한 나이와 식자의 위엄은 지니고 나타날 것으로 기대했다.

그러나 우리가 대문간에서 그의 이름 밑에 '선생'을 붙여 큼직하게 연거푸 부르는 소리에, 우리 앞에 나타난 한복 바지저고리 차림의 인물은 머리를 중학생 그대로 박박 깎은 데다가 얼굴마저 좁다랗고 또 가냘파서 중학 상급생이라도 반장까진 됨 직하지도 않고 어쩌면 부반장쯤이나 겨우 함 직한 그런 소년의 모양이었다. 한복은 아직 중학생도 더러 입던 때니까 그건 물론 문제 밖이다. 몸무게 열한두 관쯤 될까 말까 해 보이는, 키도 나지막한 이런 핼쑥한 소년이 검정테의 무거워 보이는 안경 밑에서 피식하고 이것도 혜식어만 보이는 가느다란 웃음을 소리 없이 웃어 보여서, 아무래도 이건 용아 댁의 누구 학생의 하나려니 하고 "용아 선생 계십니까?" 하니 "예, 내가 박용철이오" 했다.

내가 어딘가서 봤던 옛날 중국 아이 모양의 선사禪師 한산 습득의 일을 생각하고, 뒤따라 들어가며 함형수의 옆구리를 손가락으로 꾹 지르고 둘이서 같이 '픽' 하고 나직한 외마디 소리로 웃으니, 용아는 어느새 그것을 알아들었는지 되돌아보며 역시 '픽' 하고 맞장단을 쳐 주었다. 용아는 이때 우리 속까지도 빤히 다 짐작하고 있었던 것만 같다. 그는 그렇게 민감하고 또 우호적인 사람이었다.

용아 댁 사랑방에 들어가 보니 웬 장한 하나가 몸무게 스무 관쯤은 됨 직한 육중한 체구로 엇비슷이 팔베개를 하고 누워 있다가, 우리를 보고 약간 당황한 듯 얼굴이 불그스레해져 일어나 앉았는데, 통성명을 하고 보니 그가 또 마침 무슨 음악회를 가려고 전남 강진에서 일부러 며칠 상경해 있던 영랑永郎 김윤식이었다.

사람들 가운데는 장년기나 노년에 이르도록 소년 시절의 그 순진한 수줍음과 음성을 고스란히 지니는 이가 드물지만 더러 있다. 영랑이 바로 그렇던 분으로, 이것은 물론 그가 소년 시절부터 사람들을 늘 조금도 얕볼 줄을 전연 모르고, 한결같이 대견하고 중요하게만 여겨 상대해 온 데서 그리된 걸로 나는 안다. 모든 사람들에게 100프로의 존엄을 주고, 100프로의 값을 다 주어 대접하고 상대할 줄밖에는 딴 길을 몰랐기 때문에, 그는 누구를 대하거나 사람의 앞에서는 그의 애정과 피까지를 혈맥 속에서 동원하고, 그 때문에 얼굴은 너무 반가운 친구를 오랜만에 만난 아이처럼 발그레 상기까지 되어 있는 것이다.

"이 사람은 원래 휘문학교 축구 선수라서 이렇게 육중하지만 마음 속은 보기와는 달리 아주 누에실 같지."

용아가 그 중학생 같은 모습과는 달리 아주 어른스런 느릿한 음성으로 짓궂게 웃으며 그를 골려 주니, '용아, 너 거 말재주가 꽤나 늘었구나' 보통 사람들 같으면 으레 그쯤 대답해야 할 것인데도, 영랑은 그런 말대꾸는 전혀 하지 않고 그저 다만 깔깔거리고 사람 좋은 너털웃음만을 한바탕 터뜨렸는데, 그 소리는 틀림없이 그의 바르르 진동하는 배꼽까지를 우리한테 보이는 듯한 것이어서, 우리도 마음이 탁 놓이어 같이 너털거리지 않을 수 없을 만큼 무척 반가운 것이었다.

그리고 그의 너털웃음에 잇따른 발언은 뜻밖에도 "꾀꼬리도 제 목청이 트여야 꾀꼬리 노릇이듯이, 시의 말에도 제 목청이 트여 있어야 허지 않어?" 이런 것이었다.

이것은 우리가 『시인부락』이라는 시 잡지를 창간하려 한다는 이야기를 한 뒤였으니까 물론 우리한테 당부하는 말씀임 직도 하기야 한 것이겠지만, 난데없이 불쑥 튀어나와 날아들어 온 꾀꼬리도 꾀꼬리려니와, 처음부터 아예 허물없이 반말로 나와 버리는, 초대면이고 뭐고 깡그리 다 잊어버린 그의 무디다면 매우 무딘 인사법도 돌연한 것이어서, 우리는 그를 다시 한 번 보지 않을 수 없었다.

이것도 영랑의 중요한 일면이다. 그는 누구를 한번 가까운 시의 족속이라고 보면 즉시 가족적으로 대했던 것이다.

"아니 원…… 새 노래는 공으로 들으랴오……라니? 그래 시가 이렇게도 돼야 허는가? 1전 내고 들을랴오로 하지, 차라리. 1전 내고 들건 안 내고 공짜로 듣건 그따위 놈의 일에 시가 어디 있어? 아이고, 그렇게 시를 하는 사람도 다 있으니, 원 참! 그래 공으로 듣겠다고 한다고 거기 시가 들어 있으면 몇 푼어치나 들어 있냐고? 그런가 안 그런가 대답 좀 해 봐. 대답해 보랑께……"

이것은 월파月坡 김상용의 저 유명한 시 「남으로 창을 내겠소」의 한 구절을 두고, 아까의 꾀꼬리가 든 시론에 이어서 쏟아져 나온 건데, 그는 나나 함형수가 마치 월파 바로 그이기나 한 듯이 대답을 강요하며 자기 집 친아우나 친조카가 큰 잘못을 저질렀을 때 꾸짖듯 하는 어조를 임의로이 우리 앞에 쓰고 있었다.

그러나 이건 어디까지나 시론을 할 때만의 일이고 시 밖의 딴 이야기가 나오면 그는 아주 관대했던 걸로 기억된다.

가령 누가 그를 죽이려 한다고 해도 그는 배꼽이 잘 보이는 듯한 너털웃음만을 터뜨리고 있었을 것이다.

1919년의 3·1 운동을 그 참모들이 획책하고 있었을 때 이야기를 들으면 최린은 가끔 육당 최남선의 한쪽 귀를 한 손으로 살살 어루만지고 앉아서 "육당이 그렇다면 나도 어려워……" 어쩌고 머뭇거리고 있었다는 이야기가 전해 오지만, 이것과는 좀 비슷하면서도 아주 다른 일종의 애무가 영랑과 용아 사이에도 있었다. 영랑의 그 에누리 전연 없는 시론이 고조에 이르면 용아는 영랑의 옆에 가서 그의 한쪽 무릎을 살살 어루만지며 화제를 딴 데로 돌리게 했고, 그러면 영랑에게서는 이내 그 배꼽이 보이는 듯한 너털웃음이 잘 터져 나왔다.

용아에게는 일견 중학생 같아 보이는 대로 또 그만큼 한 노련한 수법이 있었던 것이다.


### 마루젠과 『시인부락』

이듬해 1937년 봄, 나는 내가 발행하던 『시인부락』지의 일을 오장환에게 넘기고 한동안 제주도에 건너가 지내 볼 양으로 그 이경離京 인사 겸해서, 이때는 사직동에 이사해 있던 용아 댁을 찾았더니 그는 "우리 오늘은 진고개(충무로) 산책이나 같이 한번 나가 봅시다" 하며 나를 이끌고 진고개 2가의 '마루젠'이란 양서洋書집엘 먼저 들러, 몇 권의 영어와 독일어로 된 시집과 시론집을 골라 들면서 지난 해에 고인이 된 영국 시인 A. E. 하우스맨의 시를 꼭 읽어 보라고 내게 권했다.

"하우스맨이 시의 체험담을 적어 둔 것을 보면, 시가 그의 속에 발동하고 있을 때는 면도를 할 수가 없다는 얘기가 있어요. 시는 그한테도 그렇게 위험한 것이었던 모양이지……"

그는 이때 이렇게 덧붙여서 말했는데, 이걸 바로 다음 해의 그의 죽음과 또 마지막 한 해 동안의 처참했던 방황과 대조해서 생각해 보면, 용아 그에게는 시가 하우스맨보다도 더 절박하게 위험했던 것이 새삼스레 느껴진다.

그는 양서집 마루젠에서 나오다가 어느 기성복 가게에 들러 회색 싱글의 스프링코트를 하나 골라 사서 즉석에서 입고 다시 길거리로 나서며 "정주 씨, 정주 씨만 여행을 떠나려는 게 아니라 사실은 나도 잠시 일본 후지 산이나 올라가 볼까 하던 참이었는데, 어떨까…… 거기 가 본들 뾰족 수나 있을까?" 했다.

그가 이 시대에는 불치의 병으로 일컬어지던 폐병 환자라는 것도 누군가 딴 사람한테 듣긴 들었지만, 나는 그의 약한 대로의 익살과 꽤나 힘 있어 보이는 날카로운 눈웃음 때문에 별 걱정은 하지 않았던 것인데, 다음 해의 죽음을 생각하면 이때 그는 그 폐병으로도 사는 걸 많이 단념하고 있었던 듯하다.

명동의 어느 다방에 들어가 한 잔씩 차를 나눌 때 그는 문득 내게 "그 연필 어쨌지?" 하고 또 그 묘하게는 익살스러운 날카로운 눈웃음을 보냈다.

이건 내가 몇 달 전에 길거리에서 사서 저고리 윗고비에 한때 꽂고 다녔던, 대나무 뿌리에 박아 만든 연필을 말하는 것이었다. 어느 날 길에서 이 연필을 거기 꽂고 지나가다가 용아를 우연히 만났더니 그는 그걸 눈여겨 잠시 뽑아 들며 "야, 연필 한번 대단하게 생겼다. 이걸로 고약한 자들을 치면 꽤나 아프겠는데" 한 일이 있었으니까, 물론 그것 말이었다.

"연필도 그만하겠다, 시 좀 잘해 줘요."

그는 두 눈에 늘 다붙어 있던 날카로운 익살을 잠시 완전히 거두고 내게 나직이 신신당부했다.

내가 문득 기억나서 이상의 '아, 밤은 참 많기도 하더라'는 어떤 시의 구절을 되뇌어 드렸더니 그는 "그 사람은 이 땅 위에선 제일 서러운 소설을 쓴 사람이오" 하며, 이상의 단편 「날개」를 말하고, 잠시 눈을 감고 있었다. 이걸로 보면 그는 이때 시 하는 그의 목숨을 위험한 것으로 모색하며, 또 한쪽으론 땅 위에서 제일 서러운 것을 잘 아는 사람으로 자기를 정하고 있었던 게 분명하다.

우리는 다시 그의 사직동 집으로 돌아와서 그가 즐겨 먹는 날밤을 몇 개씩 까서 나누어 먹고 헤어졌는데, 이해 초가을 제주도에서 내가 전북 고창의 아버지 집에 돌아가 한동안 지내는 사이에 그는 내게 봉투 편지를 보내왔다.

일본의 후지 산으로 로맨틱 찾아 올라가긴 했지만, 화산의 분화구가를 뱅뱅 맴돌기만 하고 겁이 나서 그만 돌아와 버리고 말았다는 기별을 하고, 자기에겐 언젠가 투신해 죽은 일본의 철학자 후지무라 미사오만 한 용기도 없다는 이야기를 여전한 날카로운 익살과 자조로 표현하고 있었다. 물론 거기엔 한 줄도 자살 의도를 고백한 건 없지만, 나는 아무래도 그걸 알아차리지 않을 수가 없었다. 틀림없이 그는 그것을 생각하고 분화구 가를 맴돌고 있었을 것이다.

그러나 그러지도 않고 거기를 또다시 떠나고 만 것은 그의 말대로 '겁이 나서'—그게 주원인은 아니고, 말하자면 그가 지상의 슬픔과 괴로움의 한 대인ㅅㅅ이었기 때문이라고 보여진다. 사형을 앞둔 사형수 가운데서 그걸 못 견뎌 미리 자살하는 이가 있다면 그게 바로 겁이다. 그러나 좀 더 대인인 사형수는 목에 밧줄이 감기어 숨통을 죄고 있는 동안까지도 천천히 다 견디며 바둥거릴 만한 끈기와 참음이 있어야 할 것이니 말이다. 되도록이면 익살도 끝까지 좀 두 눈에 끼우면서 말이다.

용아에게는 겉모양은 해방 후의 휴학 중인 고등학교 상급 부반장 비슷한 대로 분명히 그런 비극의 대인다운 데가 있었다. 나는 1938년 그의 임종에는, 방랑벽으로 참례도 못 해 잘 모르긴 하지만 틀림없이 마지막 감기는 두 눈에는 생전의 그 날카로운 익살이 그대로 어느 만큼 묻어 있었을 듯하다.

나는 용아와의 이 인연으로 그가 간 지 30여 년 만에 그의 미망인의 손으로 발행된 첫 시선에 발문을 붙였었다. 그러나 거기엔 비극의 대인이었던 점과 그 익살만은 아직 말하지 못했던 듯하다. 그래 이것들을 거기 첨가했으면 좋겠다는 뜻을 여기 말해 둔다.

영랑은 해방 전까지는 전남 강진의 시골집에 처박혀 잘 나오지를 않았고 가끔 서울에서 들을 만한 음악회나 있어야 별러서 한 번씩 상경했기 때문에 나와는 해방 전엔 겨우 서너 차례 만난 정도의 사이였지만, 초대면에도 가까이 느끼는 후배에게는 곧 반말도 서슴지 않던 그의 가족적인 감정과 태도라, 우리는 곧 마음속을 털어 보일 만큼 가까울 수가 있었다.


## 영랑의 왕관

용아가 고인 된 지 몇 해 뒤 봄에 그가 큰따님의 전문학교 입학 관계로 상경했을 때, 우리는 초대면 뒤 겨우 네 번짼가 만나 같이 충무로 입구의 우체국 앞을 나란히 걸어가고 있었는데, 그는 문득 『시인 부락』지 때부터의 내 친구 오장환의 안부를 물었다.

오장환은 1930년대 후반기의 우리 시단을 잘 아는 이는 누구나 알고 있는 것처럼 한동안 신문 잡지계의 한쪽에서는 우리 시의 새 왕자처럼 평가해 온 사람이지만, 그와 필자인 나와는 경쟁 상대로 상당히 이야기되어 왔고 또 1930년대 후반기의 마지막 언저리부터는 내 쪽으로 식자들의 호평이 더 기울어져 오기도 하던 터라, 나는 영랑이 시골에 묻혀 있으면서도 혹 그동안의 그런 정황까지를 들어 알고 묻는 것인가 싶어 그의 다음 말에 주의를 기울였다.

그랬더니 그는 그 널찍한 농부형의 바른 손바닥을 번쩍 공중에 치켜올렸다가 꽤나 얼얼하리만큼 내 한쪽 어깨를 내리치면서 "그까짓 새 왕관이건, 정주, 자네가 해 삐려! 해 삐리랑께!" 하는 것이었다.

그래 나는 지금도 그의 넓은 손바닥의 강타와 단호하던 그 명령은 내가 아는 영랑의 모든 언행들 가운데서도 가장 영랑적인 것의 하나라고 생각하고 있다.

왕관을 '해 뻐리라'고 이렇게 단호하게 남에게 명령하자면 먼저 그 왕관이 자기에게 있어야 할 것인데, 그럼 영랑의 마음속에는 그것이 있었던 것인가. 나는 틀림없이 그것이 그의 속에 단호하게 의식되어 있었던 걸로 안다.

1930년에 박용철이 창간한 『시문학』지 출신의 가장 역량 있는 두 시인으로 1930년대 전반기에 영랑과 지용은 나란히 나와 있었지만, 영랑의 시는 첫눈에 선뜻 띄는 그런 것이 아닌 데다가 또 그는 먼 시골에만 묻혀 살고 있어 문단이나 저널리즘과의 사교라는 것을 전연 하지 않고 있었던 관계로, 정지용이 그처럼 인기의 정점을 달리고 있던 반면에 영랑의 진가는 너무나 등한에 붙여져 왔다. 그러니 그의 시의 언어예술의 감칠맛과 정서의 어떤 깊이에 지용도 도저히 따라올 수 없던 것을 잘 알고 있었던 한 후배인 내게는, 영랑 그의 우위가 이때에도 잘 보였기 때문에 마음속의 그 감추인 왕관을 짐작해 보기는 그리 어려운 일은 아니었다.

그리고 이런 왕관은 저널리즘이 그때그때 적당히 시류에 맞춰 만들어 내는 그런 유행의 왕관보다는 좀 더 으슥하고 구석지고 호젓이 자신만만한 것이어서, 이편이 훨씬 더 믿음직스럽게도 느껴졌고, 그런 영랑에게서 이걸 '해 뻐리라'고 명령받은 것이 아주 흡족하게 마음에 들었다.

## 영랑다운 이야기

해방되던 1945년 9월인가 영랑은 비로소 전남 강진을 떠나 가족들을 데리고 서울로 올라왔다. 올라와서는 미국에서 막 돌아온 이승만 박사의 대한독립촉성국민회에 가담해서 한동안 정치 운동에 골몰했다.

이것은 대한민국 정부가 아직 서기 전의 순전한 그의 해방된 흥분과 감격의 표현이었음은 물론이다. 그러다가 대한민국 정부가 1948년 가을에 새로 서게 되자 공보부의 출판국장이라는 별 큰 감투일 것도 없는 자리를 겨우 맡아, 6·25 사변이 일어나도록까지 열심히 맡아 일했다. 이것도 물론 감투 노릇과는 너무나 먼 그의 조국 해방을 맞은 감격의 헌신이었던 줄로 안다.

1949년 봄, 그는 나를 찾아 그가 관리 생활에 바쁜 것을 말하고, 시선詩選을 내려는데 겨를이 없으니 나보고 대신 좀 추려 달라고 부탁하고 또 그 책의 발문도 써 달라고 했다.

그때 나는 그의 부탁대로 그가 바라는 기한 안에 그걸 다 해 주었더니 그 답례로 그는 저녁 대접을 하겠다고 신당동 집으로 나를 초대했다.

가서 보니 그의 제일 자랑은 우리 국악 음반의 수집으로 이조 말기 이래의 우리 재래 음악의 소리판이 그의 집엔 거의 없는 것이 없었다.

"이화중선의 소리나 한번 틀어 볼까?" 해서, 나도 그네라면 그전에도 좀 들어 온 기억이 있어 그러자고 했더니, 그네의 육자배기를 비롯한 몇 곡을 손수 구식의 그 축음기라는 것을 돌려 가며 틀어 주었다. 그러곤 그걸 들은 소감을 물었다.

"무슨 서러움의 짙은 안개나 자욱한 이끼가 낀 것처럼 답답하고 아득하군요"라고 했더니, 그는 "이게 바로 이 나라에서 제일 슬퍼 못 견딜 소리오" 하며 "그럼 이걸 또 좀 들어 봐" 하고, 이번에는 이화중선의 친동생인 이중선의 육자배기를 한 가락 들려주고 나서 "또 이건 어때?" 했다.

"그건 좀 생기가 있군요" 하니, "그래 그래 촉기가 있지?" 하고, 내가 '생기'라고 한 말을 '촉기'라는 말로 고쳤다.

나도 내가 써먹은 생기란 말보다는 그가 쓴 촉기라는 말이 더 거기 들어맞는 것을 느꼈다. 어린 아기나 젊은 연인들의 눈동자 속의 기름기와 밝음이 합해진 것을 흔히 뜻하는 이 촉기—'촉기가 번질번질한 눈'이니, '그 애는 눈에 촉기가 유난히 많다' 하는 식으로 우리가 늘 써 오고 있는 이 말은 이중선의 소리의 슬픈 대로 싱싱하고 기름기 도는 음성에는 가장 잘 맞는 표현 같았다.

"사람이 아무리 서럽고 비참해도 역시 촉기는 어딘가 있어야 해. 그렇지도 못하면 그 사람은 살 수도 없고 남까지도 두루 줄쿠게 돼."

영랑은 또 말했다.

영랑의 이 말들을 들으며 나는 그의 시 「모란이 피기까지는」을 비롯한 작품들을 저절로 생각해 봤다. 그러면서 촉기를 그의 시들과 대조해 보니, 역시 그 촉기야말로 그의 시에 아주 딱 잘 들어맞는 것이었다.

그의 시에는 슬픈 것이건 기쁜 것이건 간에 두루 촉기가 있다. 이것 때문에 슬픔도 암담하지 않고 일종의 싱싱함을 지닌다.

그리고 이 촉기야말로 어떤 큰 가뭄에도 말라비틀어지지 않고 살아온 우리 민족정신의 가장 큰 힘이라는 것에 생각이 미치자, 영랑그는 꽤나 든든한 시인인 것도 또 느끼어졌다.

6·25 사변 때 나는 조지훈, 이한직 등과 같이 재빨리 남으로 도망처 내려갔는데, 영랑은 뒤에 남아 된중거리고 땅굴 속으로 어디로 숨어 다니다가 석 달 뒤 9·28 수복 때 우리 국군과 유엔군이 다시 돌아온다는 바람에 너무 좋아 밖으로 뛰어나간 것이, 뺑소니쳐 가는 공산군과 우리 편 군대의 서로 쏘아 대는 유탄에 맞아 횡사했다고 한다.

이것도 결국 영랑답다. 어린애의 순진과 신뢰와 솔직이 두루 그 음성이나 그 불그레한 상기<sup>上氣</sup>인 양 영랑다운 것이다.

(『월간중앙』 1972.5.)

# 내가 본 이승만 박사

**첫인상**

1947년 여름, 부산 동아대학의 전임강사로 있다가 방학이 되어 상경한 나를, 우리 문필가협회의 간부들이 이때 마침 귀국한 지 얼마 안 되는 이승만 박사의 전기 집필자로 지목 추천해 주어서, 나는 난생처음으로 20세기 우리 민족 독립운동의 최고 원로인 그를 만나게 되었다.

원래 이 전기 집필자 추천의 일은, 환국한 이승만 박사를 위해 생긴 이승만 박사 기념사업회에서 문필가협회에 의뢰한 것이었기 때문에, 이때 기념사업회의 회장이었던 윤보선 씨와 함께 문필가협회의 김광섭, 이헌구 씨 등이 나를 소개해 주기 위해 나를 데리고 돈암동의 돈암장이라는 집에 묵고 있던 이 박사를 찾아갔었다.

나는 벌써 십대 말기와 이십대 초의 일정 치하 시절에, 중국 상하이에 망명해서 우리 임시정부를 꾸미고 있다는 김구의 그 백발백중이라는 돼지발톱(피스톨의 별명)에 한동안씩 동경을 보내기도 해온 사람이다. 무엇으로나 김구의 형님 푼수인 이 박사인 걸 대강은 짐작하고 있던 나였으니, 그를 해방 덕에 직접 내 눈으로 보러 간다는 것은 여간 큰 흥분거리가 아니었다.

나는 그때 하얀 모시 고의적삼에 두루마기를, 아내를 귀찮게 해새로 빨아 다려 입고 갔던 듯하다. 말하자면 예장禮裝인 셈이었던 것이겠지. 하긴 이때 내겐 양복이라곤 꼭 한 벌 안 해진 것이 있었는데, 지난봄 동아대학에 강의 나다닐 때 하숙에서 어떤 밤에 도둑맞고는 모두 해진 것뿐이어서, 윤보선 씨 같은 이도 이 무렵 모시옷으로 차리고 다니는 것도 봤기 때문에 이것도 단벌이기는 했지만 아주 점잖게 작정해 갖추어 입고, 할랑할랑 안내하는 이들을 따라가 어떤 부호의 것이라던가 하는 돈암장 응접실에 가 아주 점잖고도 얌전스레 앉아 있었다.

나는 곧 앞에 나타날 20세기 우리 민족 독립운동의 제일 원로를, 훨씬 크고도 근량이 아주 묵직하게 나갈 인물로 상상하고 미리서부터 기가 아주 죽지 않게 의지를 꼿꼿이 해 가지고 있었다.

적어도 하늘의 서자 환웅의 아드님—단군 비슷한 모습에, 그렇지, 적어도 그리스 신들의 우두머리—제우스만큼은 천둥소리 나게 하는 눈살과 이맛살에…… 그렇게 상상하고 꼿꼿해 있었던 것인데, 회색 머리털의 가느다랗고 조그만 중년 서양 여인의 뒤를 따라 종종걸음으로 들어서는 영감을 보니, 키는 내 키보다도 더 작은—난쟁이 겨우 면한 키에, 얼굴과 두 손과 몸뚱이만 좀 두툼히 느껴지게 할 뿐 이맛살에서 천둥소리가 느껴진 게 아니라 말할 때마다 안면신경이 가만히 있지 못하는 듯 살이 부르르 떨리는, 벌써 완전 백발의, 전의치의 하얀 위아래 이빨을 가진 노인이었다.

서양의 누구 비쌀 것도 없는 치과의사의, 별 친절할 것도 없던 카무플라주겠지─그 전 의치의 윗치열의 꼭 한 군데다간 진짜 백금인지 삼뿌라인지 그것까진 모르겠으나 지금의 우리 군의 위관 계급장 모양으로 꾸민 쌀 한 톨만 한 크기의 금속품을 붙여 가지고 있어, 그것이 나를 잠시 센티멘털하게 만들기도 했다.

이런 이가, 열대여섯 살짜리의 종종걸음에 가까운 걸음으로 바지와 와이샤쓰 바람으로 들어서서 얼굴의 살을 씰룩거리고 그 위관 계급장 비슷한 것 달린 전 의치를 드러내 보이고 어쩌고 했으니 단군에 제우스를 합쳤던 내 상상하곤 아주 딴판이었음은 물론이다.


거기다가 그는 우리하고 이야기를 나누면서도 우리처럼 한자리에 잠자코 앉아 있질 못하고, 불쑥 일어서서 왔다 갔다 걸어 다니기도 하고, 그런가 하면 또 불쑥 창턱 같은 데 올라타서 걸터앉기도 하고, 내려와 기대섰다간 또 올라타 걸터앉고 하여, 서양에 가서 벌써 반세기를 더 넘어 살고 온 이 독립운동 원로의 몸가짐이 그러함을 속으로 이해는 하노라 하면서도 그걸 막상 눈앞에 처음 당해 보니, 무언지 우리와는 바로는 안 어울리는 어색함을 느끼지 않을 수 없었다.

나는 열 몇 살 땐가 아버지의 친구한테 세배를 가서 절을 올리고 무릎을 꿇고 앉아 있다가 그분이 하도 이야기를 오래 이어 하시는 바람에 뒤에 일어설 때 두 다리에 쥐가 나서 그만 그 자리에 한참을 주저앉아 있은 일이 있다. 그런 일을 돌이켜 생각해 보며 '그렇게 쥐가 나서 쓰러지게 점잖을 필요는 없는 것이다. 더구나 이 박사는 일흔이 넘은 노인이니 저렇게 늘 운동을 할 필요가 있다'고 이해라는 것을 하기는 하면서도, 그전엔 본 일이 없던 칠십 넘은 우리나라의 이런 몸놀림들은 한편 내게 어색함을 느끼게 했다.

우리는 1945년 2차 대전이 끝나 일본의 식민지에서 해방이 되었을 때, 우리를 해방시켜 준 미국 군인들을 비롯한 유엔군이 북한 38도선 이남의 우리나라에 군용차들을 타고 꽤 많이 진주해 들어와서 우리 앞에서 전개해 보이던 새로운 몸놀림들을 기억한다. 그들은 아닌 게 아니라 이야기하다간 곧잘 탁자나 창턱에 냉큼 걸터앉기도 하고 또 이야기 상대를 앉혀 둔 채 곧잘 혼자 일어서서 방 안을 오가며 말을 주고받는 것도 보았다. 또 이런 걸 실제로 못 본 사람이라 할지라도, 영화의 화면에설망정 서양인의 이런 몸놀림의 습관쯤은 1945년의 해방 전에도 볼 만큼은 보아 온 것이다.

그러나 우리나라의 칠십 넘은 노인이 우리를 상대해 말하면서 이렇게 하는 것을 보고, 또 그것이 반세기 넘은 서양에서의 생활에서 그리된 것을 아울러 짐작하는 것은, 더구나 그가 우리나라 독립운동의 제일 큰 원로이면서도 하도 오래된 외국살이에서 그리된 것을 짐작하는 것은 나를 마음속으로 웃기면서 또 울리는 일이 아닐 수 없었다.

그는 우리나라 사람들이 이미 라디오로 들어 두루 잘 기억하고 있는 것처럼, 우리말의 음조까지를 우리 식으로 발음하는 것을 많이 잊어버려 어떤 데선 영어식의 억양으로밖에는 말할 줄도 모르게 되어 있었다.

그러나 자세히 들어 보면 경상도에서 부모를 따라 타도로 이사해 온 아이가 부모 말씨의 영향을 입어 성장한 때문에 커서도 어떤 데는 경상도 말씨를 문득 뱉는 것처럼, 이승만 박사 그의 부모의 고향이었던 황해도 말씨도 가끔 끼어 있어, 이런 일이 우리를 웃기면서도 또 한쪽으론 눈두덩을 뜨겁게도 했다.

이건 처음 그를 만났을 때 느낀 게 아니라 뒤에 훨씬 더 사귀는 동안에 눈치챈 것이지만, 그의 영어 악센트의 우리말 속에 가끔 끼이던 '그래설라믄' 같은 말도 황해도 사람들이 많이 애용하는 것이 아닌가. 이런 건 또 아마 황해도 평산 사람이었다가 이 박사가 어렸을 때 서울로 이사 온 이 박사의 아버지, 경선의 입김이 밴 것일 것이다.


**아는 것보다는 즐겨야 했을 인물**

나는 처음 그와의 대면에서 내가 한 주일에 두 차례씩 그를 찾아 우선 전기 자료를 직접 구술을 받아 노트할 것, 나머지 자료는 그의 비망록 등을 내게 빌려 줄 것 등에 합의했다. 그리고 그는 머지않아 마포 강가에 있는, 그전 조선총독부의 정무총감이라던가 뭐라던가가 살던 집으로 이사를 가게 돼서 그곳으로 드나들며 내가 맡은 일을 이어 해 나가게 되었다.

여기 이 마포장과 또 몇 날 뒤에 여기서 옮겨 간 이화동의 이화장 두 군데를 이듬해 첫봄까지 드나들며 그의 생애의 지난 이야기를 들어 오는 동안에, 그가 가장 신바람 나서 하던 몇 개의 이야기가 아직도 기억에 생생하다.

그 첫째는 역시 그의 일생에서도 큰 사건이었던 대한제국 광무 황제(고종) 때의 대한문 앞의 만민공동회 이야기였지만, 과히 그만 못하지도 않게 신나서 중요한 보물 다루듯 말하던 것은 아주 어렸을 때의 이야기들이었다.

그중에서도 열 살 전후에 남산 밑 도동 서당에 다닐 때, 그곳 늙은 훈장이 겨울밤에 숟갈로 긁어 파먹던 무가 옆에서 먹고파 군침을 삼키던 이야기, 최나비라는 별명의 나비 화가가 그리던 이쁜 나비들에 반해서 자기도 한때 흉내를 내 보았다는 이야기, '어 사당 돈이어……' 이 소리를 한 세 번쯤은 아주 배우 못지않게 흉내를 썩 잘내 되풀이하며 말하던 사당굿 보러 갔던 이야기─그런 이야기들을 할 때면 두 눈에는 금시 생기와 웃음이 돌며 시간 가는 줄도 모르고 꽤 자세하게까지 파고들어 표현해 들려주었다.

그는 내 기억으로는 정치적인 이야기보다도 사사로운 이야기를 훨씬 더 즐겼다. 가령 배재학당 시절의 은사였던 서재필 박사─갑신정변의 대표자의 하나로 일찍 미국으로 망명해서 의학박사가 되었다가, 대한제국 초년에 우리 정부의 특사를 받고 초청되어 독립협회의 회장이 되었던 서재필 박사 이야기를 꺼내 놓고도, 중요한 정치 관계 부분은 거의 말하지 않고 "서 박사는 정부에서 주는 월급이 적다고 틀려서 갔느니……" 이런 부분이라야 중요시해서 문제 삼아 말하길 좋아했다.

"아, 우리 독립협회가설라믄 대한문 앞에서 만민공동회를 한바탕 벌이고 있을 때 말이야. 러시아니 일본 사람들의 꾀에 넘어가지 않도록 해야 한다고 한바탕 떠들고 일어났을 때 말이야. 우리는 밤을 새워 가며 모닥불을 피워 놓고 버티고 연설을 하고 있었는데, 아, 한밤중에도 이 근처 아낙네들이 밤참을 꾸려 가지고설라믄 우릴 찾아와서 '이승만 씨 잘한다'고 나를 위로했지……"

이런 중요한 정치 경험 이야기도 모닥불이니 근처 아낙네가 날라 온 밤참이니 그런 게 끼어야만 아주 신을 돋우어서 이야기했다.

나는 이런 이 박사를 좋아한다. 그것은 동심 그대로를 이 노인이 상당히 많이 지니고 있는 것을 보여 주어서 그것도 좋았지만, 또 사물을 늘 바로 즐기고 살 수 있는 능력을 가진 것을 표현하고 있어서 그의 생활인다운 큼직한 두 손과 더불어 믿음직하게 느껴졌다. 이를테면 공자가 『논어』에서 "아는 것은 좋아하는 것만 못하고, 좋아하는 것도 즐기는 것만은 못하다"라고 한 그 '즐기는 것'을 할 만한 능력 말이다.


이렇게 생각하다 보면 우리는, 해방 뒤에 그가 고국에 돌아왔을 때 차라리 대통령은 누구 더 좀 젊은 세대가 맡아서 하고, 이 노인은 프란체스카 부인과 함께 단란하고 따뜻한 만년의 생활을 즐길 수 있는 조용한 곳에 모셨더라면 하는 생각도 든다.

물론 누가 그의 고집이 그걸 들었겠느냐고 반문하기도 하겠지만, 그거야 꼭 그렇게 후진들이 두루 작정하고 하기로만 했다면 못했을 것도 없었을 테니까, 겨울밤엔 순갈로 무도 긁어 자시고, 봄에는 나비들도 다시 아이 때처럼 그려 보고, 프란체스카 부인하고 둘이 꿀벌이나 기르고, 한가한 다음 날만이 기다리고 있는 밤의 밤참이나 즐기게 해 드렸다면, 그의 행복과 영광은 훨씬 더하지 않았을까 말이다.

그는 언젠가 내게, 어렸을 때 아버지가 늘 집을 비우기가 일쑤인 방랑가였던 걸 말하고, 아버지가 타고 다니던 털이 서리같이 희고 맑은 서산나귀를 꽤 자세히 들려주며 아버지가 찾아다녔다는 산천들을 그리워하는 듯한 눈치를 내 앞에 침묵의 그늘로 한참 동안 깔아 보이기도 했다.

이렇게 신선 취미나 소질도 넉넉히 감춰 가지고 있던 그였으니 육십 넘어 새장가 든 기력에 이 취미가 함께 합해 나갔더라면, 지금도 그는 생존하여서 지리산록이나 어디서 그 굵직한 손으로 그가 애용하던 풀, 부추밭 같은 거나 매만지고 있을 걸 그랬다.

육십, 새장가 이야기가 났으니 말이지만, 그가 나한테 잠시 빌려 주었다 찾아간 『록 북Rock Book』이라는 그의 일기책에는, 프란체스카 부인과의 로맨스가 근력 좋은 숫총각만 못지않은 정력과 열성으로 기록되어, 내겐 참 굉장한 기적으로만 보였다.

『구약성서』에도 아브라함의 부인께서 육십 넘어 아이를 배는 이야기가 있지만, 우리 이 박사와 프란체스카 부인의 사랑 이야긴 이보다 못지않은 것이 있는 듯하여 나를 아주 감동시켰다. 이 부분은 일기에서도 가장 글자 수를 많이 차지하고 있었고, 또 공자의 '즐기는 것이 최고'라는 느낌을 그의 생애에서 제일 잘 드러내고 있는 곳이었다.

스위스의 무슨 강이던가 호수가 내려다보이는 언덕 위의 음식점에서 이 박사는 스무 살짜리 총각같이 온몸이 달아 바작바작 타고 있는데, 아직도 젊은 미망인이었던 프란체스카 양은 셰익스피어의 작품에 나오는 아주 정숙하고도 장미 비슷하게 써 놓았던가, 하여간 그런 느낌으로 누구 역시 셰익스피어의 여주인공처럼 우리 이 박사 앞에 등장한다. 무엇을 같이 마시고 무슨 말을 어떻게 했던 것까지도 이 박사는 여기서만은 아주 자세하게 써 놓았던 것으로 기억된다.

그리고 이 박사가 그녀를 미국으로 데려갈 때 비자가 잘 안 나와 애를 썩이던 이야기, 언론 기관이 그걸 알고 이 박사의 편을 들어 '로미오'와 '줄리엣'의 상봉의 편의를 돕던 이야기까지가 쓰여져 있다.

이런 근력을 가졌던 그였으니 대한민국 초대 대통령을 맡고 나서 그에게 두툼한 생활의 재미 쪽을 간절히 권할 줄 아는 정말로 정신 차린 후배라도 하나 해방 직후에 있었더라면, 지금쯤도 아마 그는 오히려 살아 나 같은 변방의 사용(詞容)에게도 본심으로 사귈 기회도 주었을 것이다.

## 비 내리는 날

가을비가 사알살, 무어지? 우리 살과 속을 건드리면서 젖어 들던 무슨 오후였는데, 마포장의 뜰만 휑하니 넓은 귀신 나게 생긴 집으로 그를 찾아갔더니, 그의 부인 프란체스카 여사가 그 묘한 반지하실 비슷하게 생긴 응접실에서 꼭 무슨 산새가 혼자 내리는 비를 피해 있는 것처럼 혼자 쓸쓸히 앉아 있다가, 그네보다도 조금은 더 커 보이는 벽시계를 죄는 듯 신경질적으로 우러러보며 나를 이 박사의 방으로 안내했다.

들어가 보니 영감은 침대에 번듯이 누워 있었는데, 내가 들어가도 "누구지?" 나직이 말했을 뿐 "서정줍니다" 내가 말해도 두꺼운 두 눈두덩을 실처럼 떴다간 다시 감았을 뿐 나를 한번 훑어보려는 열성도 나타내진 않았다.

"오늘은 지난번 말씀하신 선생님의 일기책을 좀 빌려 갈까 해서 왔는데요" 하니 그때에야 그는 비로소 "그래애!" 하고 눈을 뜨며 그의 아내 프란체스카를 불렀다. 그는 어떤 심부름꾼도 이때는 그와 그의 아내 사이에 두지 않고 지내던 때다. 아 참, 인제 기억이지만 내가 알기론 끝까지 그는 부부 사이에 딴 심부름꾼은 두지 않았었다.

프란체스카 여사는 그가 말하는 『록 북』을 찾으러 나갔는데, 항용 우리가 그런 것을 어디서 찾아낼 수 있는 시간이 지나도 이 박사의 방으로 돌아오지 않았다.

이 박사는 "이 책은 내가 평생 동서양을 다니면서 그때그때 생각 나는 걸 써 놓은 거니 자네한테 많이 필요할 거야" 어쩌고 하더니,

그네가 너무 늦어지자 한참을 초조해 두 손의 손가락으로 그걸 나타내고 있다가, "패니!"라던가 그렇게 되게는 큰 소리로 그의 아내를 불렀다.

돌아온 부인은, 그게 아무리 찾아도 영 눈에 띄지 않는다고 무슨 죄인 같은 표정으로 그에게 빌듯 말했다.

비는 그네의 음성을 들으며 문득 보니, 내가 앉아 있는 옆 어느 시렁의 귀퉁이에는 그네가 때우다 놓아둔 듯한, 전구 위에 둘러싸여진 양말짝이 두드러지게 놓여 있었다. 이 전구에 양말을 뒤집어씌워 기우는 것은, 양말 뒤꿈치 같은 데의 본래 모양을 우리 아내들이 그대로 살려서 기우려고 아마 양말이라는 게 이 나라에 들어온 지 얼마 안 되는 뒤부터 해 오던 짓이었으리라.

그런데 누가 가르쳐 주었는지, 이 박사 부인은 서양 사람이라 이런 건 잘 모를 텐데, 이것도 벌써 배워 하다가 거기 놓아둔 것이다. 혹 그전에 그의 나라에서도 이렇게 하는 습관이 있었는지, 아니면 이승만 박사가 손수 이런 것도 가르쳐 주었는지……

나는 이런 걸 보고 있었는데, 이 박사는 아내가 『록 북』이라는 걸 못 찾고 빈손으로 돌아오자 화가 치밀 대로 치밀어 "겔 아웃!" 하고 내가 들은 걸로는 그의 제일 높은 음성을 다해 아내를 탓해 내쫓고 있었다.

그는 본심은 아니지만 흥분하면 이렇게 좀 난폭한 데가 있기도 한 인물이다. 그건 미워서가 아니라 너무 가깝다고 생각해서, 꼭 자기하고 똑같이 생각해서, 오랜 외국의 방랑 생활에서 자신을 너무 허술히 다루는 데가 있는 인물인 것 같았다.

그의 아내는 쉽게 그저 흐물흐물 우리 둘 앞에서 사라져 갔다.

나는 딱하고도 낯 둘 데 없는 느낌 때문에 어쩔 바를 모르고 고개를 숙이고 앉아 있는데, 이런 시간이 한 5분쯤 지났을까, 이 박사는 "정주" 하고 새삼스레 내 이름을 이불 속에 누워 있던 자세 그대로 하고 불렀다.

"정주. 하늘이, 이 땅 위의 하늘에서는 우리나라가 제일 좋은 걸 아나? 이탈리아에도 가 봤고, 다 가 봤지만 하늘은 우리나라 하늘같이 고운 데가 더는 없어!"

그는 이런 말이 무슨 큰 무게인 듯 몇 마디 말하곤 잠시 쉬었다. 그러더니 마음의 어느 주머니에서 꺼내는 것처럼 새빨간 사과 한 알맹이를 베갯머리의 어디선가 꺼내 가지곤 깎을 칼도 아무것도 없이 "먹어 보게" 하고 내게 들이밀었다.

나는 이 사과가 참 너무도 가슴에 닿아 좀처럼 깨물 수가 없었지마는, 그분이 몇 번인가 권하여 그걸 이빨 사이에 넣어 씹고 있었다.

그랬더니 이분은 이 무렵의 소감이라 하며 자작의 한시 한 수를 나한테 들려주었다.

| 무슨 일로 하필이면 강가에 와 사느냐고 | 移家何事住江邊 |
| 찾는 이들 누구나 모두 다 묻네 | 來訪人人間不休 |
| 여보게 창밖에 있는 것 보게 | 願君須見窓外見 |
| 호수나 달이나 산도 다 가을인걸…… | 五湖煙月滿山秋 |

한자가 하나둘쯤 기억 안 나긴 하지만, 대개 이런 절구였다.

여기 보이는 '오호연월'이니 그까짓 것들은 그야 중국 사람들이 여러 천년 두고 써 오던 관용구고, 또 이 시상이 별로 새로울 것도 없는 것이기는 하지만 이 영감의 이때에 맞추어서 내겐 실감이 있다.


### 그와 나

1949년에 나는 그의 전기를 이북통신사라는—내가 있던 신문사 위층의 출판사에서 조르는 부탁에 못 이겨 찍어 냈다.

그러고 얼마 있었더니 이승만 대통령의 명령이라고 하며 (이때는 이 박사가 이미 대통령이 된 뒤였다) 이 책을 치안국 이름으로 모두 압수하고 나를 그 무슨 계장이라던가 하는 총경의 앞에 내세웠다.

"서 선생님. 선생님이 해방 후 공산당하고 싸워 오신 경력을 저희는 잘 압니다. 선생님의 책이 훌륭한 걸 잘 압니다마는, 각하께서 이렇게 몰수하라 하셨으니 우리로선 할 수가 없습니다. 양해하십시오."

이것이 그때 1949년의 치안국 어느 담당 총경의 말이었다.

그래 내가 이 박사를 끝까지 존경해서 쓴 『이승만 박사전』은 송두리째 몰수 처분을, 법 밖에 이 박사 개인의 자유로운 권한으로 집행해 냈다.

나는 그를 옹고집쟁이라고 느껴 다시는 상종도 하지 않으리라 했다. 그랬더니 6·25 사변이 일어나서 전주로 내가 피란 가 있는데, 1951년의 첫봄 어느 날 전라북도 경찰국으로 무전을 쳐서 그때 부산에 가 있던 이 박사 정부에서 나를 불렀다.

　수수께끼인 것은 "혹 한가하거든 바로 오라"는 전문 내용이었다.

　그러나 물론 나는 가지도 않았고 또 아무 대답도 하지 않았다.

(『월간중앙』 1971.5.)

# 백성욱 총장

**매력 있는 단 한 사람**

역사가 전하는 돌아간 이 나라의 여자들 가운데서 꼭 한 사람의 매력 있는 여성을 고르라면, 나는 아무래도 신라 27대 왕이었던 덕만 선덕여왕을 고를 것이다. 그리고 또 지금도 살아 있는 이 나라의 사내들 가운데서 가장 매력 있는 한 사람을 고르라면, 나는 전 동국대학교 총장이었던 승려 백성욱 박사를 택할 것 같다.

도대체가 이미 장년기를 넘어 노경에 놓인 사내에게선 맑은 두 눈망울과 두 줄의 깨끗한 이가 가지런히 함께 충분히 웃어 향기로운 느낌을 주는 일은 썩 드문 것인데, 백성욱 총장 그에게는 이것이 아주 넉넉하게 있어 좋다. 더구나 단정한 두 눈썹 사이의 밉지 않은 백호白毫는 인도 왕년의 석가모니가 가졌던 그걸 연상하게 하여, 아까 말한 그의 늙을 줄 모르는 웃음에 첨화가 되어 더 좋다. 머리도 중이니까 물론 박박 깎기는 깎았지만, 그게 무슨 기운으론지 한 군데도 성기거나 벗겨진 데가 없는 데다가 흰 털도 영 눈에 띄는 게 없어, 열일고여덟 살짜리 머리 깎은 것같이 파르랗게 생겨서 적당한 흰 이마에 아직도 소년다운 빛을 던지고 있는 것도 좋다.

이런 좋은 외모도 많은 사람들은 허투루 움직여서 항용 조화의 균형을 허물어뜨리기가 일쑤지만, 백 총장은 아마 석가모니의 예의 작법을 잘 참고한 데서 온 것이겠지, 그게 한 가닥도 허투루 내버려 두어 산만해진 데가 없는 불교의 입정入定 속이거나 반입정 속의 동태 같은 미묘한 조화와 박력을 가지고 있어서, 그의 앞에 놓이는 사람들도 그동안만은 허튼 자세나 언동을 가질 수 없게 하고 또 그렇게 잠시일망정 동화되는 것은 첫째 아름답다는 걸 느끼게 할 만한 힘을 지니고 있다.

1961년 겨울 어떤 날, 마침 동국대학교 총장의 직을 물러나 서울 어느 후배의 효자동 집에 잠시 그가 의탁하고 있을 때 나는 그의 사실私室로는 처음으로 찾아가 보았는데, 그때 그가 보인 방문객 영접 전송의 격식은 지금도 내 귀와 눈과 의식에 선할 만큼 조화된 아름다운 것이었다.

오후 2시쯤 되었을 때였으니까, 대강의 공부꾼이나 신부나 중들 같으면 앉아서건 누워서건 조금씩 조을조을하기에 알맞은 때인데도 그를 찾은 철학 교수 정종과 나를 맞는 그의 눈과 거동과 말들과 소리는 새벽 종달새 날아오르는 높직한 하늘 언저리 같은 맑고 싱싱한 기운을 여전히 띠고 있었다.

이런 그의 언제나같은 싱그러움 밖에도 방문객을 맞이하는 그의 격식은 특별한 것이다. 시자侍者를 통해 그를 찾은 내객이 누구란 것을 알고 맞아들이기로 작정하면, 먼저 그의 방에서 낭랑히 싱그러운 음성이 무얼 읊조리는 소리가 나기 시작하는데, 자세히 들어 보면 불교의 중들이 항용 예불을 할 때 외는 '다라니(진언)'의 일종인 걸 알게 된다. 나는 다라니는 모르지만 아마 내객을 맞는 반가움과 축복을 뜻하는 것이라고 본다.

방 안에서 울려 나오는 이 소리를 들으며 내객이 축복받는 자신을 느끼고 섰노라면, 방 미닫이가 삐식이 안에서 열리고 이어 그의 동안의 미소가 우리 앞에 무슨 우화 속의 의인화된 특수 천체의 하나처럼 떠오르며, 그는 여전히 다라니를 계속해서 읊조리고 있다. 그러고 "들어오라"는 말 대신에 그의 오른손이, 나를 이웃 살구나무집 아이가 금시 잘 익은 살구라도 몇 개 떨어진 걸 주워 가지고 친구라도 부르듯 하는 움직임으로, 두어서너 번 나불거리고 있는 것이다.

이런 경우 다라니를 아는 사람 같으면 으레 거기 화답하는 것을 따라 읊조려야 할 것이지만, 나는 그걸 몰라서 그저 묵묵히 그 천천히 나불거리는 손이 하라는 대로 방에 들어섰더니, 다라니는 내객이 방에 들어선 뒤에도 한동안 더 계속되고, "저기 앉으시오" 하는 그런 말 대신에는 여전히 잘 익은 살구라도 몇 개 주워 어디 지닌 듯한 손만이 그걸 표현하여 가리키며 나불거리고 있었다.

그러고는 다라니의 일단락에 찍는 피리어드가 아니라 일종의 콤

마처럼, 아주 도사린 결가부좌까진 아닌 반결가좌 정도로 다스려 앉
으며, 내객의 눈과 눈에 자기의 눈을 꼭 한 번씩 보내 초점을 맞추
고는 "그래서?……" 하고, 거시기 저기 왜 있지 않아, 『아라비안나이
트』에서 날마다 이야기를 듣고 앉아서 다음을 궁금해 묻는 그 이야
기 좋아하는 왕 비슷하게 비로소 한마디를 내객에게로 보낸다.

그러고 또 묘하게도 이 "그래서?……"가 발언될 무렵에는 그 발언
에서 피어오르는 아지랑이처럼 아주 담담하고 평안한 향기의 김을
내는 엽찻상이 주인과 내객 사이에 정결하게 놓인다. 또 이것은 그
정결한 느낌으로 내객의 자세나 언어의 허튼 표현을 잘 막아 낸다.

그래 대화가 끝나고 내객이 물러날 뜻을 말하면, 또 곧이어 그의
입에선 전송의 다라니가 읊조려져 나오기 시작하고, 이번에는 대문
간까지 따라 나오며 축복의 말씀의 꽃잎사귀들을 가는 손님한테 뿌
려 댄다.

내객에 대한 이런 환영과 전송의 격식은 불교인 사이에 예부터 더
러 있어 온 것인지 아니면 그의 창작인지 나는 모르지만, 하여간 내
가 만난 어느 스님들한테서도 아직 겪어 본 일이 없는 이 격식은 지
금도 내게는 매력 있는 것으로 느껴진다.

이런 격식의 구획 속에 사람이 놓이면 값싼 쪽으로 언동이 흐트러
지지 않게 해서도 좋으려니와 또 그것은 서로를 신성하게 하고 꽃답
게 하는 것도 아주 좋았다.

## 총장 시절

이런 그인 만큼, 그가 동국대학교 총장이던 1950년대 후반기에 학교의 뜰에 세운 동제銅製 전신상의 여주인공—손 보살이라는 여인과의 사이에 있었다고 세상의 풍문이 한동안 뒷구석에서 소곤거려 댄 로맨스의 잔 이야기들은 한결 더 매력이 있다.

이 손 보살님으로 말하자면, 환갑이 넘도록 일생 동안 모은 많은 돈을 동국대학교에 바쳐 이 학교의 제일 큰 집인 석조전도 짓게 한 분이고 또 한동안 학교 재단의 이사로도 있었다 하니, 그 이유만으로 동상 하나는 교정에 가질 만한 인물이라고 나는 속으로 생각해 왔지만, 세상의 뒷구석에서는 내 간단한 이해와는 달리 꽤나 자잘한 이야기들이 로맨스를 곁들여서 이 여인의 동상을 에워싸고 숙덕거려지고 있었다.

이런 이야기를 본인한테 물어보기도 무엇해 사실이 어찌 되어 온 것도 나는 아직 모르는 채이지만, 뒷구석의 소문이 소곤거려 온 것을 들어 보자면, 이 동상의 여주인공은 딴 사람이 아니라 바로 백성욱 총장의 애인이라는 것이다. 백 총장이 갓 젊어서 서울에서 학생이었을 때에 무슨 기생집엘 잠시 가 본 일이 있었는데, 그때 거기서 눈이 맞은 기생으로 그나마 백성욱 그보다는 나이가 열 살 가까이나 손위라고 한다.

풍문의 이야기란 으레 건네는 동안 군데군데서 꼬리에 꼬리를 다는 것이니까, 얼마만큼이 사실이고 얼마만큼이 만들어 붙인 꼬린지 그건 알 수 없지만, 하여간 그 이야기는 말하기를 청년 백성욱이 그 뒤 중국을 거쳐 독일의 대학에서 공부할 때 학비를 대준 사람도 바로 이 여인이었다는 것이다.

그런데 그가 철학 박사 학위를 얻어 가지고 이 나라로 돌아왔을 때 흔히 있는 로맨스 같으면 으레 한 쌍 원앙의 보금자리를 만들기도 했을 것이지만, 여기선 또 그렇게 간단히는 되지 않고 갈라서게 되었으니, 그 이유는 백성욱 박사 생각이 중노릇하는 데로 굳어져 버려 여러 군데 산을 거쳐 금강산으로 깊숙하게 들어가 버린 데 있다는 것이다. 그래 1945년 2차 세계대전이 끝나고 우리나라에 해방이 올 때까지 그는 금강산 구석의 산전을 파 이루어 호구하며 제자들과의 승단 생활에 골몰했었다.

그래 해방 뒤에야 서울로 나와서 6·25 사변 후에는 한동안 이승만 박사 정부의 내무부 장관 노릇까지도 잠시 했지만, 이때는 벌써 혼인을 하기에는 그나 손 여인이나 너무 나이가 많이 든 때여서 그러지를 못하고 말았을 것이라 한다. 그리고 대처승이 아니라 비구승으로 이미 철저히 물이 든 뒤니 혼인은 그만 아주 못 하게 되어 버린 것이라고도 한다.

"그런데" 하고 소문꾼은 말한다. 그런데 그 뒤 그가 동국대학교의 총장 노릇을 맡아, 아직도 한 단과대학이었던 것을 종합대학으로 만드느라고 집들을 새로 짓기 시작했을 때, 이미 할머니라도 상할머니가 다 된 손 여인은, 묘하게도 백 총장이 돈 필요한 데 알맞게 억 단위의 많은 돈을 모아 가지고 있었는데, 이걸 몽땅 가지고 와서 그한테 바쳤으니, 이게 사람 사이의 일로는 아주 썩 잘 장단이 들어맞게 된, 만세를 부를 만큼 잘된 일이라는 것이다.

그는 이 돈을 중심으로 아주 단시일에 이쁘고 큰 석조전을 짓고, 또 다른 교사들도 짓고, 한 개의 초라한 꼴의 단과대학을 종합대학으로 격상시키고, 이와 아울러 찬양할 일은 그 늙을 대로 다 늙은 홀몸의 손 여인을 총장 저택의 별실로 모셔 앉혔다. 이 모심에 대해서 나는 지금도 가끔 생각이지만, 이건 이 땅이 이미 만든 시인들의 어느 시구절만 못지않은 좋은 배치라고 느낀다.


그런데 여기 풍문은 또 숙덕거린다.

첫째, 백성욱 총장은 미신꾼 모양으로 날이 새어 아침이 되면 이 손 여인 방에 반드시 문안을 드리곤, "오늘은 내 하루 운수가 어떻겠습니까?" 하고 물어, 점치는 걸 듣고야 안심하고 나왔다는 이야기.

둘째는, 이건 물론 '전연 상상'이라는 전제를 붙이고서야만 이야기꾼도 소곤거린 것이지만, "이 두 늙은이가 아무래도 젊어서 그냥 지낸 것을 뉘우치고 바짝 모든 걸 한번 가까이해 보려고 같이 한 지붕 밑에 만난 것일 거야, 아무래도……" 하는 것이었다.

어떤 사람은 심지어 "환갑이 힐끗 넘어서도, 아, 그건 아쉬운 대로 되긴 된단 말이야, 히히히히……" 어쩌고 하기도 했다.

그리고 이런 풍문이 오고 가는 속에, 그 손 여인은 밖의 눈에는 별로 띤 일이 없는 채 모셔져 있다가 어느새 잦아든 것인지도 모르게 숨을 거두어 적멸 속으로 들어가 버렸다고 전해져 오고, 백성욱 총장은 그 여인의 동상을 교정에 세운 것이다.

"흥, 상을 세울라면 부처님이 서야지, 여자가 웬 여자야?"

"자기 애인이면 단가? 뭣?"

"하여간 로맨틱하긴 하구만그래."

이런 뒷공론들이 이 여인의 동상을 에워싸고 한동안 흘렀다.

그리고 1960년 4·19 학생 혁명이 일어났다. 그래 그때에 이 여인 상은 없애기로 되어 대신 그 자리엔 우리 석가모니 부처님의 상이 서게 되었다.

백성욱 총장도 그 이듬해에 잇따른 5·16 군사 혁명을 계기로 총 장직을 물러나게 되었다.

나는 지금도 느끼고 또 생각한다. 물론 불교가 세운 대학이니까 순서로 봐서야 부처님이 무엇보단 제일 먼저겠지만, 석가모니 그분 이 1960년에 동국대학교 교정에 현신해 나타나셨다 하더라도 우리 백 총장이 세운 여인상—그 눈물보다도 피보다도 더한 열심으로 모 은 돈으로 동국대학교의 제일 건물을 짓게 하여 여기를 종합대학으 로 만든 이 여인의 상을, 백성욱 그와의 로맨스의 풍문 때문에 헐라 고는 하지 않으셨을 것을……

그리고 또 나는 사사로이 느낀다.

가령 이 여인이 백 총장의 연인이었으면 어떻고, 또 늘그막에 젊 을 때 못 했던 것을 해 보려 총장 사저에 모시어져 만났으면 어떻 고, 한 개 대학교에 옛 총장의 연인인 기적의 한 여인의 동상이 서 면 어떠냐는 것을…… 석가모니 부처님보다 먼저 서면 어떠냐는 것을…… 이것을 정말 석가모니 부처님이 옆에 계신다면 못 한다고 하실 것인가를……

4·19 혁명은 우리나라 젊은이의 싱싱히 산 기운의 영원한 표본의 하나이겠지만, 이 그늘에서는 뜬소문 때문에 멋쩍은 처리도 말수 적은 데일수록 더러 있었던 걸 다시 한 번 느낀다.

부처님은 이런 손 보살 근처에 계시는 것을 싫어하지 않으실 걸로 느낀다.


## 인상 깊은 이야기

백성욱 총장을 생각할 때 특히 위에 말한 로맨스와 대조해서, 마치 흑백의 바둑의 대조처럼 인상 깊게 느껴지는 이야기가 또 하나 있다. 그것은 벌써 돌아가신 일정 때의 우리 불교의 꽤 오랫동안의 종정 스님 방한암 선사와 백성욱 그와의 관계 부분이다.

오대산 월정사에서 한 10리쯤 떨어진, 무슨 암자라던가 그리로 가는 비탈길에는 방한암 선사가 꽂은 지팡이가 잎 피어난 거라는 체지 큰 오리목나무인가가 서 있다. 백성욱이 독일에서 철학 박사가 되어 가지고 이 나라에 돌아와서 월정사의 암자에서 혼자 백일기도를 올릴 적에, 방한암 스님이 백성욱이 하도 이뻐서 날마다 손수 점심을 들어 나를 때 짚고 가던 지팡이를, 어느 때 무심결에 어딘지 꽂아 두곤 잊었다는 것이다. 이 이야기는 방한암의 상좌가 직접 그 입으로 나한테 말한 것이니 틀림없을 것이다.

서양에 가서 꽤 오래 있다 온 젊은 철학 박사 백성욱이 무엇이 어떻게 보여 이 드문 스님의 눈과 귀에 들었는지는 모르지만, 월정사의 젊은 중들이 모두 나서서 점심 나르는 걸 지원한 것도 다 물리치고, "두어라. 이건 내가 날라다 줄란다" 하고 나섰고, 꼭 백 일 동안을 그는 그 늙은 나이로 쉬지 않고, 또박또박 10리 넘는 가파른 산비탈을 타고 날랐는데, 매양 그걸 자랑으로 여기고 기뻐했다는 이야기다.

늙어서 지팡이가 있어야 했을 테니까, 그걸 날마다 짚고 다니다가 더러 잊어버리기도 했겠지. 그러고는 그 어디 초동이 베어 가다 흘린 생물푸레나 오리나무 가지 같은 걸 주워 대신 짚고 가기도 했을 것이다. 그러다간 그것마저 숨 가빠 쉬는 어느 언덕 비탈에 깊이 짚어 꽂은 채 놓아두기도 했을 것이다. 그러다가 그중에 어떤 것이 꺾꽂이에도 견딜 만한 것이어서 거기 흙 속에 뿌리를 내리고 가지 돋아 살아난 것일까.

그야 하여튼 그까짓 나무의 생성 과정이 문제가 아니다. 요는 그것이 대선사 방한암과 우리 청년 백성욱 박사 사이의 긴밀하디긴밀한 친분에 문제가 달렸을 뿐이다. 무얼로 방한암은 백성욱을 그리도 좋아해서 중들 시켜 얼마든지 나를 수 있는 점심밥 보자기를 대선사 손수 나르겠다 고집했고, 그걸 날라 가다간 손 지팡이도 잊고, 대신 주워 든 길가의 나뭇가지로 가다간 또 잊고, 그 잊은 것에서 순이 돋아 새 나무가 자라나게 하느냐는 것만이 문제인 것이다.

방한암 스님—1950년 6·25 사변이 일어나서 북한에 숨어 어지럽히는 김일성 괴뢰군이 오대산 너머까지 왔을 때, 중들도 살고 봐

야 해서 다 도망쳐 나가려고 도사리고 있을 때, "등에 업히시오" 어
느 중이 말하니 "어서 가거라. 다 늙은 것, 짐 되면 쓰겠느냐?"고 그
자리 그대로 앉아 있겠다 했다는 방한암 스님. 그로부터 석 달 며칠
인가가 지나 유엔군이 합세해 우리가 다시 수복해 올라가다가 한암
의 앉았던 자리에 가 보니, 절 마루의 기둥에 기댄 채 6·25 직후 그
대로의 자세로 앉아 있어서 자세히 보니 벌써 꽤 오래된 미라더라는
방한암 스님.

방한암이니까, 짚고 가던 지팡이가 내버려져선 자라기도 했겠지
만, 문제는 방한암의 눈과 정신이 고르고 고른 그 이쁜 백성욱은 덤
일 수 있겠냐는 것이다.

내가 왜 이런 이야기를 하느냐 하면, 소나기 다음에는 큰비가 오
고, 길고 오랜 햇빛 다음에는 뿌리 깊은 꽃이 피고, 태공망의 기다리
는 곳에 그 기다리는 것이 와 놓이고, 모든 것은 다 이렇게 되는 것인
데, 우리 반만년 역사 가운데서도 드문 대선사 방한암이 골랐던 백
성욱, 그와 한암 사이에 한 지팡이 나무가 자라게 한 그의 생애가—
위에 말한 자잘한 소문의 로맨스를 담고 있다 하더라도 왜 공인될
수 없느냐는 것이다.

나는 지금도 생각하고 있다. 사실 여하간에, 백성욱이 추천해 세
운 동상의 주인공이 기생이건 더 천한 과거를 가졌건 간에, 그네가
총장의 애인이었다면 더구나 이 여인의 동상은 교정에 설 만하다.
훨씬 더한 멋과 민족의 자랑 속에 설 만하다고 생각한다.

**어느 시골의 나무와 노파**

들으면 백 총장은 지금 경인가도의 어느 시골에서 나무와 소와 염
소 새끼들을 기르며 그것들의 번영을 노려 지낸다던가.

나는 그의 수풀이 무성하고 그 속의 어린 짐승 새끼들이 제 키대
로 어서 클 걸 바라면서 거기를 뺑 둘러 상상해 보면 지금도 무한한
매력을 느낀다.

이런 한 사람의 타입은 현대에서는 거의 절종되어 있기 때문이다.

선덕여왕 이후 남녀의 이야기 중에서 사실이 얼마만큼인지는 모
르지만, 그와 손 여인의 이야기는 가장 매력 있는 것으로 나는 안다.
그 경건하고 의젓한 푼수에서……

(『월간중앙』 1971.8.)

# 김소월 부자

## 반공포로 김정호

1960년 4·19 학생 의거가 일어나서 이승만 박사의 정권이 윤보선, 장면 씨의 민주당 정권으로 바뀐 지 얼마 안 되었을 때의 일이다.

나와 전부터 알고 지내던 후배 시인의 하나인 김영삼이, 이때 내가 살고 있던 공덕동 집으로 찾아오는 길에 아직 삼십이 채 다 안 되어 보이는 건장하게 생긴 청년을 데리고 와서 인사를 시켰는데, 이 청년이 알고 보니 1934년에 이미 스스로 목숨을 끊어 세상을 떴던 저 한 많던 우리 시인 소월 김정식의 바로 셋째 아들로, 이름은 정호라고 했다.

그는 말수가 아주 적은 사람으로, 그의 일에 대해 묻는 말에도 그저 '예' 아니면 '아니웨다' 정도로 대하는 게 버릇이 되어 있는 듯 침묵만을 몽땅 두터이 많이 차지하고 앉아 있어서, 김영삼이 대신 소개해 말한 그의 약력을 들으면 소월이 세상을 뜬 뒤 과부가 되어 홀로 살아온 그의 어머니의 손으로 아버지의 고향에서 길러져서 중학교를 마치자, 이내 김일성 의용군에 뽑히어 1951년 김일성이 중공군의 힘을 빌려 38선을 넘어서 한국을 다시 침략해 들어왔을 때에 거기 한 병정으로 끼어 왔던 것이라 했다. 물론 스무 살이 되려도 아직 몇 해가 모자라는 어린 소년으로서였다.

그랬는데 요행히도 유엔군한테 붙잡힌 포로들 속에 끼이게 되고, 거제도 수용소라던가에서 지내다가 또 한 번 더 운이 좋게는, 마침 이승만 전 대통령의 매우 영웅적이었던 소위 반공 포로 석방의 덕택을 입어서, 한국 천지에 풀려 나와 살게 되어 이렇게 공덕동의 나까지를 다 찾아와 보게도 되었다는 것이다. 1953년 봄이던가, 이때의 대통령 이승만 박사가 유엔군 사령관한테는 문의도 하지 않고, 여러만 명의 포로들을 '반공 포로'라는 이름을 붙여 무더기 석방을 해 버리고 말아, 한동안 유엔군 측을 아찔하게 했던 그 일의 덕택을 운 좋게 입은 것이다.

"예, 운 좋았쉬다……" 침묵이 90프로는 확실히 되는 정호도, 김영삼이 이 운을 말하는 언저리에 와서는 이렇게 한마디 끼우며, 호인형의 큼직큼직한 윗이빨들을 드러내고 한바탕 느긋하게 소리 없는 소 웃음 비슷한 웃음을 보여 나타낸 걸로 보면, 하여간 무슨 운이 어떻게 좋았던 간에 틀림없이 그 한바탕의 운 좋았던 걸 느껴 보기는 한 모습이었다.

그리고 이렇게 '운'이라는 것을 말하다가 든 생각이지만, 운으로 보자면 정호 그의 얼굴도 꽤나 두터이는 억센 그 운 속의 것인 듯하기도 했다. 그의 90프로의 침묵 속에 깃들어 있는 것만 같은 90프로의 악운에 유엔군 포로가 요행으로 되었다든지 또 이 박사의 반공 포로 석방의 덕을 보았다든지 하는 따위의 그 '운 좋았쉬다'짜리가 어쩌다가는 한바탕 잠깐씩 섞여 들기도 한 그런 운 속의 모양으로 말이다.

김정호의 그 '운 좋았쉬다' 하며 웃던 느긋한 소 웃음의 힘을 보고 느끼며, 나는 안심하는 마음이 비로소 생겼다. 이 모양으로 우리 민족은 여러 천년을 살아왔을 것이라는 것, 정호는 아버지 소월보다도 좀 더 견딜힘이 있지 않을까 하는 것, 그런 것을 생각하다가 말이다.

"운이사 한두 바탕 좋았었구만두 시방은 어떻소? 어디서 무얼 하시오?"

내가 물으니 이번에도 김영삼이 그의 침묵을 대변해서 "교통부 강생회원康生會員이랍니다. 왜 저 열차에 타서 보면 광주리에 사이다라든지 빵, 캬라멜, 마른오징어 같은 걸 담아 들고 객석 사이로 돌아다니면서 팔고 있는 사람들 있지 않아요? 그걸 강생회원이라구 하지요" 한다.

그의 아버지 소월의 시집 인세가 사후 30년간 상속인한테 지불되는 법의 덕택으로, 1964년까진 그걸 받을 수 있는 그 '운 좋았쉬다'가 또 한바탕 열리기는 열려 있지만, 이 무렵 한동안 아주 썩 잘 팔리고 있는 『소월시집』의 붐 속에서도 출판업자라는 사람들의 에누리와 잘라먹기가 어떻게나 심한지, 지금까지 헤매고 찾아다니며 모두 모아들인 것은 겨우 몇십만 환뿐—이것으로 장가도 들고, 용산역 철도 옆에 열 평도 못 되는 오막살이집을 한 채 마련하긴 했지만, 살 길이 아득하여 직업을 사방으로 구해 다니다가 처가의 알선으로 이 강생회원이라는 걸 한자리 얻어 들어 객차 속을 누비게 되었다는 것 이다.

그의 장인은, 강생회원이 둘러메는 광주리는 아니지만 역시 둘러 메는 점에선 마찬가지인 큰 가죽 편지 주머니를 늘 메고 걸어 다니 는, 서울 교외 돌이의 정직기만 한 우체부. 이 이야기들을 듣고 앉아 서 나는 소월과 소월의 아들을, 한 우체부가 무얼로 눈여겨 알아보고 그랬는지 둘 다 등에 업고 주춤거리며 걸어가는 한 화면을 마음속에 그리며, 인연의 묘함에 잠시 기울어지지 않을 수도 없었다.

"강생회원에게도 쉬는 날은 있겠지? 혹, 낚시질 좋아하시오? 좋아 한다면 나하고 쉬는 날 바다 낚시질이나 한번 같이 갑시다."

내가 좀 더 정호하고 가까워지고 싶어 이렇게 제안했더니 "낚시질 요? 예, 저도 그걸 좋아하디오" 하며 정호의 침묵 속에서는 땅속에서 새로 금시 솟아나는 생수와 같은 반가운 빛이 솟아올라 그의 무뚝뚝 한 얼굴을 적시고 두 눈을 어린애처럼 반짝거리게 한다.

"낚시질이 다 지금 저한테 무엇이웨까? 그런 걸 할 엄두도 못 냅니 다" 하지 않을까 해서 은근히 걱정이었던 것인데, 이 즉석의 승낙은 적지 않은 역경에도 찌부러지지 않은 그의 타고난 힘을 보이는 것 같아 나는 많이 반가웠다.

별러 날짜를 받아서 우리 둘이 주안 염전 저수지로 망둥이 낚시질
을 나간 것은 7월 초순쯤 되었던 것 같다.


**소월 아들과의 소월론**

주안 염전 저수지에서의 김정호는, 망둥이의 낚싯밥인 갯지렁이
를 잡는 것에서부터 망둥이들을 낚아 올리는 데에 이르기까지 좀 느
린 대로 서투르거나 어색한 것을 보이지는 않았다. 이것이 그의 본
업인 듯이 한결같이 이어서 묵직하게 끝까지 잘 해냈다.

그러나 낚시질을 하는 사람은 거의 다 하루 두세 번쯤이라도 울리
게 되어 있는 감탄의 소리—굵직한 놈이 낚이어 올라오고 있을 때
울리는 "야! 큰 놈이다!" 어쩌고 하는 그 감탄의 소리만은 생략해 버
리고, 그저 여전히 멍멍한 침묵 속에서 씩 느긋하게 잠깐 소리 없는
웃음만을 보일 뿐이었다.

이것은 혹 연거푸의 역경에 짓눌려서 그렇게 된 것 아닐까 하여
유심히 살펴보았지만, 그것이 주원인은 아니고, 역시 그 끈덕진 음
미가의 말도 소리도 없이 깊이 음미하는 그 쪽이 이 사람의 본모인
것도 눈여겨져 나를 다시 기쁘게 했다. 덩치 큰 그의 가만하고 태연
한 음미의 모양에는, 열차 속 판매원의 모습이 아니라 한 장수將帥의
꼴이 보이는 것도 같아서 말이다.

그래 마침 내리기 시작하는 이슬비 속에 그와 나는 도시락을 열

고, 반찬으로 가져온 것들을 서로 권하며 마주앉아 점심을 들게 되었을 때 "아버지보다는 정호가 더 센 것 같군. 아버지의 자살은 어떻게 보시오? 세상에서는 댁 아버지가 써 놓은 어떤 시들을 너무 얕게 해석해서, 댁 어머니하고 사이에 불화가 있었던 걸로 이야기를 만들어 내는 사람들도 있다는데……" 해 보았다.

들고 나는 밀물에
배 떠나간 자리야 있으랴.
어질은 안해인 남의 몸인 그대요
'아주, 엄마 엄마라고 불리우기 전에.'

굴뚝이기에 연기가 나고
돌바위 아니기에 좀이 들어라.
젊으나 젊으신 청하눌인 그대요,
'착한 일 하신 분네는 천당 가옵시리라.'

— 「안해 몸」

이런 소월의 시 때문에, 이걸 바로 소월 자신의 일로 풀이해서 자살과도 관계시켜 말하는 사람들이 있는 것을 그가 뭐라 하는가 알고 싶었던 것이다.

나는 어떤 시에 '나'라는 일인칭이 보인다고 해도, 꼭 작자 그 자신의 일만을 말하는 게 아니라 시인은 뭇 사람의 마음의 대변자이기도

해서 자기 자신의 일 아닌 것도 일인칭으로도 얼마든지 쓸 수 있다
고 생각해 왔기 때문에, 가령 소월의 「진달래꽃」 같은 작품도 거기
'나 보기가 역겨워 가실 때에는……'에 '나'가 나왔다 해서 그걸 꼭
소월 자신으로 보지도 않는다.

나 보기가 역겨워
가실 때에는
말없이 고이 보내 드리우리다

영변에 약산
진달래꽃
아름 따다 가실 길에 뿌리우리다

가시는 걸음걸음
놓인 그 꽃을
사뿐히 즈려 밟고 가시옵소서

나 보기가 역겨워
가실 때에는
죽어도 아니 눈물 흘리우리다

이렇게 표현된 「진달래꽃」엔 그저 진달래꽃다운 여인의 정서를

대변해 담은 것으로 보일 뿐이지, 거기 '나'라는 일인칭이 있다고 해서 그렇게도 여성적인 소월을 가정해서 생각할 수는 없기 때문이다. 그런데 어느 날 마침 소설가이고 영문학자이기도 한 어떤 이가 미국에 갔던 길에 거기 사람들한테 소월의 「진달래꽃」을 두고 강의를 하고 왔다고 해서 그 점을 물었더니, 역시 "그야 거기 '나'라는 말이 보이는 한 그 '나'는 소월 자신이라고 할밖에 있습니까?" 하는 대답이었다. 이런 경험을 가지고 있는 나인지라, 소월의 친아들인 정호의 대답은 소월의 시 「안해 몸」의 착상의 근거를 바로 풀 수 있는 좋은 증언이 되리라 생각했다.

"아아니외다" 그는 내가 가져간 고추장이 맛이 있다고 하면서 그가 가져온 마늘들을 연거푸 몇 쪽이나 거기 꾹꾹 찍어 와작와작 짓깨물면서 노한 황소눈을 하고 내가 하는 말을 듣고 있더니, 이렇게 항의하는 대답을 했다.

"글은, 저는 배운 게 짧아서 잘 모릅네다마는, 어늬 놈들이 그까짓 소리를 하고 있습네까? 우리 아버지는 왜놈들 세상이 하나두 마음대로 되지 않아서 그게 한이 되어 그걸루 가셨습네다. 우리 어머니 보고두 같이 가 버리자고 제가 생겨나기 전에 조르신 일이 있대요. 어머님은 그래도 살아서 아이들을 길러 내야 하지 않느냐고 말리셨답니다. 그래 혼자 가 버리신 거지요. 아이들은 어떻게 하라고 그렇게 가세서 될 일이외까? 제가 젖먹이 때 돌아가셔서 저는 아버지가 실지로 어떻게 생겼는지 기억도 없지만, 자라면서는 속으로 많이 원망도 했댔쉬다. 혼자되어 고생하시멘서 우리 형제들을 길러 낸 어머

님 말씀을 철나멘서 알아듣고 시인이니 그렇기도 했던 거라고 겨우
인징이 서기까지는……"

그는 눈에까지 울음을 나타내지는 않았지만 그 소리는 벌써 뻑뻑
한 울음에 그뜩 젖어 있었다. 그는 다시 "시인의 마음이니 견딜 수
없었던 걸 인젠 짐작이야 합네다만 저였더래면 그렇게 하지는 안 했
겠쉬다" 이렇게 단호히 덧붙여 말했다.

정호의 말을 들으며 나는, 1934년 소월이 음독하고 세상을 버렸
을 때 가족들이 자살 발표를 군이 꺼려해서, 이 사실을 잘 알고 있던
소월의 중학 시절의 은사이자 시인인 안서 김억이 그의 죽음 바로
뒤『소월시초』를 어느 출판사의 부탁으로 엮어 내고 거기 소월 생애
의 대략을 적을 때에도 자살만은 숨기게 했던 것을 기억해서 다시
생각해 봤다.

꽤나 철저한 유교의 선비였다는 소월의 조부가 빚은 가훈이 정호
의 단호한 말들의 어디엔가에도 깃들어 있는 것으로 보인다.

만일에 순국열사로서 소월의 자결을 발표할 수가 있었더라면 떳
떳이 소월의 가족들은 그것을 발표했을 것이다. 그러나 일본 제국
관헌들의 감시 속에서 그렇게 할 수도 없고 하여 차라리 숨겨 버렸
던 것으로 보인다.

부엿한 하늘, 날도 채 밝지 않았는데,
흰 눈이 우멍구멍 쌔운 새벽,

저 남편南便 물가 우에
이상한 구름은 층층대 떠올라라.

마을 아기는
무리 지어 서재로 올라들 가고,
시집살이하는 젊은이들은
가끔가끔 우물길 나들어라.

......

어깨 우에 총 메인 사냥바치
반백의 머리털에 바람 불며
한번 달음박질. 올 길 다 왔어라.
흰 눈이 만산편야 쌔운 아침.

「전망」이라는 제목의 이 시에서 소월의 마음은 흡사 저 미켈란젤
로의 〈예레미아〉에서 보는 것 같은 우국지사의 웅크린 모양으로서
다. 그나마 미켈란젤로의 〈예레미아〉의 배경에는, 헐어져 내리는 이
스라엘의 옛 성벽과 그 언저리 망국의 향수처럼 얼씬거리는 물동이
든 수심 속의 여인들 몇이 웅크리고 앉은 예레미아 노인의 배경으로
있을 뿐이지만, 여기 이 「전망」 속에 웅크리고 있는 소월의 주위는
흡사 〈예레미아〉의 그것과 비슷하면서도 한층 더 절박하게는 일본

제국의 압제의 상징으로 보이는 '어깨 우에 총 메인 사냥바치'가 '한 번 달음박질'에 벌써 올 길 다 와서, 민족 사형을 곧 집행할 절박한 마지막이 박두해 있다.

아마 그의 만년에 쓴 것으로 보이는 이 시가 어느 날에 쓴 것인지를 나는 정확히는 모르지만, 이 한 편만 가지고도 자살에 연관시켜 상상해 본다면 그의 죽음이 순국인 것은 넉넉히 남도 짐작할 수 있는데, 가족들이 그것을 모를 리가 없었을 것이다. 다만 그때는 그대로 발표할 수 없어 아예 숨겨 버린 것으로 보인다.

그런 걸 생각하며 내가 정호를 위로할 양으로 "자네 아버지는 좀 늦었지만 늦은 대로 순국을 하셨네. 한일합병 때 그랬더라면 쉽게 알려졌을 걸, 24년이나 늦어 그걸 하셔서 해방되도록 알려질 수도 없었던 게 다를 뿐이지" 했지만 "짐작하외라……" 할 뿐 아버지 그리움의 한이 아직도 여전한 양 다시 그 빡빡한 울음을 그 소리에 섞는다.


### 국회 수위직과 김소월가의 인연

이렇게 주안 염전의 낚시질에서 사귄 이래 한 해쯤을 두고 그는 나를 가끔 찾아 천렵도 같이 가고 또 낚시질도 동행하며 지냈는데, 그 뒤 몇 해 동안은 웬일인지 내 집을 영 찾지 않고 소식이 막히고 말았다.

그래 나는 옛말을 상당히 많이 믿는 내 습관으로 '무소식은 희소식'이라고 믿기로 하여 '괜찮으니 찾지 않을 테지' 하는 정도로 무소식을 헤아리고 있었더니, 1967년 여름이던가 문득 다시 나를 찾아와서 말하는 걸 들으니 그동안의 무소식만은 또 희소식이 되지도 못했던 모양이다.

그의 아내가 오래 관절염을 앓고 누워 있게 되어서, 아버지가 남긴 시집의 마지막 판의 인세—그 몽땅 잘리고 동정 주듯 몇 푼씩 준 그걸 모아 샀던 오막살이도 고스란히 팔아 올리고, 또 아내가 다리를 못 써 걸어 다니지도 못하는 병이라 간호해 주느라고 열차 속 판매원 일마저 자주 빠지다 보니 불가불 사표를 안 낼 수 없었고, 지금은 병처와 어린애 둘을 데리고 빈민굴에 셋방을 들어 있는데, 끼니를 이을 길이 없이 돼 버렸다고 한다. 그러니 어디 아무것이라도 좋으니 일자리가 하나 없겠느냐는 것이다.

그래 나는 내 무능 속의 어느 만큼의 유능이라고 할 만한 궁리와 길은 두루 다 생각해 보고, 일찍이 『소월시집』을 낸 일이 있는 성문사라는 출판사의 국장이 서라벌대학의 제자였던 걸 기억해 내고, 그 사람이 또 이 무렵 성음사라는 음반 제조업을 겸하고 있다는 말을 어디선가 들은 걸 기억해 내 거기 한번 가 보게 했다.

그랬더니 이 음반 제조업엔 내무사원은 별로 소용이 없고, 음반을 들고 떠돌아다니면서 재주껏 월부로 파는 외무사원만이 필요하다고 하여, 우리 김정호도 그거라면 한자리 내줄 수 있다 해서 그걸 겨우 하게 된 것이다.

진명여고의 이우종이니, 동덕여고의 조상기니 또 무슨 중고등학교의 누구누구니, 나는 내 제자거나 친한 후배인 시인 교사들한테 편지를 써 그의 손에 들려서 돌아다니며 팔아 보는 수밖에 아무 딴 길도 없어 그렇게 해 보게 했다.

그러나 그 결과는 정호와 그의 병처와 학령 전의 두 어린것의 명맥을 이을 것도 되지는 못하고 말았다.

"선생님, 아무리 해도 안 됩니다래. 무슨 딴 길은 영 없겠쉬이까?……"

정호는 어느 날 깜깜해진 초저녁까지 떠돌아다니다가 나를 찾아와서 이렇게 절박해져 말했다.

"가만히 있어 보게. 좀 생각해 보세. 내일, 아니 모레 한번 다시 와 보게. 무슨 궁리건 하나 해내야 되지 않겠나……"

나는 아마 이 비슷한 말로 그를 우선 돌려보냈던 것 같다.


그러곤 이내 자리를 펴 깔고 누워 정호로서 가능할 온갖 취직의 길을 이리저리 궁리해 봤다. 솔직한 고백이지만, 그가 북에서 굴러 들어 온 소월의 단 하나의 아들만 아니었더라도 내 마음속의 성의는 평소의 부대낌 때문에 나른하여, 이만큼 도사리지도 못했을 것이다. (나만 어디 그렇습니까? 여러분!) 그렇지만 「삼수갑산」이니 「왕십리」를 비롯해서 「산유화」니 또 무어니 무어니 이십대 때부터 내가 좋아 묻혔던, 내 몸의 적당한 때같이 묻혀 왔던 소월의 시들 또 그런 그의 죽음—이것이 사실은 내 목에 맺히어, 나는 자연히 무엇이든 정호의 길을 하나 생각해 내기 전에는 자지 않으리라는 각오를 하고 있었다.

'아주 궁하면 통한다'는 말이 그 어디 있던가. 까물까물 마음속에서 궁리해 가다가, 내가 아주 무릎을 칠 만큼 내 생각에 스스로 동의한 것은 이때의 국회의장 이효선을 착안한 일이었다. 그리고 또 거기 바로 짝해서 시인 구상을 아울러 생각한 일이었다.

"남에서나 북에서나 우리 민족이 있는 한, 시인에게 국민 시인이란 칭호를 붙이기로 한다면 일정 때의 그 시의 업적으로 김소월이 거기서 빠질 수는 없을 것이다. 그런데 그 아들 하나가 1·4 후퇴의 중공 침략 때 김일성군에 강제로 끌려 내려와서 대한민국의 품으로 돌아오자 이내 굶어 죽었다 한다면 대한민국은 얼마나 창피한 꼴이 되는 것이냐?"

이렇게, 나보고는 가끔 형님이라고 부르기도 하는 시인 구상한테 전화를 건다면 반대가 있을 리 없을 것이라는 생각을 하게 되었고, 또 이효선 국회의장과는 여러 가지로 누구보다도 단짝인 구상이 이 의장을 찾아가서 이 점을 강조한다면 거절은 있을 수 없을 것같이 추리되었기 때문이다.

그래 나는 이튿날 이른 아침, 바로 구상에게 전화를 걸고 내 복안대로 소월의 아들 하나가 대한민국에 내려왔다가 굶어 죽든지 그 비슷한 일이라도 생기면 얼마나 창피한 일인가를 말하고, 이효선 국회의장을 찾아가서 꼭 국회 수위라도 한자리 주도록 해야 한다고 말했다.

그랬더니 구상은 널리 알려져 있는 것처럼 지혜로운 남자여서, 내

지난밤의 오랜 추리 끝의 예상대로 바로 곧 찬성하고 또 바로 곧 이효선 국회의장을 찾아가 조르기로 약속하고, 소월의 아들 정호를 그에게 아주 인계해 달라고까지 나온 것이다.

그래서 정호는 얼마 뒤에 겨우 국회 수위로나마 목숨을 이을 길을 비로소 얻게 되었고, 박종화와 구상과 나 셋이서 그의 취직 서류들에 도장을 찍은 보증인이 되었다. 국회 수위 취직 뒤에 정호가 내게 거기 옷을 입고 인사를 와서, 이 이야기들을 하며 "머리는 써 볼 일인가 부지"하며 웃으니 그도 "예"하고 따라 웃기는 했지만, 이 국회 수위직과 김소월가의 인연이란 것도 도무지 묘하기만 하여 도무지 잔 여러 소리가 잘 나오지도 않았다.

하기는 소월 그도 약질이어서 중간에 자살하고 만 그대로, 한동안은 이 나라의 정서의 문간을 도맡은 수위 노릇을 했었다면 또 그렇게도 볼 수야 없는 것은 아니지만……


**그들 친척의 어느 결혼식날에**

정호가 국회 사무국에 들어간 지 한동안 지나서 처남의 결혼식이 있다고 내게 주례를 부탁하여, 상도동의 그의 처가댁 마을을 가게 되었다.

가서 보니 국민학교 재학 중인 정호의 큰딸아이는 늘 수석이고, 또 내가 주례하게 된 그의 큰처남은 누구나 장래를 촉망하는 우체국의 유력한 내무직원이라 했다.

이 결혼식날은 마침 비를 하늘에서 촉촉이 보내 주시어서 '바닥에 닿게 모두가 가까워지는 날이 골라져서……' 어쩌고 나는 그 주례사라는 것을 하고 있었던 것 같은데, 평안도 어느 구석의 차진 근성 때문인지 아니면 김소월 그의 집 주변만을 주로 한 일인지, 소월 근처에 가면 그것은 언제나 꽤나 바닥에 닿는 차진 것이 되고 마는 것만은 사실인 것 같다.

(『월간중앙』 1971.11.)

# 처녀상궁 최덕순 할머니

## 최 상궁 댁 온돌방

내가 이 나라에 생겨나서 쉰일곱 살의 지금까지 지내 온 모든 겨울의 모든 온돌방들 가운데에서 늘 가장 따뜻했던 방이 어느 방이냐고 누가 묻는다면, 그것은 창경궁 옆 원남동 14번지의 처녀상궁 최덕순 할머니 댁이었다고 나는 언제나 서슴지 않고 대답할 수가 있다. 또 그 끼니때의 밥의 쌀과 밥맛이 제일 적당히 잘 익었던 집, 또 그 숭늉이 가장 맛있게 뜨끈하던 집이 어디냐고 한대도 역시 대답은 마찬가질 것이다.

노오란 전주산의 그 각장장판의 우리 온돌방이라는 것들은 내 경험으론 아궁이에 불이 늘 덜 들어가서 노란빛 그대로 때만 끼어 있거나 아니면 문득 어떤 때만 불을 너무 많이 지펴서 방 아랫목이 까맣게 반쯤 타 있기가 예사이지만, 이 최 상궁 댁 방들만은 그게 아주 알맞게 잘 누른 가마솥 바닥의 누룽지빛과 같은 잘 익은 감빛으로 짙게 물들어 있고 또 그건 언제나 따끈히 뜨시하고, 이 방에 들어오는 숭늉도 그러해서 겨울에 이 댁에 엉덩이를 붙이고 들어앉으면 자리에서 일어설 생각이 쉬 나지 않았다.

이것은 오랫동안의 왕궁의 궁녀 생활에서 온 것이 아닐까 가끔 생각도 해 보지만, 우선 창경궁 안의 많은 온돌방들이 짙은 감빛으로 물들어 있지도 못한 걸로 본다면 이건 더 많이 최 상궁 그네 혼자서 따로 빚어내고 있었던 분위기였던 것 같다.

이렇게 따끈하게 짙은 감빛의 이 댁의 세 개뿐인 방 가운데 제일 크대야 세 평쯤밖에 안 되는 그네의 안방의 가구랄 것은 과히 좋을 것도 없는 2층 옷장이 하나, 죄끄만 개폐식의 옛 경대가 하나 또 다듬잇돌이 하나, 그러곤 방 아랫목 벽 위켠에 다락식으로 만들어 놓은 작은 벽장 하나뿐, 그러곤 거문고와 가야금이 각각 한 채씩 구석에 서고, 유자와 모과를 여남은 개쯤 담은 큰 목기 하나가 어느 겨울이나 그 향기를 풍기고 있었는데, 이 두 개의 악기와 유자와 모과 향기는 그네가 손수 갖추어 가지는 것이 아니라 어떤 더벅머리 총각 하나를 여기 불러들여 그것들을 탄주하게 하고 냄새 피우게 하는 것이었다. 그리고 이 두 개의 악기와 두 가지 열매 향기가 이 방에서는 어느 겨울에도 중요한 것이고 딴것들은 그저 놓인 채 거의 잊혀지고 있는 듯했다.

**"아이, 가엾어라……"**

보들레르의 시 「여행에의 유혹」에 나오는 멀리 도망간 두 연인의 아늑하고 구석진 방의 정취를 독자들은 혹 이쯤에서 기억해 내고 대조해 보게 될는지도 모르겠다. 그러나 그런 상상도 여기에는 맞지 않는다. 궁에서 도망쳐 나온 새파랗게 젊은 궁녀와 대머리 총각과의 동거 생활이라면 모르겠으나, 처녀 최 상궁의 나이는 내가 처음 그네를 이 방에서 만났을 때에도 이미 환갑을 한두 살쯤 넘겨 있었고, 내 중학 선배였던 더벅머리 총각만이 스물두 살인가 세 살의 젊은 나이였으니 말이다.

하기는 내 요량으로는 일생 처녀로만 고스란히 지내 온 걸로 보이는 최 상궁 할머니는 환갑 넘은 나이보다는 늘 한 스무 해쯤은 젊어 보였고, 어느 때 잠깐만 그네 집을 둘러보러 나와서 남치마에 남끝동 단 옥색저고리에 그 하나도 세지 않은 반즈레한 기름 머리 위 황금 장식의 상궁 복색으로 나긋이 언동할 때 보면 성처녀 그대로구나 느껴지기도 했지만, 역시 이 집에 드나들던 우리 누구도 그네를 할머니라고 부르지 않을 수 없을 만한 그네의 나이는 나이였으니까 말이다.

그런데 어떤 여자고등학교 2, 3학년에 가서 보면 선생님의 말씀에 아주 "아이, 가엾어…… 저걸 어쩌면 좋아요, 글쎄……" 이런 토막말을 문득문득 하고 지내는 반장이나 부반장 아이가 있는 것을 어쩌다가 보게 되는 일이 있는데, 우리 최 상궁 할머니가 늘 제일 실감 있게 쓰던 말도 이것이어서, 이 소리는 그네를 생각하면 언제나 그네 방의 거문고 가야금 소리와 유자와 모과 냄새에 섞인다. 그것은 그 음색이나 가락까지가 여자고등학교 2, 3학년짜리 소녀 그대로의 소리로 섞인다.

"아이, 가엾어라. 저를 어쩌면 좋아요, 글쎄……"

내가 1931년 겨울 열일곱 살 때 중국 상해로 건너가려고 아버지의 돈 3백 원을 몰래 훔쳐 가지고 상경했다가, 우연히 그네의 원남동 14번지에 한동안 묵고 처져 있게 되어 그네를 처음 만나게 되었을 때도 그네의 더벅머리 총각한테 대강의 내 사정을 전해 듣고는 이 말씀을 아주 실감 있게 발언하더니, 내가 이 집에서 묵으며 배우나 한번 되어 볼까 하고 극예술연구회의 제1회 공연작인 고골리의 〈검찰관〉 연습에 나가다가 싱겁다고 그만두어 버렸을 때에도 똑같은 이 말을 하고, 또 소설가나 그런 것이 되어 보려고 도서관에서 늦게 돌아오던 때들도 그 자리에서 만나기만 하면 거의 빼지 않고 이 말을 하고, 내가 할 수 없이 고향으로 다시 내려가겠다면 이 말을 더 실감 있게 말하고 하여, 내게는 그네 방의 그 더벅머리를 시켜 갖춘 거문고 가야금 소리와 유자 모과 냄새와 범벅되어 이 "아이, 가엾어라……" 소리가 시방도 마음속에 배어 있는 듯하다.

이 "아이, 가엾어라……"를 최 상궁이 말하고 있을 때의 얼굴과 손끝의 표정을 자세히 보고 있으면, 그것은 높은 데서 고자세로 아래를 내려다보며 불쌍히 여기는 그런 것이 아니고, 그네 자신까지를 포함해서 이 가엾은 것은 하늘과 땅에 그뜩하여 환갑 넘은 처녀의 살 속과 뱃속을 울리고 그 울림으로 두 실낱같은 눈썹과 두 손의 손가락 끝을 파르르 떨게 하는 것이 천천히 눈에 띈다. 가령 나 같은 젊은이의 무엇이 가엾어서 이 말을 할 때에도 그건 한 대상만이 문제인 것이 아니라 그네와 주위의 모든 것이 이 한 대상을 기회로 해서 두루 다 가엾어서 두 눈썹과 열 개의 손가락 끝을 파르르 떠는 것이다.

이것은 그네의 그 초롱하고 싱그런 청춘을 그네가 가고 싶은 남성의 쪽으로 가 보지 못하고, 딱한 궁녀의 신분으로 고스란히 늙어 가는 데에서 온 것이라고 물론 먼저 생각할 수가 있다.

그러나 좀 더 자세히 보고 있으면 그것은 그네에게서만 처음으로 빚어진 것 같지는 않고 그 뿌리는 훨씬 더 먼 옛날부터 돋아나 자라온 것인 듯하다. 물론 이것은 하늘의 한 직접의 아들을 남편으로 맞이했던 곰이 둔갑해서 된 여인—단군의 어머니 때에서부터 된 일은 아니겠지만 그 뒤 어느 때 어쩌다가 처녀들이 마늘이나 쑥을 아무리 먹고 금기를 지키고, 햇빛과 달빛과 별빛의 하늘을 그 살과 마음으로 해서 기다려도 하늘의 아들인 짝이 영 보이지 않게 된 데서 비롯한 것 아닐까.

이렇게 생각하면 나도 무언지 무작정 미안스럽기만 하여, 순 정신적인 느낌이지만 말하자면 저 '고자 처갓집에 드나들듯'이라는 상말 속의 고자의 미안스런 얼굴로, 이분 나이도 다 잊은 채 아무 대답도 반반히 제대로 못하고 엉거주춤할밖에 딴 도리는 없었다.

그네는 수양아들로 골라 거문고와 가야금 소리와 유자와 모과 냄새를 그네 방에 있게 했던 더벅머리 총각이나 그 더벅머리가 좋아해서 같이 있자고 했던 나만을 특별히 그네 집에서 먹여 살린 게 아니라 그네의 그 "아이, 가엾어라……"에 통과한 더벅머리나 내가 가까이 여겨 불러들이는 딴 사람들에게도 그 '가엾어라'만 한번 느끼는 날이면 만일 그들이 여기 원남동 14번지 그네의 집에 머물기만 원한다면 그들을 모조리 여기 그네 가까이 두어 거두기를 원했다. 높은 곳에서의 구제가 아니라 그네 자신까지 포함하여 모두가 두루 다시 가엾어져서 두 눈썹과 열 손가락 끝이 눈에 잘 뜨이지도 않을 만큼 파르르 떨려서 말이다.

이렇게 되니 이 원남동 14번지의 늙은 처녀 최 상궁 댁의 세 개의 방은 늘 만원일밖에 없었다. 소설가 김동리 군의 큰형 범부 부부를 비롯해서 설산 장덕수의 매제고 중력 관계의 숨은 발명가였던 장연송, 국악 관계의 국보급 사람들, 그 밖에도 많은 사내들이 이 원남동 14번지에 장기건 잠깐잠깐씩이건 두루 그 엉덩이를 붙이고 여길 그들의 중요한 '아지트'로 하고 살고 있었던 것이다. 그들은 누구나 그 늙은 처녀 최 상궁의 두 눈썹과 열 손가락 끝이 파르르 떨리는 그 "아이, 가엾어라……" 소리를 잘 기억할 것이다.


**기쁜 꿩 소리의 메아리**

그네의 웃음소리를 1932년이던가 창경궁에 벚꽃이 피던 어떤 봄날 햇볕 속에서 들었던 게 인상적이다. 말하자면 이건 어느 총각한테 건강한 처녀가 그네 머리의 댕기 꼬리 같은 데를 싫지 않게 붙잡혔을 때 문득 솟아 내는 것 같은 그런 것이어서 지금도 산골짜기에 우는 꿩 소리 비슷하게 내 속에 메아리를 던지고 있는 아주 반가운 것이다.

말씀은 그저 "아이! 년석두 원……" 그런 것이지만, 말이 아니라 그 속에 담겼던 무한정 반가운 봄 산골짜기의 꿩 소리 같은 소리 가락의 감동 때문이다.

이 댁의 더벅머리 수양아들 배미사와 나는 1932년 봄 창경궁에 벚꽃이 한창이던 어떤 날 밤에 밤벚꽃 구경을 갔다가, 수정 앞 연못 물에 아주 굵은 잉어들이 뛰어노는 걸 발견하고 그걸 낚아서 회를 쳐서 술안주를 해 보기로 작정하고는 이튿날 밤 낚시와 잉어 입가음의 카스텔라, 잉어를 낚아 담을 자루 같은 걸 준비해 가지고 거기로 나갔다.

그래 미사는 온종일 끙끙거려 만든 낚시에 남은 가야금 줄을 매달아 만든 낚싯줄을 수정 앞 연못가의 가장 으슥한 데를 골라서 물에 드리우고, 나는 일본 경관이나 감시원의 눈을 지켜 망보는 일을 맡아서 해 보았는데, 원체 정신 들여서 꼭 해 보고 싶은 것은 되기가 망정인 것인지 미사는 꽤 큼직한 걸로 두 마리를 낚을 수 있었다.

수정이 남향하고 앉은 자리에서 보아 연못의 바른쪽엔 꽤나 크고 그늘이 짙은 앉은뱅이 향나무들이 자리하고 있는 데가 더러 있어서, 깜정 두루마기로 거기 포옥 깃들어 앉은 우리 더벅머리 총각이 잘 눈에 띄지 않은 덕이기도 했으려니와, 한 쌍의 눈과 손발이 잘 맞아서 안 되는 연애가 없듯이 망보던 나와 그의 눈과 손발도 꽤나 민첩

하게는 잘 맞아 해냈던 것이다.

　미사가 그의 깜정 두루마기 양 옆 구멍에 두 손을 넣은 채 일어서서 내게로 와, 아주 흡족하게 히죽거리며 눈짓하는 데를 더듬어 그의 두루마기 속 허리춤에 둘러 찬 자루를 가만히 만져 보니, 듬쑥하고 묵직하게 꿈틀거리고 있는 게 인제 우리보단 더 좋은 걸 가진 사람은 이 세상에 하나도 없는 것만 같아서 "야!" 하는 소리가 내 목에서도 저절로 나왔다.

　그래 이 두 마리를 가지고 가서 우물물을 길어 내 빈 오지독에 퍼부어서 하룻밤을 지새게 해 가지고, 이튿날 두 상감처럼 우리는 이걸 몇 잔 약주하고 같이 집어셌던 것인데, 그 맛도 물론 맛이었지만 그보다도 지금까지 기억에 더 싱싱한 것은 우리가 이걸 다 집어센 뒤에도 또 하룬가 이틀이 지나 이 집에 들른 노처녀 최 상궁이 이 얘기를 미사한테 전해 듣고 터뜨리던 그 웃음소리다.

　그것은 가령 음력 팔월 추석날 달밤 같은 때 시골 산골짜기 마을의 처녀들이 집집의 마당들을 두루 찾아 돌아다니며 〈강강수월래〉 같은 무요(舞謠)놀이를 하다가 밤 이슥해 뿔뿔이 제집으로 돌아가는 길에 문득 키 넘어 자란 어느 모시밭 사잇길 같은 데서 마음에 들어 있는 총각 아이한테 문득 손목이나 머리의 댕기 끝 같은 데를 슬그머니 붙잡혔을 때에 터뜨리는 그런 음성 비슷하기도 하고 맑은 봄날 깊은 산골을 푸득여 나는 기쁘디기쁜 꿩 소리와도 어느 만큼 비슷한 것이었다.

## 60여 년의 이슥함

'아'와 '하'가 아주 잘 합해진 소리에 'ㅇ' 받침을 해서 이걸 다시 비모음으로 만들어 목 속에다 집어넣어서 탄력 있게 상당히 빠른 속도로 연속적으로 터뜨려 발음하면 이 웃음소리 비슷한 게 되기는 되리라.

그러나 여기에는 '산접동새는 이슥하요이다'의 접동새나 그런 새가 아니라 60여 년을 처녀로 한결같이 지새 온 이슥함이 깃들이고, 좀 더 생각해 보자면 이조나 고려조나 삼국시대까지를 훨씬 넘어 처녀들이 단군의 어머니처럼 곰 같으면서도 하늘의 아들인 총각을 기다려 쑥같이 마늘같이 금기하고 지내던 때의 반가운 음성 같은 것이 그대로 들어 있는 것도 같아, 아주 오래고도 또 새로운 한 새벽의 느낌을 내게 주었던 것이다.

최 상궁의 이런 새벽 같은 것과 또 "아이, 가엾어라……"는 어느 것이 그녀의 안이고 밖인가를 나는 지금도 분간하기가 어렵다. 물론 새벽의 맛이 더 본질적인 것이고 '가엾어라'는 좀 더 뒤엣것이겠지만, 그네의 저고리의 안팎을 식별하듯이 이걸 식별하기는 참으로 어려웠다.

하기야 이렇게 말하기라면 그네의 육체에서 이걸 갈라 식별하기도 거의 어려운 일이긴 했다. 나는 어느 여름날이던가 밖에 나갔다 들어와서 그네의 방 곁을 지나다가 경대 앞에 웃통을 벗고 앉아 있는 그네 상반신의 나체를 힐끗 엿본 일이 있는데, 그 연분홍의 선명한 젖꼭지부터 이게 새벽인지 '가엾어라'인지 영 분간을 하기가 어려웠으니까 말이다.

참, 그네의 육체 이야기가 났으니 말인데 키나 얼굴이 지금의 여배우 중에서 비기자면 선우용녀와 김희준을 합해서 이등분해 놓은 것 비슷하다고나 하면 될까. 그러나 거기다가 세월을 한 열두어 살쯤 더 보태고 두 눈뚜껑을 조금 더 부드럽게 하고 아래턱에 살을 조금만 더 찌게 해야 될 것 같다. 그 웃음소리는 여류 시인 김남조 씨가 KBS 텔레비전에서 이화여자대학교 총장 김옥길 씨와 대담하는 걸 본 일이 있는데, 김옥길 씨가 거기서 뜻밖에 한번 터뜨리던 웃음소리가 우리 최 상궁의 그것과 좀 가까운 듯했다.

1934년 단오 무렵에 나는 그만 금강산에 들어가서 참선이라는 것이나 해 볼 생각이 들어 미사에게 알렸더니 그것이 곧 최 상궁의 귀에 들어가서 최 상궁은 내게 또 그 "아이, 가엾어라. 저를 어쩌면 좋아요, 글쎄……"를 두 번 만나 서너 번이던가 세 번 만나 대여섯 번이던가 나를 에워싸 거듭거듭 입히고는 그다음은 또 다듬이질을 이조 궁체로 아주 썩 잘한 하얀 모시 두루마기 하나를 나한테 해서 입혔다.

이것은 지금까지의 내 생애에서 사람들한테 받은 물질의 선물 가운데서는 제일 내게 잘 들어맞는 것이었다. 이백의 「자야오가子夜吳歌」란 시에 보면 전쟁에 나간 남편을 생각하며 그의 옷 다듬이질을 하고 있는 가을 밤의 아내들의 마음을 대변하여

서울은 한조각 조각달인걸 　　　　　長安一片月

집집마다 울리는 다듬이 소리…… 　　萬戶擣衣聲

하늘 가득 밀리는 가을바람은 　　　　秋風吹不盡

모조리 옥관 가는 그리움이고…… 　　總是玉關情

어쩌고 한 것이 보이지만, 우리 육십 노처녀 최 상궁이 다듬어서 내게 해 입힌 모시 다듬이질 두루마기 속에 들어 있는 것은 물론 그것보다도 훨씬 더 멀고 아득한 이해와 느낌일 것이 분명하여서, 그걸 느끼며 금강산 길 6백 리를 걸어가는 내 마음속은 꽤나 묘하기도 했다.

나는 지금 괴테의 『빌헬름 마이스터의 편력시대』 속의 현명한 여자 이해자 마카리에 할머니가 했던 일들을 생각해 본다. 그네도 사람들의 사정을 잔 것이나 굵은 것이나 아주 잘 이해했었다. 그러나 거기에도 "산으로 중노릇 가는 낯익은 문학청년에게는 궁체의 다듬이질을 잘한 모시 두루마기나 하나 마련해서 입혀 보고……" 하는 항목까지는 없다. 최 상궁의 이것은 훨씬 더 멀고 아스라한 것이다.

"아이, 가엾어라. 저를 어쩌면 좋아요, 글쎄……"

금강산으로 걸어가는 도중 연천 심원사에서 얻은 쑥떡을 철원 도피안사로 가는 냇물 가에 앉아서 짓씹으며 뻐꾸기 소리를 듣고 있을 때에도, 그네의 그 소리와 이 모시 두루마기는 아주 잘 들어맞아서 뻐꾸기 소리를 한결 더 간절하게 해 주었고, 금성 천불사에서 단발령을 넘어가다 해가 저물어 잘 데도 없고 아득했을 때에도, 검게 기어 오는 땅거미 속에서 그 소리와 이 두루마기 속의 아스라한 아늑함은 나를 감싸서 다시 금강산 장안사까지의 5, 60리의 밤길을 절름거리며 걷게도 했던 것이다.

금강산에서 참선 공부하려던 것도 잘 되지가 않아서 다시 서울로 돌아와 와룡동에서 국민학교 6학년짜리 아이의 가정교사 노릇을 하고 입에 겨우 풀칠이나 하고 있을 땐데, 겨울에 비 오면 국밥에 막걸리 한잔씩 사 먹으러 드나들던 어떤 싸디싼 국밥집의 열아홉 살쯤의 딸하고 별말이나 수작도 없은 채로 눈이 어느 만큼 서로 맞은 듯해서 미사보고 그 말을 했더니, 그것도 또 최 상궁의 귀에 들어가서 "중노릇인 줄 알았더니 장가라야만 할 모양이군……" 하고 또 그 묘한 늙은 처녀의 청청한 웃음소리를 한바탕 터뜨리고, 역시 그 "아이, 가엾어라……" 소리도 또 한 번 안 대어 깔고 그러고는 다시 또 이번엔 어디 정주 색시가 될 수 있는지 알아보겠다고 했다.

그러더니 어느새인지 거길 찾아 다녀와서 "눈이 별싸래기같이 초롱하게 생겨서 누구 눈에도 잘 들긴 하겠더군. 그 집은 곧 장안에 가서 생선가게를 할 양으로 이사 가게 된다고 해요. 글쎄, 우리 정주하고 꼭 궁합이 맞을까 몰라……" 하여 내가 그 처녀와 서로 눈이 어느 만큼 맞은 것 같다고 느낀 것은 이쪽만의 느낌이기도 쉽다는 걸 암시하고, 또 그렇다고 해도 그 눈은 먼 하늘의 별빛 같은 것이니 탓할 것 없이 곱게 기억하면 그만 아니겠느냐는 눈치도 은연중에 풍겨 보였다. 그러고는 뒤에 미사더러 "그 국밥집에 오는 젊은 사내들하고 그 애는 두루 눈이 잘 맞더라" 하더라는 것이다.

그래 나는 내 눈으로 그걸 확인해 보기 위해 사람들이 많이 모일 저녁 식사 때를 골라서 그 집을 찾아가 국밥 한 그릇과 약주 한 되와 생굴이던가 안주 한 접시를 시켜 놓고 꽤 오래 버티고 앉아, 음식 그릇을 나르는 그 계집애의 눈이 거기 어느 사내 눈과 어떻게 서로 보고 있는가만을 더듬고 있었다. 그리고 그 결과로 최 상궁이 본 것이 옳고, 나 혼자만 그 애와 눈이 맞았다고 느낀 것은 엉터리였다는 걸 알게 되었다. 그래 아닌 게 아니라 최 상궁의 그 "궁합이 맞을까 몰라" 한 말도 아주 유력한 것인 걸 알게도 되고 또 할 수 없이 그 계집애의 두 눈도 그냥 먼 하늘의 별빛 같은 걸로만 내 속에 기억되게 된 것이다.

### 수양아들의 속옷

내 중학 선배 미사가 계획을 하나 세웠다. 그와 그의 거문고와 가야금 선생 심상건과 또 동양학자 김범부 그리고 시 쓰는 나까지를 일단으로 해서 프랑스에 건너가 한세월 보자고 해서 그 적지도 않은 자금을 만들 생각으로 수양어머니 최 상궁 소유의 논밭과 집까지를 모조리 팔고 저당해 가며 명치정(지금의 명동)의 증권시장에 드나들며 미두라는 것을 시작해서 거기 미쳐 빠져 버리고 만 것이다.

"염려 말고 한동안만 기다리게. 우리가 모두 서양에 건너가서 우리 힘을 한바탕 드러낼 수 있게 내가 기어코 만들어 내고 말 터이니……"

미사는 자신만만하여 장담하고 일이 잘되어 가는 중이라 하며 가끔 기생집으로 우리들을 데리고 가 미리 자축연을 거듭해서 기세를 올렸다.

그러나 십중팔구는 안 되기 망정인 이런 짓이 어디 될 법이나 한 일인가. 물론 그는 몇 해 못 가서 수양어머니의 재산을 살고 있던 집까지 모조리 털어 바치고 길거리의 하숙집을 굴러다니는 몸이 되고 말았다.

그래 그가 마지막에는 증권시장의 뒷골목을 헤매 다니며 경찰의 눈을 피해 하는 저 '합백꾼'이라는 것으로 전락하고 한 그릇 10전짜리 상밥집 신세를 지고 있을 때, 1937년 여름이던가 종로 3가의 뒷골목에 있는 어느 상밥집에 묵고 있는 그를 찾았더니 마침 그 자리에 와 있던 최 상궁 할머니는 "되기는 뭣이 돼 이 녀석아……" 미사더러 이렇게 말하면서 "어서 속옷들이나 좀 갈아입어라. 이가 득시글득시글하겠구나……" 하고, 옥색 항라의 쬐그만 보자기에 싼 것을 미사의 앉은 무릎 옆으로 연거푸 들이밀며 조르고 있었다.

그러고는 내가 거기 있는 것에 마음이 비로소 쏠리자 그네의 그 "아이, 가엾어라. 저를 어쩌면 좋아요, 글쎄……"를 잊지 않고 또 한 번 내게 입혔다. 이걸로 보면 그네의 수양아들 미사의 프랑스행 계획이나 그네 논밭과 집이 미두에 몽땅 다 날아가 버린 것이다. 이 상밥집 신세는 두루 다 그네의 승낙 없이 된 것도 아니고, 그렇지만 그건 지금 당장으론 수양아들의 이가 득시글거릴 속옷을 갈아입히는 일보다 더 중요한 일도 벌써 아니었던 게 역력했다.

그 뒤 1938년이던가 1939년이던가의 겨울 내내 미사가 한동안 일정한 주소도 없이 굴러다니고 있을 때, 종로 네거리의 무슨 다방 앞에서 미사가 만나자고 한 오후 5시엔가 내가 그 길가에 가 서성거리며 기다리고 있었더니 미사는 또 무슨 딱한 일이 생겼는지 아무리 기다려도 나타나지 않고, 뜻밖에도 수양어머니 최 상궁이 눈에 익은 옥색 항라의 쬐그만 보자기에 싼 것을 겨드랑에 끼고 내 앞에 다가 와서 미사 녀석은 또 웬일이냐고 했다.

그리고 아무리 둘이 서서 기다려도 겨우 새 눈발만 드문드문 쏟아 져 내리고 그의 수양아들은 영 꿩 구워 먹은 뒤인 것만이 역력하자 그 옥색 항라의 보자기에 싼 것을 내게다 넘겨주며, 만나거든 이걸 전해 주라고 하고 "아이, 가엾어라. 저를 어쩌면 좋아요, 글쎄……"를 또 한 번 거기 말씀해 깔았다. 그러고는 창덕궁으로 가기 위한 것이 겠지, 종로 3가 쪽으로 깜장 공단 족두리 위에 황금의 상궁표를 번 쩍거리며 사라져 갔다.

말하는 게 늦었지만 그네가 늘 단속곳 웃춤에 차고 다니던 사향 주머니의 아른한 향내를 이번에도 거기 남기고……

그리고 이것이 내가 그네를 만난 마지막이고 미사에게는 마지막 에서 두 번째 기회였다.

미사는 이젠 집도 절도 없이 된 이 노처녀를 창덕궁 안의 임종의 자리로 불리어 가서 마지막으로 보았다던가.

종로 네거리에서 안 나타난 그네의 수양아들 미사에게 전하라고 내게 맡긴 그 옥색 항라의 보자기 속에는 미사의 또 한 벌 속옷들 사이 이조의 역시 옥색 다듬이한 두꺼운 창호지에 똘똘 말아 싼 것이 있어 미사와 내가 만나 열어 보니 그것은 노오란 송홧가루를 반죽해서 만든 몇 조각의 이 왕궁의 과자였다.

　　그래 그 뒤 나는 봄의 솔수풀에서 송홧가루가 날릴 때에는 또 거기 우리 노처녀 최 상궁도 아울러 기억하는 버릇이 생겼다.

(『월간중앙』 1971.12.)

# 도깨비 마누라

**징쇠네 집 식구들**

  사람이 간사하긴 하지만 그게 이쁘면 이뻤지 밉지는 않다는 느낌에서 '아양쇠네'라는 이름이 붙은 석류나무집 앞에서 맑은 돌개울을 한 여남은 칸 넓이쯤 알발 적시고 아양스레 건너가거나, 말꼬리 털로 올가미들을 만들어 산 밑 밭에 내린 겨울 꿩을 잡는 덴 귀신인 '노적'이라는, 이름만 부자인 최노적 씨네 집 쪽으로 해서 알 벗어야 하는 개울물을 피해 대숲 언덕배기 길을 장끼 까투리처럼 슬슬슬슬 돌아 내려가거나, 해 질 무렵 여인네들이 모두 물동이를 이고 걸어 나와 마을 우물에서 물을 길어 이고 집으로 돌아갈 때, 그중에서도 언제나 물 한 방울 안 흘리기로 이웃 간에 꼽힌 부안댁의 그 음력 스무날쯤의 달같이 또박또박한 물동이 인 걸음걸이의 뒤를 따라가거나, 내가 지금 생각하고 있는 우리 도깨비 마누라님 댁에 가려면 어느 쪽으로나 다시 여름이면 칙칙하니 키 넘어 우거지는 넓은 모시밭 사이 실같이 가는 길을 헤쳐 지나야 하고, 그 댁 대사립문을 들어서면 다시 여러 그루 감나무 수풀에 파묻혀야 했다.

나는 어린 시절 이 도깨비 마누라님의 단 하나뿐인 징쇠라는 이름의 손자하곤 내가 두 살인가 더 위인 친구지만, 감꽃이 자욱이 땅에 깔리는 첫여름에 한두 차례쯤 징쇠를 따라 감꽃을 주워 모아 염주를 만드노라고 그 집 언저리를 맴돌아 봤을 뿐이지, 방 안에 들어가 앉아 있어 본 일은 없다. 바다로 망둥이 낚시질을 간 아이나, 산골짜기로 더덕 같은 걸 캐러 간 아이가 아주 멀고 깊은 곳에는 무서워 들어가지 못하는 것처럼, 이 집 방 안에까지 들어가기가 뭔지 많이 뭉클하게 무섭게만 느껴졌던 것이다.

음력 설날에 마을의 집집마다를 찾아 세배를 하고 곶감을 모으고 돌아다닐 때, 이 집 안방에도 꼭 한 번인가 들른 일은 있다. 그러나 이 집 방은 뭔지 마음이 켕겨 더 이상 찾아들지 않았던 것 같다. 징쇠네 할머니는 도깨비 서방을 얻어 데리고 산 여자라는 마을의 소문도 소문이었지만, 이 집이 영 안심찮은 데다가, 도깨비 마누라라는 할머니의 두 눈의 흰자위가 내가 그걸 본 때는, 웬일인지 맨드라미 빛깔로 빨갛게 물든 채 나까지도 엿보고 있는 것만 같아 여기를 더 이상 들어서고 싶지 않았던 것이다. 더구나 그 맨드라미 꽃빛으로 물든 두 눈의 흰자위도 흰자위지만, 그 위에 너무나 단정하게 얹힌 눈썹과 그 밑에 역시 영 단정하기만 한 코, 또 그 밑의 할머니답지 않은 새빨간 입술 속의 너무나 가지런하고 너무나 흰 이빨들이 두루 성큼하기만 했던 때문이다.

눈, 눈썹, 코, 이빨, 말이 나왔으니 말이지만, 이 할머니 말고도 이 집 식구들은 그것들이 어딘지 서로 닮은 데가 있었다. 두 눈의 흰자위가 맨드라미빛으로 물든 것만 빼놓는다면 그 너무나 초생달 같은 가느다랗게 단정한 눈썹이나 밋밋하고 의젓한 코나 입술의 더 붉은 빛, 이빨의 더 흰빛이 모두 이 집 할머니와 꽤 비슷한 데가 있었다. 그런데 징쇠네 아버지나 징쇠는 둘이 다 이 도깨비 마누라는 할머니의 외아들이고 외톨박이 손자니까 그렇기도 할 테지만, 며느리 즉 징쇠네 어머니까지가 많이 비슷했던 것만은 지금 생각해도 이상하다. 어느 마을 어느 구석까지를 누비고 다니다가 이 할머니가 자기나 자기 아들과 비슷한 모양을 골라 며느리로 끌어들인 것인지 이상한 일이다.

그중에서도 고부끼리 눈썹 모양이 너무나 많이 닮은 건 묘하다.

이쁜 여자 눈썹산의 초생달 가을 그림자　　　峨眉山月半輪秋
평강강 물에 들어 흘러내린다　　　　　　　影入平羌江水流


이건 이백이 쓴 「아미산월가峨眉山月歌」라는 시의 구절이지만, 내가 여덟 살 때 마을 서당에서 여름 모깃불 가를 맴돌며 읊어 익혀 속에 담은 이 시 속의 눈썹 같은 달의 인상보다도 더 뚜렷이 내 속에 사진 찍혀 있는 것은 도깨비 마누라 며느리의 눈썹이고, 또 바로 그 도깨비 마누라 본인의 눈썹이다. 직석의 강물 속에 그림자를 넣어 흐르는 정도가 아니라 벌써 50년이나 가까이 내 마음속과 또 공중에 여전히 잘 구부러져 박혀 있다.

하긴 내가 먼저 본 것은 도깨비 마누라 바로 그 할머니의 눈썹이 아니라 그 며느리 즉 내 친구 징쇠의 어머니 것이었다.

내가 네 살이나 다섯 살쯤 되어서 이 묘한 눈썹을 내 마음속에 사진 찍어 넣고 있었다 하면 말짱한 거짓말이라고 할 사람도 있을는진 모르지만, 그건 분명한 사실이다.

이 이야기는 그전에도 어디엔가 조금 써 놓은 듯하지만 그때는 여름이었던 듯하다. 내 생일은 물론 음력으로 5월 열여드레 날이니까, 아마 세 번짼가 네 번째의 내 생일이었을 듯도 하다.

어머니는 날이 꽤 더워서 아랫도리를 고스란히 빨가벗은 나를 무릎 위에 안고 있었고, 어머니를 에워싸곤 방 안에 그득히 삥 둘러서 여인네들이 모여 앉아 있었는데, 내 어린 사타구니를 시원하게 해 주려고 어머니는 거기 부채질을 사알살 하고 있었던 것 같다.

그러자 모여 있던 여인네 가운데 하나가 "움매, 애기 꼬치 좀 봐. 꼬치에 땀이 송알송알 배었어……" 해서 네 살인가 다섯 살짜리의 내가 눈여겨 그렇게 말하는 이를 보다가 처음 만난 것이 바로 이 도깨비 마누라의 며느님의, 남과는 아주 다른 가느다랗고도 활같이 잘 굽은 눈썹이었는데, 내가 더 자라 가며 그 집 식구들을 사귀는 동안 그게 이 집에 두루 공통된 거라는 걸 알게 된 것이다.

물론 훨씬 뒤에 안 일이지만, 이 집의 처음 며느리는 애를 못 낳는

곰보여서 두 번째 얻은 게 나보고 '애기 꼬치 좀 봐' 하던 그 며느리라 하니, 두 번째 며느리만은 그 어머니가 마음먹고 고르다가 눈썹까지 아주 싹 자기 같은 걸 골라 들인 것 같다.

그렇다면 이 도깨비 마누라였던 할머니는 도깨비 마음에 들었던 자기 눈썹의 효력을 자기 아들에게도 끼쳐 보려 했던 것인가. 그야 하여간에, 도깨비하고 이 할머니가 어찌 지내다가 헤어졌는지 그 이야기가 전해 내려오고 있으니, 그걸 대강만 애기해 보기로 하자.


**도깨비와 말의 피**

이 도깨비 서방 얻은 여자의 이야기를 어렸을 때 나한테 들려준 이는 지금 살아 계시면 백열다섯 살인가 여섯 살쯤 되는 바로 내 친할머닌데, 이분은 내가 알기론 생전 거짓말은 못 하던 분이니, 그건 물론 하나도 틀림없는 정말뿐일 줄 안다.

"그 여편네가 팔자가 세서 귀때기가 새파랗게 젊었을 때 홀어머니가 되긴 했지만, 좀 매큼한 냄새가 살에서 나는 대로 이쁘기야 마을에선 제일 이뻤지. 어느 산에서 중이나 내려와서 업어 갈 줄 알았더니만, 그 화살같이 팽팽한 눈썹값 잔뜩 하느라고 하필이면 골라서 도깨비 서방을 했지. 네 눈에는 뜨였는가 모르겠다만 이젠 다 늙었어도 그 눈깔 좀 보렴. 늙은 여편네가 속에다 무슨 불을 끓이고 지내면 시방도 흰자위가 그렇게 붉은지, 그것도 아하하하 맨드라미나 모란꽃이라든지 그런 것 빛깔로 삼삼하기는 하단 말이여. 피가 아마 빛깔이 우리하곤 좀 다른가 보더라. 도깨비 서방 얻어서 한 몇 해 동안은 아주 썩 잘살고, 논밭도 꽤 여러 마지기 장만했는데, 그 도깨비하고도 헤어지고 나서는 두문불출이지. 방구석에서 그 하고한 날을 무얼 하고 지내 오는지 아무도 몰라. 저이 친정에서 시집올 때 가지고 온 머릿기름병만 늙발에도 만지고 산다는 말도 있고, 또 저이 친정이 선도仙道쟁이네 집이어서 그걸 하고 앉았다는 말도 있고…… 네 이 녀석, 너도 그 할미 옆에 갔다 도깨비 눈아피眼疾 옮을라. 당초에 그 옆에 가까이 가지 마라."

할머니는 이렇게 이야기 말머리를 꺼내고는 이어 하시는 소리를 들으니 도깨비 떼가 이 모시밭 속 감나무집을 찾아드는 밤중에는 밤내 그리로 들어가느라 돌개울 물을 건너는 발자국 소리가 쩔벅, 쩔벅, 쩔벅, 쩔벅, 쩔벅, 쩔벅, 쩔벅, 쩔벅, 쩔벅, 쩔벅, 쩔벅, 쩔벅, 쩔벅, 끝날 새 없이 연달아 들리고, 오손, 도손, 오손, 도손, 오손, 도손, 오손, 도손, 오손, 도손, 오손, 도손, 소곤거리는 소리가 칙칙하게 우거진 모시밭 고랑길에서 들리고, 또 들고 가는 종이 등불이 희뜩, 번뜩, 희뜩, 번뜩, 희뜩, 번뜩, 희뜩, 번뜩, 마을 집집의 창호지 창마다 번쩍였다고 한다.

"귀신 셋나락 까먹는 소리도 흉년 들라면 봄밤에 들어 보긴 했지만, 그보다도 훨씬 더 시끄러울레라" 하시는 걸 들으면 그걸 듣고 보신 것만은 확실한 듯하다. 그야 이때만 해도 고양이 못지않게 사람들의 코나 귀나 눈이 너무나 말짱하고 밤에는 더구나 밝았을 테니 그러시기도 했겠지, 아마.

그래 밤중에 이렇게 가끔 왔다가는 날 밝기 전에 어디로 어떻게 달아나는지 비호들같이 사라지는 이 도깨비 떼들 가운데 우두머리 하나와 정을 들어서 한두 해를 지내며 꽤 부자가 되어 가기에 그게 이 감나무집 과부의 진정인가 했더니 사실은 또 그것도 아니었다 한다. 가난에 쪼들려서 얼마 동안 그렇게 한 것이지, 진정은 말짱하게 따로 있었다는 것이다.

한동안을 도깨비 서방하고 지내면서 논밭 마지기나 먹고살 만큼 장만하게 되자, 어떤 날 밤에는 한 이불 속에 들어 있는 도깨비 서방을 보고 과부댁은 "서방님……" 하고 부르고는 "영물치고는 누구나 무서워하는 것이 꼭 하나둘쯤은 있는 것이고, 당신도 영물임엔 틀림없는데, 당신은 이 세상에서 무엇을 제일로 무서워하리라우?" 물었다는 것이다. 그것을 알아내 가지고 단단히 무섬을 주어 가까이 오지 못하게 할 양으로 말이지.

그것도 그럴듯하긴 한 일이다. 옛날이나 지금이나 한동안 아주 금슬이 썩 좋던 내외간도 문득 무에 꺼림칙해지면 금시 공방空房이라는 게 들어 영 가까이 가기도 싫어하는 일도 세상에는 적지 아니 있어 오는 것이니까 말이다.

그랬더니 한 이불 속의 그 도깨비 대답이 처음엔 "우리네 일러 오는 말에도 '조강지처 외에는 본심을 보이지 마라'는 말이 있네. 속을 다 보여서 쓰겠나" 하더라나.

그렇지만 한번 속을 캐 보기로 작정한 것이라 메밀 낭화도 쑤어 먹이고, 갖은 간지럼도 다 먹이고, 있는 수작이란 수작은 다 부려서 도깨비가 깜빡 무심결에 말하게 만들었는데, 듣고 보니 그건 뜻밖에도 말피였다. 사람이 타고 다니는 말─그 말이 흘리는 피 그거였다는 것이다.

"말피?" 하고 그때 내가 이야길 하고 있는 할머니한테 놀라 소리치며 물으니, 그건 옛날부터 하여간 도깨비들이 제일 싫어하는 걸로, 제일 좋아하는 메밀 범벅과 함께 사람들이 말해 내려오고 있는 것이니 그럴밖에 있느냐고 하셨다.

"그 할망구, 과부댁으로 남몰래 서방 두고 살다가 갈릴라니 남부끄러워 흉을 쓴 것이지. 도깨비는 무슨 도깨비가 다 있다우? 제사를 잡수러 오시는 귀신이야 있지만 도깨비는 없어라우."

옆에서 잠자코 여직껏 듣고만 있던 어머니가 한마디 거들으니 "아, 없기는 왜 없어? 하여간 있긴 있으니 도깨비 마누라도 생겨 있고, 도깨비 논이니 밭도 있는 것 아니냐" 하고 할머니는 내 어머니의 말문을 막아 놓고 또 계속했다.

그래 이불 속의 도깨비는 깜빡 홀려 잠시 정신을 놓고 그 속을 빼 보이고는 금시 뉘우치고 염려되어 이건 우리 정분으로 봐서 아무한테도 말해서는 안 된다고 신신당부를 했는데, 할머니 말씀을 들으면 이 도깨비가 저의 정부하고 짜고 그랬건 안 그랬건 이런 쓸개 빠진 놈, 이놈이 이러니 결국은 도깨비밖엔 될 것이 없다는 것이다.

"인제 가시면 언제 또 오실라는게라우?" 감나무집 과부댁이 물으니, 모월 모일 모시에 오겠다고 도깨비가 귀띔해 주는 것을 잘 들어 두고는, 오겠다는 그날 그때에 맞추어 어디서 헐쭉한 말 한 마리를 사다가 매달고 칼로 목을 찔러 잡았다는 것이다.

그래서 밤을 타 그 피를 가죽나무 늘어선 울타리 가로 뺑 돌려 뿌리고, 단단히 잠근 대사립문 밖에다간 굵은 새끼로 인줄을 치고, 거기 피가 흐르는 말 대가리와 말 다리들을 주렁주렁 매달아 두었다는 것이다.


### 김유신과 천관

할머니 말씀을 들으면 어느 해의 흉년엔가 마을에서 잡았다고 먹어 보라고 고기를 좀 가져와서 입에 대 보니 알알하게 매운 것이 비위에 거슬려 구토가 일어나 멀리 내던져 버렸다고 하는데, 말고기를 우리나라 사람들이 먹지 않는 습관 때문에 정들었던 남녀 사이의 정을 가르는 데도 이것의 피를 쓴 것 아닌가 생각된다.

또 이 도깨비와 그 정부가 말을 죽인 경우는 거꾸로 되었지만, 하여간 말의 목을 잘라 피를 보고 서로 헤어지는 점만은 신라 때의 장군 김유신과 그의 정부 천관 사이의 이야기와 일맥 서로 통하는 데가 있기도 하다. 김유신과 천관의 경우는 김유신의 말이 천관의 집으로 향해 가는 것을 김유신 쪽에서 칼로 머리를 쳐 그 길로 가는 걸 막았고, 이 도깨비와 감나무집 과부의 경우는 과부 편에서 그걸 죽여 피를 뿌려 못 오게 막은 것이 좀 다르기는 하지만 어쨌든 말을 죽여 정든 남녀의 왕래를 끊어 보이는 점은 마찬가지다. 이런 습관은 벌써 옛날 신라 때부터 내려오던 것이 조선 말기에까지 계속된 것이 아닌가 생각된다.

　그야 하여간에 도깨비 이야기를 이어 들으면 오마고 귀띔한 모월 모일 모시의 한밤중이 되어 다시 과부의 감나무집 대사립문 앞에 다 다른 정부 도깨비와 그 일행은, 인줄에 매달린 피 찍찍 흐르는 말 대가리와 말 다리들과 울타리 가에 뿌린 붉은 피를 눈으로 보고 매운 냄새를 코로 맡다 모조리 펄쩍펄쩍 불에 덴 것처럼 뛰어올라 멀찍이 물러서며 외치더라는 것이다.

　"아이고 어매, 날 죽이네! 조강지처 아니거든 정들었다고 속 보이는 말 하지 마소! 아이고 어매, 날 죽이네! 동네방네 사람들 다 들어 보소. 첩년들한테는 마음속에 있는 말 죽어도 하지 마소!"

　이것도 아까 어머니가 잠시 의심적은 걸 말씀해 보인 것처럼 감나무집 그 묘한 눈썹의 과부댁하고 짠, 손 떼고 물러가는 어떤 놈팡이 녀석 일행의 조작인지 아닌지 그거야 내 두 눈으로 똑똑히 보고 두 귀로 똑똑히 들어 보지 못했으니 뭐라고 한마디로 잘라 말하긴 어렵지만, 하여간 이 도깨비들의 외침은 꽤는 큼직하게 한밤중의 한동안을 마을의 한쪽으로 떠들썩하게 울렸다는 것이다.


　그러고는 새벽녘이 거의 가까워 올 무렵이 되자, 그 소리는 이번엔 다시 무슨 무거운 물건을 어깨에 멜빵을 떠메며 가는 목도꾼들이 내는 소리 같은 어여차, 어이차, 어여차차 어이차 하는 소리로 변해 한동안을 떠들썩하더니, 또 쿵쿵 꽤는 큼직큼직한 돌을 던지는 소리가 한참을 이어 들리고 "이년! 이년! 네깟 년이 농사나 올바로 지어 먹을 줄 아나? 어디 두고 보자. 내 눈에 흙이 들어갈 때까지는 네년의 속곳 가리쟁이가 어디 평안한가 안 한가 어디 두고 보자. 네 이 쌍년, 이년!" 하는 쌍소리가 마구 들리고 야단이더라는 것이다.

그래 이튿날 아침이 되어 논밭에 일을 나간 마을 사람들이 본 것인데, 도깨비 서방이 준 재물로 한 마지기씩 두 마지기씩 사 모은 감나무집 과부댁의 논하고 밭이 있는 곳에는 모조리 네 귀퉁이마다 굵직한 말뚝이 꽂히고 또 논바닥에는 무수한 돌이 던져져 있었다 한다.

그걸 본 사람들은 그 어이차 어여차차 어이차 소리는 틀림없이 도깨비들이 과부한테 퇴짜 맞은 분풀이로 논밭의 네 귀퉁이에 말뚝을 박아 그걸 떼어 도려내서 가져가려던 흔적이라고 풀이하고, 거기 수두룩이 던져진 돌들은 말뚝을 박아 떼 내리던 일이 안 되니 농사나 못 짓게 마지막 심술을 부린 것이라고 해석했다. 그러니까 마지막 판에 퍼부어 대던 그 더러운 쌍소리들은 여기 이 돌들을 마구 던져 처넣을 때 퍼부어 댄 거라 했다 한다.


**영생하는 정신**

나는 지금 이 이야기를 할머니한테 들은 것과 내 눈으로 본 그 집과 그 식구들을 기억하며 옮겨 왔으면서도, 무슨 놈의 이야기가 이런지 그저 어리벙벙하기만 하다.

그야 내 어머니의 말씀마따나, 이 하늘과 땅 사이엔 죽어서도 우리 마음에 이어져 와서 제사도 받는 귀신이라는 이름의 마음들이 있는 건 알지만 육체 가진 도깨비라는 건 모를 일이니까, 아마 이건 어느 지독하겐 실없는 돈푼이나 가진 놈팡이 녀석이 조작한 짓일 것은 빤한 것 같다.

그러나 그렇다면 이런 식의 이별이라는 건 가능한 일일까. 아무리 가난한 과부하고의 한동안의 사이였다 하더라도, 이런 눈어리기의 장난은 아무리 이조라 하더라도 우리로서는 됨 직하지도 않다.

더구나 단호키만 하던 감나무집 할머니의 그 눈썹과 코와 입술과 이빨과 그보다도 더 지독한, 눈 흰자위의 늙은 맨드라미빛을 돌이켜 기억해 볼 때 그런 눈어리기의 장난을 어떻게 이 단호한 모습이 승낙할 수 있을까 도무지 이해가 안 된다. 더구나 그네 외아들의 처음 아내 곰보가 애를 못 가질 때, 두 번째 얻어 들인 며느리의 눈썹까지를 자기와 너무나 많이 닮은 사람으로 골라다 놓고까지 살려던 여인이 그만한 자존심으로 어떻게 그렇게 마을 사람과 자기를 가지런히 눈 밑에 깔보는 그런 얕은 짓을 감히 할 수가 있었을까, 아리송하기만 하다.

그러나 내 할머니의 이야기에서 반짝 잠깐 비친 대로 이 여인의 정신의 국적이 선도였다면, 좀 이해되는 데가 없지는 않다. 선도니 뭐니 한다 해도 그것은 신라 언저리부터 내려온 이 나라 고유한 국풍을 아마 고려나 조선 이래 유교가 세도를 하면서 얕잡아 보라고 이런 이름으로 불렀던 것 같은데, 그건 결국 정신의 영생만을 생각하는 길이고 육체는 늘 하잘것없는 걸로 무시해 왔으니 말이다.

감나무집 할머니—도깨비 마누라 그네는 너무나 가난해서 아들

과 손자를 위해 육체를 팔면서도, 영생하는 정신의 상징처럼 어디에
도 굽히지 않는 그 눈썹과 코와 입술과 단단한 이빨과 또 피보다는
오히려 더 지독한 늙바탕의 눈 흰자위의 맨드라미빛을 만들어 가지
고 있었던 듯하다.

　혼탁한 핏빛보다는 훨씬 더 초월해 있는 그 두 눈의 맨드라미빛
가까운 빛의 번뇌하면서도 번뇌하지 않는 선연한 빛깔까지를……

(『월간중앙』 1971.4.)

# 털보 소따라지 아재 소전

## 투전판의 개평꾼

숱 많은 머리털로 틀어 올린 상투가 마을에서 제일 컸던 것은 물론, 위아래 수염이며 늦춰진 허리띠에 내려앉은 잠방이 틈으로 드러나는 배꼽 털까지가 역시 고욤다래 마을에서는 으뜸가게 잘 우거진 것이라 하여 '털보'라는 별명으로 통했던 이 늘 서른다섯 살쯤의 장한으로만 기억되는 인물은, 이 글 제목에서 보인 것과 같이 '소따라지'라는 또 한 개의 별명을 가지고 있었다.

한 마리의, 역시 마을에서는 제일 큰 살진 황소를 기르며 봄가을로 마을의 논밭들은 거의 그의 손으로 갈아 넘겨지지만, 그 집안 사는 것은 항시 빈털터리로 따라지신세쯤이 고작이라는 뜻으로였던 것 같다. 지금은 화투 속에 자취를 감추고 말았지만, 들기름 먹인 장판지로 만든 투전놀음에서 단 한 끗밖에 못 딴 것을 뜻했던 그 따라지가 바로 이 따라지인 것이다. 한 끗의 따라지도 그야 끗이야 끗이지만, 이걸 가지고는 영 끗 노릇이 될 수가 없는 그 따라지가 바로 이 따라지인 것이다.

그의 또 한 개의 별명이 따라지였던 걸 기억하다 보니 또 기억이지만, 마을에서 추석이나 되어 개울가에서 돼지를 잡는 마당이 되어도 그가 여러 근의 돼지고기를 들여가는 일은 거의 없었던 거 같다. 언제나 한 근 아니면 한 근 반쯤이 고작이었으니, 이걸로 봐도 따라지는 역시 잘 들어맞는 따라지다. 그러나 이 따라지는 이런 경우엔 개평을 어느 만큼씩 얻었다.

"아따 이 사람들, 그 콩팥을 남겼다 언다가 쓸라고 그리여? 인 내소. 그거 한 점 이리 내라니까!"

그는 개평일 수 있는 것을 마지막으로 노려서는 단호하게 그것을 요구하고 또 차지했다. 이 개평이라는 것은 요새 계산으론 얌체라고 할지 모르지만, 이건 아마 고구려 때나 훨씬 그보다 먼저서부터 어느 계산속에도 다 멀쩡히 있어 온 것이고, 그는 정신의 뿌리로 잘 느끼고 있는 듯했다. 또 그 혼자만 개평 속에서 단호한 게 아니라 우리들의 어렸을 적 개평 정신에다가도 이걸 또 단호히 얻어 내서 배급했다. 돼지 배 속의 오줌주머니, 그것은 언제나 이 털보 소따라지 아재의 손으로 개평으로 탈취되어 우리들 개구쟁이한테 넘겨서, 아직 고무공을 못 가졌던 우리들 여남은 살 또래들의 한동안씩의 신바람이 되곤 했던 것이다.

"아따! 이건 깨복쟁구 녀석들(발가벗고 머리통 큰 놈들?) 너희들

거다. 산이 쿵쿵 울리게 어디 한번 걸어차 봐라!"

개평으로 얻은 오줌통을 그의 집에서 움켜쥐고 온 손바닥의 소금에 찍어 튼튼한 이빨로 짓깨물면서 이렇게 우리한테까지 그 개평을 배급하는 것을 보고 있으면 그가 바로 돼지의 임자고, 그 언저리서 값을 계산하며 우물쭈물하고 있는 딴 사람들은 두루 다 그의 심부름 꾼만 같았다.

그는 또 역시 그는 마을에서 당할 사람이 없을 만큼 힘이 세서 장차 죽으면 장군바위는 하나 되리라는 것이 마을 사람들의 평가였다. 뛰어나게 힘센 사내가 생겨나면 이걸 도와 키워서 나라 꼴이 되게 하는 데 보태 쓸 생각은 안 하고, 역적이 될까 두려워서 일찌감치 그 등의 뼈다귀를 쪼아 내 병신을 만들었다. 그랬다가 그 병신이 죽으면 그래도 안심치 않아 그랬는지 크나큰 바위 밑에 짓눌러 묻었다. 그래 뒷사람들이 그 바위에 올라서서 발로 구르면 속 빈 데가 울려 쿵! 쿵! 쿵! 쿵! 소리가 난다. 이따위 장군바위를 두고 하는 말씀이다.


### 싸리밭 같은 수염

그가 개평으로 얻어 내서─얻어 냈다느니보단 뺏어 내서 우리 아이들한테 다시 개평으로 던져 준 돼지 오줌통에 아이들이 숨을 불어 넣어 동여매 가지고, 느티나무 밑 빈터에서 차고 놀고 있으면, 이윽고 그의 사람 좋은 너털웃음 소리가 돌개울가에서 울려왔는데, 그건

우리가 상상하기 쉬운 점잖은 저음이 아니라 테너와 소프라노의 중
간쯤 되는 처녀연한 음성에 반질반질한 차돌을 담뿍 섞은 듯한 그런
거였으니 묘했다. 우리들의 경험으론 힘센 사람의 소리는 거의가 점
잖은 저음이 아니라 꽤 여성적인 소프라노조인데, 그도 역시 그 유
형 속에 있었던 것인가. 그야 하여간, 돌개울가에서 또 한 개의 돌개
울같이 눈에 안 보이는 단단한 한정 없는 차돌들을 담고 처녀연히
낄낄거리고 있던 것을 돌이켜 기억하는 것은 묘한 매력이다.

그의 몸뚱이는, 글쎄, 예수의 몸뚱이의 갑절쯤—그러니까 스무
관은 아무래도 넘는 무게에, 키는 다섯 자 아홉 치쯤, 머리털과 위아
래 수염과 배꼽 털은 그 모두가 아주 윤기 좋은 곱슬 털로서, 그가
두 손으로 양쪽 허리춤을 넌지시 짚고 두 다리를 조금 벌리고 무에
좋아서 낄낄낄낄 너털거리고 섰으면, 옛날 중국 이야기에 나오는 항
우나 번쾌 같은 장수를 생각하게 되지만, 우리가 인제 아래에서 보
게 될 그 감정이나 지혜가 또 항우나 번쾌와는 아주 딴것이니 희한
한 일이다.

서른댓 살짜리 장한의, 그 꽤나 숱이 많은 풍성한 위아래 곱슬 수
염을 생각하고 있으면, 흔히 옛날 중국의 수유(鬚臾)라는 시간 단위가
머리에 떠오르기도 한다. 수유란 수염을 쓰담는다는 뜻이고, 한 수
유 동안이란 요즘의 추상의 시간 수로 따지자면 45분쯤 되는 동안
이니, 이건 무척은 유유자적하는 대국 근성이고자 했던 옛 중국 사
내들이 45분이나 되는 기나긴 시간을 사이해서 한 번씩 점잖게 그
풍성한 위아래 수염을 쓰담는 구상의 이미지를 시간 단위로까지 한

것인 듯하지만, 우리 '소따라지 아재'의 그 곱슬 수염과 몸놀림과 생활을 보고 있으면 그런 거드름의 느낌은 전연 없고, 그저 음력 유월의 흑싸리 수풀이 좋은 서녘 바람에 사운거리는 걸 보는 것 같은 사운사운한 시원스러운 느낌뿐인 데다가, 흑싸리 무無꽃의 시원스런 싸리밭 사이 아주 소년답게 자리잡고 있는 그 두툼한 입술 안의 단단히 흰 이빨에서 새어 나오는 말의 소리들도 아무 버티는 것도 없는 어린애의 그것 같아서 우리 개구쟁이들의 친구가 되기엔 가장 알맞은 것이었다.


### 이빨 좋은 머슴애 배 먹듯이

앞에서도 잠시 비친 것처럼, 내가 어려서 그한테 흥미를 느끼고 뒤를 가끔 졸래졸래 따라다녔던 무렵에는, 그는 큼직한 누른 수소를 한 마리 가지고 이걸로 마을의 논밭을 봄가을로 두루 갈아 주어 얻은 걸로 생산을 하고 있었는데, 내 할머니한테 들으면 배메기 소를 길러 얻은 것이라고 했다. 남의 송아지―송아지라도 암컷으로 맡아다가 먹여 길러 그게 커서 새끼를 낳으면 그 새끼를 겨우 자기 것으로 차지하는 것, 그것 말이다.

동창이 밝았느냐 노고지리 우지진다.
소 치는 아이는 상기 아니 일었느냐.
재 너머 사래 긴 밭을 언제 갈려 하느냐.

가 아니라 노고지리보단도 좀 더 일찍부터 일어나서 이 털보 소따라지 아재는 마을의 소 없는 집 논밭이란 논밭은 거의 갈고 다녔는데, 해 돋기 전 산 변두리의 옅은 안개 속에서 밭에 쟁기질을 하고 있는 그를 찾아내 보는 것은 누구에게나 시원스러운 일이라고 마을 사람들은 모두 말했다. 새벽별을 보며 먼 길을 뜨는 사내들에게도, 새벽밥을 지으려 일어나 나온 아낙네들에게도 그걸 눈여겨보는 것은 시원스런 일이라고 말했었다.

'우리 새 사위는 그만 연한 배 먹는 것 같다'는 말이 있지? 이건 흔히 장모 쪽에서 새로 얻은 사위가 마음에 아주 잘 들었을 때 하는 소린데, 새 사위의 슬기가 언동에 풍겨 나오는 품수가 배 먹는 것이나 마찬가지로 사운사운 시원스럽다는 뜻이다. 마을 사람들은 이 털보 소따라지의 쟁기질을 두고도 역시 마찬가지 느낌에서였겠지.

"소따라지가 그래도 쟁기질 솜씨만은 이빨 좋은 머슴애 배 먹는 것 같아."

"왜, 이빨 좋은 계집애 배 먹는 것 같제" 했다.

그의 쟁기질 솜씨는 남보다 거의 갑절은 빠르고 또 훨씬 더 깊게 갈아 넘기는 것이어서 품삯도 갑절로 더 받아야 할 것이지만, 때로 따져서 누구나 마찬가지로 받아야 하는 것은 안되었다고도 하고, 그렇지만 그 때문에 그를 많이 불러 쓰게 되니 그거나마 다행은 다행이라고도 했다.

그에겐 '선바위'라던가 '앉은 바위'라던가 하는 이름의, 그보다는 수염도 훨씬 적고 훨씬 덜 시원스러운 아우가 하나 있어, 그한테도 가끔 이 쟁기질 품팔이를 맡겼는데, 이걸로 보면 그에게는 동생에게도 권할 만큼 마음에 드는 직업이었던 것 같다.

## 수박빛 향수의 냄새

이 형제는 『구약성서』에 나오는 수염 좋은 아론의 형제만 못지않게 의가 좋아서, 아론은 머리에 기름이나 발라 가지고 수염과 옷깃까지를 형제의 정의로 영생값으로 빛냈지만, 소따라지의 털은 기름 한 방울 안 바르고도 두드러지게 나오는 배꼽 털까지 잘 반짝거렸다.

소따라지가 마을의 개울가에서 돼지 같은 걸 잡으면 어김없이 나타나 내장의 일부를 반드시 개평꾼이라는 옛 자격으로 점령하던 걸 앞에서 나는 말했거니와, 이것 외에도 그가 즐겨 다니던 숭어 낚시질이나 또 참외 수박밭 가꾸기가 모두 그의 풍부한 육체를 지탱하기 위한 영양 섭취와도 관계가 있었던 것이다.

사실은 그가 봄가을에만 일이 있는 쟁기질을 본업으로 붙던 것도, 여름철에 주로 하게 되는 바다의 숭어 낚시질과 참외 수박 기르기를 하기 위해서였던 것 같기도 하다. 또 그건 단순한 영양 섭취뿐만이 아니라 천진한 재미이기도 했고, 생계에 도움이 되기도 했다.

매양 한 끗짜리 따라지 노릇밖에는 안 되던 그 쟁기 품팔이로 그래도 어떻게 해서 장만한 것인지 당산 느티나무 수풀 옆에 몇 마지긴가의 엉성한 돌무거리 묵정밭을 가졌었고, 거기 해마다 여름이면 참외와 수박을 기르고 시원한 원두막을 세워서, 우리 애송이들의 재미와 그의 재미를 일치시켰다.

어느 때 그의 원두막 밑을 찾으면 그는 그 선선한 원두막에서 그냥 배꼽의 숱한 곱슬 털을 내놓고 낮잠을 자고 있고, 그 밑에서 마을 아이들이 모여 꼬누를 두고 있었다.

또 어느 때 그의 원두막 밑을 찾으면 고슴도치가 따 먹다 덜 먹고 놓아둔 거라고 반나마 그대로 남은 참외를 우리한테 공짜로 그냥 주며 "아따, 내 새끼, 네나 먹어라. 고슴도치도 다 먹는데 니가 못 먹어 되겠냐" 하던 그 말맛과 참외 맛도 고슴도치 입 안 댄 것보다도 더 재미가 서로 맞았다.

아까 나는 이 따라지 아재를 좀 여성 비슷한 데가 있는 걸로 표현 했지만 '아따, 내 새끼' 하고 누구 어머니가 제 어린애나 부르듯 하는, 그 남자로서는 특별났던 말씨로 그런 것이다. 아무도 사내 어른 들은 쓰는 일이 거의 없는 이 '내 새끼'란 말을 어떤 느낌으로 더구나 남의 아이들한테 언제부터 쓰게 됐는지는 잘 모르지만……

거기다가 또 어느 때 찾으면, 마을 어른들이 담뿍 앉아 참외 껍질을 벗기고 있는 옆에서 그 껍질들을 모두 잘 모아 그 밑의 우리 어린애들한테로 그것이 담긴 광주리째 내려보내며 "아따, 먹어라, 이것이 정말은 더 맛있니라" 하던 것도, 역시 우리와 그가 서로 재미가 맞았다. 또 거기다가 그는 꼬누 훈수로도 마을에선 제일이어서 낮잠 자던 원두막에서 내려와 우리 애송이들의 원두막 밑 꼬누 훈수를 아주 썩 잘 두는 것도 또 서로 재미가 안 맞을 수가 없었다.

중국의 소설가 루쉰의 「고향」이라는 단편을 보면, 어린 때의 밤에 수박밭에 수박을 훔치러 드나들던 이야기가 그만한 수박빛 향수의 냄새를 풍기며 그려져 있지만, 고슴도치가 먹다 남긴 걸 우리 마을의 어린애들한테 두루 나누어 주던 이 소따라지 아재의 참외, 수박밭을 두고선 또 그만큼 한 향수가 있는 것이다.

## 여름 햇볕의 황금 소리

그리고 또 나는 지금도 여름 햇볕이 황금 소리를 점점점점 더 올려 가다가 기울어지며, 저녁 바람이 마을 아이들이 나와 서 있는 뒤안 세 갈래길 언저리에 서늘하게 모일 무렵이면, 꼭 반드시 그 즈음에 맞춰 들어서던 마을의 상낚시꾼 소따라지 아재의 역시 그런 언저리에 잘 맞던 모습을 기억해 낸다.

"많이 잡았어라우?" 우리가 물으며 그 앞으로 바짝 다가서면 "조금밖엔 못 잡았다" 하며 반드시 등의 다라치(바구니)를 우리한테 기울어 보이고, 털 난 손으로 그중 한 마리를 더듬어 내어 "요새 아직 안 받은 놈이 누구냐?" 물어 찾아내서 그 손에 한 마리를 반드시 쥐어 주던 모습을 기억해 낸다.

낚시질 갔다 올 때마다 꼭 한 마리씩은 우리들 가운데 누구한텐가 주고 갔던 것은 거의 숭어였지만, 어느 날은 소동파의 「적벽부」에 나오는 그 거구세린의 '송강 노어' 그대로의 속칭 '갈때기'―푸른 잉크빛의 점이 시원스레 잘 박힌 그 갈때기이기도 해서, 이때 일은 이 글을 쓰는 지금에도 바로 금방의 일처럼 새삼스러운 재미가 된다.

이런 일치는 그가 낫 놓고 기역 자도 못 그리는 글자 무식꾼이었던 걸 생각해 보면 더구나 재미가 있다. 이런 걸 두고 두루 생각해 보면 아는 것은 그저 글자 읽는 걸로 되는 것도 아닌 모양이지.


### 소따라지네의 간통

그런데 그게 어느 해더라? 어떤 여름, 되게 따갑다가 소나기가 지나가고 무지개가 마을 우물물에 그 뿌리를 박았던 저녁때 술참께였던 것 같다. 큰 사건—마을이 아주 맑은 하늘 밑에서 되게 흔들리고 곤두박질을 서는 듯한 큰 사건이, 우리 소따라지 아재네 집을 에워싸고 일어났다.

마을의 농악기들이 떼 지어 몰려와서, 마침 우리 집 머슴방에 있던 나팔이며 징이며 꽹과리며 장구, 소고, 그런 농악기들을 꺼내 일제히 울리면서 꽤 빠른 걸음으로 줄지어 달려가기에, 야 이거 신바람 난다고 나도 달려 따라가 봤더니, 그들은 당산 느티나뭇골 아래 세 갈래 길목에 있는 마을의 공동 우물가에 와서, 우물을 에워싸고 몇십 바퀴고 돌며 한결 더 거세게 농악기들을 울렸다.

그러고는 그 말의 뜻이 무엇이었던지는 잊어버렸지만, 나팔을 뚜왈랄라 불어 대던 사람이 큼직한 소리를 질러 뭐라고 외장을 한바탕 치고, 그다음엔 누가 여기 미리 준비해 가져다 놓아두었던 것인지, 꼴망태에 담아 우물 한옆에 놓아두었던 소먹이 여물을, 그들 모두가 두 손으로 움켜쥐어 들고 날라다가 우물 속에 뿌려 댔다. 그러고 나서 그들은 다시 그 인줄이라는 것—금기할 일이 생기면 새끼줄을 꼬아 늘여 치는 그걸 우물을 삥 둘러 늘어 쳐 놓았다.

이렇게 하는 것은 이때 그들이 쑥덕공론으로 주고받던 말들과, 그 뒤에 내가 커서 이걸 두고 물어서 얻은 지식을 합쳐서 볼 것 같으면, 간단히 말해서 이 우물물은 인줄을 친 날부터 한동안 마을 사람 누구도 못 길어 마시게 되는 일인데, 그 이유는 마을 안에서 마을 사람 누구도 정당한 우물물을 같이 마시지 못할 만큼 부끄러운 죄 즉 간통죄라는 것이 일어난 데 있는 것이다. 그래 짐승이 아니고서는 물도 못 마실 일이라 해서 우물에 소먹이 여물을 뿌리고, 마을 사람들은 그 정해진 한동안이 지나도록까지는 마실 물도 뿔뿔이 산골 바위틈의 샘이나 논밭 가의 생수를 찾아 고생하며 길어다 아쉬움을 면할 수밖에 없었다.

그런데 우리를 놀라게 하는 것은, 그 간통죄의 사내 측 범인이 마을에 사람도 하고많은데 우리가 지금까지 이야기해 온 털보 소따라지의 집에서 생겼다는 점이다. 그건 누구냐 하면 바로 털보가 제 절반처럼 여겨 의좋게 한집에서 같이 살아온, 털보 바로 그 사람의 친아우였다는 점이다.

백순민이네라고 마을에서 대밭과 감나무들은 아주 제일 좋은 걸로 가지고, 주인의 몸은 마을의 일꾼 중 제일 약하고 노란 사내네 식구가 살고 있었는데, 사내만 이렇지 그 아내는 정반대로 핏빛이 얼굴과 귀때기에서 듣는 듯한 희멀끔하고 건장한 서른을 갓 넘은 여편네였는데, 소따라지 형제네 쟁기질을 사서 그네의 밭을 갈고, 그 소

여물을 쑤어서 대고, 그 형제네 밥과 술참거리를 날라다 주고 하며 말을 건네고 서로 마주 웃고 어찌어찌하는 동안에, 소따라지 그가 아니라 그의 아우와 서로 눈이 맞아 그리되어 지내 가다가, 뜻밖에도 그 힘 모자라는 남편 눈에 띄고 말았다는 것이다.


## 목공 요셉처럼

왜 기왕이면 아주 모든 게 다 큼직한 소따라지 바로 그를 안 고르고, 훨씬 더 모든 게 작은 그의 아우를 골랐을까? 물론 우리는 여기서 한번 의문을 안 가질 수는 없지만 이건 하늘이나 알까, 마을의 아무도 잘 안다고 나서는 사람이 없다.

처음엔 소따라지한테 눈을 맞추려고 애써 보다가 그게 잘 안 되니까, 그의 아우에게로 눈을 옮겨 대 가다가 그리된 것인지, 아니면 간통의 상대는 어딘지 자잘한 데가 있고 간지럼 잘 타는 데가 있어야만 하는 것이어서, 소따라지 아우의 그것이 처음 눈에 뜨여 바로 그리 눈총을 보내기 시작한 것인지—그것은 하늘이나 알까, 아무도 이 세상에선 아는 사람이 사실 없다.

들으면 그런데, 약질이 살인낸다는 상말을 살려, 감나무와 대나무는 가장 좋은 집의 우리 억울한 약질 백순민이 식칼을 뽑아 들고 찾아가서 나오라고 하여 찔러 댄 상대는 범인 바로 그 사람이 아니라 그의 형 털보 소따라지였다던가. 털보는 이때 마침 밖에 나가고 없는 아우를 대신해 나와서 이 칼을 맞고, 그걸 꽂힌 데서 뽑아 울 너머로 던져 버린 것이 그 뒤 영 찾지도 못하고 있다는 것인데, "내가 아니다"라는 말 한마디도 이때만이 아니라 그 뒤 어느 때도 한 일이 없기 때문에, 마을에선 한동안 그까지 오해하기도 했다는 것이다.

그 이튿날로 아우는 이 마을에서 행방을 감추어, 뒤에 들으면 모르는 먼 마을에 가서 3년인가 하는 동안 머슴살이를 했고, 이 불측한 사내의 아내와 어린것들도 그동안 딴 고을에 있는 친정으로 친정살이를 가고, 소따라지는, 이걸 소개하는 건 좀 늦었지만 홀아비의 몸으로 곰배팔이 병신아이 하나만을 지닌 외돌토리로 남았다.

일찍이 천구백 몇십 년 전에, 예수의 아버지였던 목공 요셉이 수상한 간통의 소문 속에 있던 그의 아내를 한동안 그 소문난 마을에서 도피해 있게 하며, 소문이 조용히 가라앉길 기다렸던 슬기 비슷한 것이, 같은 동양 사람인 그한테서도 샘솟아 있었던가. 그야 하여간에, 그는 재빨리 어느 결엔지 남의 눈을 피해 아우와 그 식구들을 마을 사람의 눈에 안 뜨일 데로 대피시키고, 그리고 마을 사람한테 대한 미안닦음으론 쟁기질이 원인이었다는 걸로, 그 쟁기질 소를 넌지시 어디에 팔아 넘겨 버리고, 남의 집 마당에는 어디에도 들어서는 일이 없이 낚시질과 원두막만을 가지고 꽤 오랫동안을 살았다.

그러나 나는 이 사건에서 별로 오래 지나지 않았을 때에도, 서녘 바람이 잘 모이는 마을 뒤안 세 갈래길에서 그가 낚은 숭어 새끼를 전처럼 다시 한 마리 공짜로 얻은 일이 있지만, 그 말씨 그 손발 놀림 모든 것은 여기 잘 모이는 하늬바람 속에서 전과 하나도 달라진 게 없이 여전히 잘 어울려 눈에 훤하게 재미있었다.

"어따, 이건 고슴도치가 따 먹다 남긴 거다. 아마 맛은 더 있을 거다" 이런 그의 원두막의 언동에도 전이나 조금도 다를 것이 없었다.

그래 그의 슬기가 요량한 대로 3년쯤 뒤엔 마을 사람들도 그 사건이 있었던 것을 눈 밑에 깔아 그림자 속에 잠재우고, 그와 그의 아우와 그 아우의 가족들이 슬그머니 다시 스며들어 왔어도, 억울한 희생자 백순민이나 백순민이 식구 누구까지도 그들에게 다시 대들지는 않았다.

나는 언젠가 내 시에서 아래와 같이 그 소따라지 아재를 표현해 본 것이 있다.

우리 마을 진영이 아재 쟁기질 솜씬
이쁜 계집애 배 먹어 가듯
이쁜 계집애 배 먹어 가듯
안개 헤치듯, 장갓길 가듯.

샛별 동곳 밑 구레나룻은
싸리밭마냥으로 싸리밭마냥으로,
앞마당 뒷마당 두루 쓰시는
아주먼네 손끝에 싸리비마냥으로.

수박꽃 피어 수박 때 되면
소수리바람 위 원두막같이,
숭어가 자라서 숭어 때 되면
숭어 뛰노는 강물과 같이,

당산나무 밑 놓는 꼬누는,
늙은이 젊은애 다 훈수 대어
어깨너머 기우뚱 놓는 꼬누는
낱낱이 뚜렷이 칠성판 같더니.

　　　　　　　　　　　　—「진영이 아재 화상畫像」


　그는 어떻게 생각하면 이 나라의 숨은 힘의 그림자의 가장 깊은
곳 같기도 하지만 또 어떻게 생각하면 이 나라의 햇볕 속에서도 제
일 밝은 햇볕 같기도 하다. 하여간 그가 마을을 누구보다 잘 알았던
것처럼 결국 마을도 그를 알 수밖엔 없던—말하자면 오래오래 나이
먹어 내려온 이 나라의 마음의 가장 든든한 모양 중의 하나 아니었
던가 지금도 느낀다.

　　　　　　　　　　　　　　　　　　　　(『월간중앙』 1971.9.)

# 소도적 장억만 씨

### 그의 첫인상

1942년 8월, 아버지가 세상을 뜨셔서 고향 전북 고창의 바닷가 마을 질마재에서 장례를 치르고 어떤 삼류 출판사와 계약한 『옥루몽』이란 한문으로 된 우리 옛 소설의 번역(이건 뒤에 출판사의 화재로 고스란히 다 소실되고 말았지만)의 마지막 부분을 서두르고 있을 때였다. 내게는 이때엔 이런 것 손대지 않아도 먹고살 순 있을 만큼의 아버지의 유산도 있었지만, 이건 벌써 선금까지 얻어 쓴 해묵은 계약이라 그만둘 순 없는 데다가 또 서울은 이미 먹을 양식을 구하기에도 힘이 들기 비롯한 2차 대전 때여서 잠시 고향 집 어머니 곁에 머물러 아내와 어린것을 먹이기도 할 겸 그러고 있었던 것이다.

그런데 9월 중순쯤이었던 것 같다. 아이들을 따라 논길에 나가서 메뚜기를 잡아 유리병에 넣어 들고 달려오다가 나자빠져서, 그걸 깨뜨려 팔을 베었던 내 어린놈의 생채기가 아직 완전히 낫기 전이었으니까, 9월 중순 아니면 하순 무렵이었을 것이다.

오후 3시쯤 나는 아버지의 상청 옆 툇마루에 걸터앉아서 『옥루몽』속의 홍란성이니 벽성선이니 황 소저니 그런 여자의 일들, '우리 글로 쓰는 시는 이젠 영 발표할 수도 없이 되었으니 이것 어떻게 하지?' 하는 생각, 가족들의 장래의 일, 돌담 위에 아직도 태고연히 따가운 뙤약볕, 두루 먼 산 뻐꾸기같이만 느껴지는 마을 사람들―그런 것들을 두서도 없이 범벅해 생각하고 있었던 것 같은데, 문득 대문 쪽에서 "서 생완(생원)!" 하고 누가 바리톤에 끝은 소프라노를 겸한 그 피아노 음성이라는 걸로 큼직하게 외쳐 불러서 보니, 소리의 주인공은 무슨 개구멍으로 쓰윽 들이밀어 넣어진 개구멍받이 짐짝처럼 서슴지 않고 침입해 들어와, 바짝 내가 앉은 툇마루 가까이 다가서 있었다.

얼굴에서 발끝까지 쭈욱 한번 훑어보아 하니 어느 초라한 화면의 율 브리너 비슷한 모습의 한 오십쯤의 사내였는데, 율 브리너와 다른 것은 까마귀 날개 못지않게 윤나고 숱이 짙은 윗수염이 있는 것과 또 큼직한 두 눈이 율 브리너만큼도 단호하진 못하고 훨씬 더 순진한 소년 소녀의 그것처럼 아주 유순하게 빙글거리고 있는 점이었다. 머리털도 율 브리너처럼 박박 깎긴 깎았지만 꽤나 더부룩이 자라나 있었다.

"나는 용머릿골 장억만일세. 자네 아버지 생전에 못 들었던가. 자네 아버지하곤 어려서 한 마을에서 같이 자랐제. 그렇게 자네를 위체爲體 아네."

그는 내가 묻기도 전에 다짜고짜로 자기를 이렇게 소개하곤 어깨에 새끼줄로 아직도 메고 있던 짚단에 싼 꾸러미를 내 옆 툇마루 한 귀퉁이에 덥석 부려 놓았다.

"이것 숭언디 집에서 가지고 나설 때만 히도 펄쩍펄쩍 뛰던 놈이 20리를 겨우 와서 그냥 하직하고 말았네 인이."

그는 짚 꾸러미에 싼 죽은 숭어 몇 마리를 내게 그 넓적한 곰발 같은 손으로 뿌시럭뿌시럭 까 열어 보이면서 말했다.

"아, 아직은 숨소리가 좀 남았는 듯하구만. 후딱 회 해 마셔 뻐려. 후딱, 후다닥딱, 회 해 마셔 뻐리랑께. 자네 고추장 맛있제? 젠장맞을 놈의 것. 보리새우 고추장이면 더 좋니라마는……"

나는 그의 입맛 당기는 표현과 열심한 소년 같은 두 눈동자를 들여다보고 있다가, '이 오십도 채 다 안 되어 보이는 사내가 이미 육십이 다 되어 돌아가신 내 아버지를 두고 버릇없는 말투를 쓰고 있구나' 속으로 생각하고 있던 것마저도 다 잊어버리고, 그의 말과 표정의 매력에 빠져 그보고 "앉으시오" 하고 옆에 가까이 다가앉았다.

"보리새우 고추장이라니요? 그건 처음 듣는데요."

"음매. 아직까지 그것도 몰라? 자네 나이 헛먹었네, 헛먹었어. 아, 밀물 내리미질로 톡톡 튀는 보리새우 금방 밀어 온 것—조웅지. 풋고추 말이여, 아따 이 사람아, 산 밑 뙤약볕에 아리게 붉은 것 그것

하고설랑은 그 보리새우하고 한 독에다가 뜨윽뜨윽 마구 갈아 담았다가 먹는 것—그것 하나를 몰라? 자네 헛나이 먹었네. 헛나이 먹었어. 쉬염이 대 자라도 먹어야 양반이라구, 『시전詩傳』, 『서전書傳』을 읽었어도 찾아 먹을 것은 다 고루 찾아 먹을 줄도 알아야제, 안 그런가? 의희희희희희희희……"

그는 '의희희희희희희희……' 비슷한 음으로 웃어 젖히는 그 웃음소리에서는 역시 내 집에 처음 나타나서 '서 생완' 하고 부르던 때나 마찬가지로 처음은 저음이다가 마지막에 갈수록 고음으로 올라가는 피아노 음성을 또 냈다. 그것도 여간한 매력이 아니려니와 인제 보니 이렇게 웃어 젖힐 때 드러나 보이는 두 줄의 가지런하고 단단해 뵈는 흰 이빨도 사내 것으로는 유달리 붉은 입술 사이에서 꽤나 이뻐 보였다. 공자의 '인생에선 아는 것보단 즐기는 게 낫다'는 그 즐길 것을 즐길 줄 아는 자의 매력이고 모양이었던 것 같다.

"우리 한잔 같이 하실게라우?"

이번에는 내 편에서 벌써 표준어 쓰기까지도 다 접어 두어 버리고 이 마을 나서 자라던 때의 순 이 고장 사투리로 다가들고 있었다.

"그런데 춘추가 얼마나 되셨는지, 내 선친 친구로는 너무나 젊으시구만요."

"……자네 아버지사 그놈의 글에, 전답 장만하기에, 마음이 오죽이나 삭았겠는가. 어디가 나 같은 허풍선이 같았겠는가. 나이야 자네 아버지가 나보다는 두 살이나 아랠세, 이 사람아."

대답은 그렇게 했지만 눈치 보니 자기의 허풍선이던 걸 뉘우치고 있는 흔적은 보이지 않았다.

그래 나는 그 젊은 육신보단 너무나 많은 나이를 그의 매력에 첨가해 한층 더한 맛을 그한테서 느끼면서 술상을 차려 오게 하여, 한좋은 저녁 술참 때를 그와 함께 누렸다.

그런데 우리가 술을 서로 주거니 받거니 하고 있는 동안 가끔 창문이 열린 채였던 방 안에 계신 어머님 쪽을 돌아보면, 어머니는 '그까짓 사람하고 뭘 그렇게 다정하게 구느냐'는 눈치를 보이서서 묘하다 여겼더니, 그가 나를 찾은 까닭을 내게 말하고 돌아간 뒤에 어머니한테 들으니 이 묘한 사내는 사실은 젊었을 때 남의 집 소도둑질을 하다가 강도로 걸렸던 사람이니 그걸 알고 대해야 할 것이란 것이었다.

이 소도둑도 한 장억만 씨는 이날 내 아버지한테서 산 밭 열몇 마지긴가가 아직 자기한테로 이전 수속이 안 된 채로 있으니, 상속자인 나더러 그걸 이행해 달라고 찾아온 길이었다.

그러나 내 선친과의 사이에 매매 계약한 것이라는 장억만 씨의 밭이전 독촉은 사실은 꾸민 거짓이었던 것이 뒤에 탄로되어 다시 한번 그의 매력의 실질을 요량하기에 내 머리를 꽤나 썩이게 했다. 그가 한번 소도둑놈이었다는 것까지는 이해하기에 과히 어렵진 않았지만, 나까지를 속이려 대든 것과 그의 아무래도 아니라곤 할 수 없는 매력을 서로 상관시켜 이해하기는 내겐 꽤나 힘드는 일이었다.

**그의 약력**

어머니와 또 그 밖에 과거를 잘 아는 몇 사람한테서 들은 것을 간단히 요약한 그의 지난날의 중요한 약력은 대강 다음과 같은 것이다.

물론 장억만 씨는 어려서 많이 가난한 집에 태어나서 낫 놓고 기역 자도 그릴 줄 모르는 땔나무꾼으로 자랐다 한다. 그렇지만 한번 산이나 바다나 들판에 갖다 놓으면 여기서만은 날담비 뺨쳐 먹게 날래어서 제 밑천 전혀 없이 품팔이만 해서도 그럭저럭 식구들을 먹여는 갔던 것인데, 어느 해는 큰 흉년이 들어 그 비호 같은 날랜 솜씨와 근력으로도 먹을 것을 반도 채 다 못 얻어먹게 되자, 그만 참지 못하고 남의 집 소를 한 마리 밤에 슬그머니 끌어내다 먹으려는 것이 발각되어, 이 고비에서도 잠시 참지 못하고 그냥 강도가 되고 말았다는 것이다.

'이 고비에서도 잠시 참지 못하고 그냥……'이라고 장억만 씨가 강도된 대목을 내게 들려주는 이의 그 표현을 들으면서 나도 참지 못하고 그만 킥킥킥킥 하고 웃어 젖히고 말았다. 그가 나를 처음으로 찾아왔을 때 짚 꾸러미에 싸 가지고 왔던 숭어─그걸 회로 해서 나하고 같이 한 주안상에서 술을 나누고 있을 때에도 아닌 게 아니라 참을성이 없다면 너무나 없어 무얼 맛 붙인 것을 그는 늘 게 눈 감추듯 집어세고 있던 것이 기억되어서, 이런 것이 아마 그 '참지 못하고 그냥……'이라는 것 아닌가 싶었고, 또 이런 거라면 나도 어렸을 때에는 할아버지의 밥상에서건 어디서건 곧잘 그러기도 했던 것이 생각히었기 때문이었다.

그래 나는 이 점이라면 형 집행유에 정도가 알맞겠다고 생각해 주었었다.

굶주림에 '참을성이 없어서 그냥……' 밤에 남의 집 외양간의 소를 끌어내러 가서 가만가만 하지를 못하고 그 옆방 머슴 잠을 깨게 했다는 것, 소를 끌고 골목길을 마악 빠져 나가다가 뒤쫓아오는 머슴을 보자 여기서도 참지 못하고 그만 굵직한 돌을 집어 들어 위협했다는 것, 그러나 그걸로 머슴을 치지는 않고 마지막엔 소도 돌도 놓아두고 달아나 버리고 말았다는 것—이런 강도 노릇은 그 참을성 없는 안주 주워 먹기(그의 말대로 하면 '후다닥딱 들이마시기')의 밉지 않은 매력을 보아 알고 있는 내게는 형 집행유옛감 정도로밖엔 느껴지지 않았던 것이다.

그러나 내가 그의 과거의 내력 가운데서 특히 골라서 매력을 느낀 것이 이런 강도의 짓거리는 물론 아니다.

내가 그의 지난날의 이야기를 듣다가 제일로 감동한 것은, 딴게 아니라 그와 그의 마누라님 사이의 관계인데, 이건 옛날 예수의 아버님이었던 성 요셉과 그 부인 마리아 사이에 있었다는 이야기만 못지않게 나는 지금도 느끼고 있다.

그는 드디어 일본 경찰에 붙잡혀서 5년인가 7년의 징역살이 선고를 받고 군산 감옥이라던가에서 콩밥(일본인들은 웬일인지 죄인한텐 이걸 먹였었지)을 먹고 살게 되었는데, 서러운 이야기는 장억만 씨의 콩밥이 아니라 집에 아무 돌볼 사람도 없이 놓여지고 만 그의 아직 젊은 마누라님과 어린 아들의 일이었다.

장억만 씨가 감옥살이를 간 지 3년 만이라던가 4년 만이라던가
이유는 그저 단 한 가지 배창자를 채울 것이 영 없었던 것으로서, 장
억만 씨의 마누라님은 그네의 어린 자식의 입까지를 먹여 준다는 조
건으로 집에서 한 10리쯤 밖에 있는 장승배기라는 마을—그렇지,
키다리 목조의 장승이 서 있는 흔히 있는 이름의 그 장승배기라는
마을의 누구 지긋한 홀아비한테로 안겨 가고 말았다는 것이다.

남편에 대한 배신이니 사련이니 뭐니 뭐니 그런 일은 전혀 아니
다. 빈주먹뿐인 여자 혼자서는 딴 무얼 해서도 어린애와 두 목숨을
이을 길 없는 곳에서 굶어 죽지 않으려고 그저 일종의 여신<sup>女身</sup> 머슴
살이를 간 것이다. 그것도 무슨 부자가 눈여겨 안아 간 것도 아니고,
그저 저희 식구 먹는 것 빼고 겨우 한 끼니에 밥 한 그릇 반쯤 남는
사내가, 그래도 그걸로 홀아비의 쓸쓸한 신세를 좀 메꾸어 보자고
데려간 것이라고 했다. 이것은 어디에 물어보더라도 상당히 서러운
이야기일 것이다.

그런데 장억만 씨의 부인과 어린애가 딴 사내의 방에 가서 살게
된 지 1년 만엔가 2년 만에 감옥에서 풀려나온 장억만 씨가 그 참을
성 적은 성미로 후다닥딱 옛 마누라와 샛서방을 어떻게 할 것인가를
상상하기라면 아무래도 아마 『오셀로』 비슷한 칼이 성큼 나왔었을
것만 같기도 한데, 그게 전혀 그렇게는 하지 않았으니 묘하다는 것
이다.

장억만 씨는 감옥에서 마을로 돌아와 아내와 어린애가 간 곳을 들

어 알자, 그의 성미로 '후다닥딱' 마셔 버리듯 찾아가 장승배기라는 마을의 한 끼니에 밥 한 그릇 반쯤 남는 걸로 그의 아내를 꾀어 간 자를 만나기는 만났지만, 장억만 그한테서는 아무 칼도 욕설도 나오진 않고, 그저 간단히 다음과 같은 몇 마디 말만이 아주 성급하게 발음되어 나왔다는 것이다.

"여보소, 당장에 내 마누라하고 자식을 내놓으소. 잔말은 서로 다 빼기로 하고 좋게 말할 때 여기 후다닥딱 썩 내놓아!"

장억만 씨의 이런 '후다닥딱'한 처리는 그가 마누라를 다시 찾아 내려고 나서기까지의 이야기를 듣고 있을 때에도 내가 쉽게 예상하지 못하던 것임은 물론, 또 이것은 내 따위 마음의 힘으로는 도무지 그렇게는 못해 낼 것을 속으로 잘 짐작하고 있던 나여서, 내게는 이런 그의 정신 표현의 몇 마디는 참 기적만 같고 신비하기만 했었다. 물론 지금도 나는 이런 일을 당한다면 혼자 마음이나 썩이고 있겠지, 이만큼 당당히 빨리 처리해 낼 힘이 아직도 없다.

그야 하여간에, 위에 말한 것이 장억만 씨와 그의 식구한테 있었던 과거의 중요한 약력으로, 그래 그길로 그는 재빨리 마누라와 어린애를 도로 찾아내 데리고 돌아와서 지금 그 어린애가 삼십이 되도록 같이 정답게 살고 있는데, 지금(1942년)은 살림도 꽤 탄탄하여 몇 해 전에 우리 집이 있는 마을로 이사해 오신 내 늙은 친척의 모랫등 마을에 남긴 집을 사서 살고 있다는 것이었다.

**그와 같이 법정에서**

그러신데 위에서도 잠깐 비친 것처럼 이 양반이 돌아가신 내 아버지한테 사지도 않은 밭 여남은 마지기를 산 것처럼 가짜 계약서를 만들고, 거기 내 선고의 가짜 도장까지를 감쪽같이 위조해 찍어 가지고, 상속인인 나를 속여 먹어 보려고 하던 일은 아무래도 처음엔 잘 이해가 되지 않아 내 속을 한동안 썩였다.

그가 처음 짚 꾸러미 숭어를 들고 찾아와서 밭의 이전 수속을 독촉하고 간 뒤 어머니한테 여쭈니, 그건 거짓말일 거라고 어머니는 서슴지 않고 말하셨다.

"너의 아버지가 나 몰래 땅을 사고판 일이 어디 단 한 번이나 있었어야 말이지. 단 한 마지기를 사고판 일도 내가 모르는 것이 없는데 내 원, 장억만이한테 우리 밭을 그렇게 팔았다는 이야기는 꿈에도 들어 본 일 없다."

그러나 이때만도 나는 오히려 어머니의 뜻에 반대하면서 "그건 그 영감이 과거에 강도 사건이라는 걸 저지른 사람이기 때문에 품으시는 괜한 의심이어선 어떻게 합니까" 하고 그를 변호하고 있었다. 그런데 그것이 어머니의 의심뿐이 아니라, 장억만 씨의 마을에서 온 꽤 믿을 만한 여러 사람이 의심 정도가 아니라, 협잡의 증인이 있다는 걸 알리고 또 장억만 씨 쪽에서도 끝까지 버티고 나를 걸어 이전 독촉을 재판소에 의뢰하게 되어 나는 피고로서 원고인 그와 함께 전주지방법원 정읍지청의 법정에까지 서게 되었던 것이다.

법정의 원고석에 나선 장억만 씨는 "나리, 하늘이 다 아는 일이지

마는 이건 참 억울하리라우. 내가 두 눈을 멀룩멀룩 뜨고, 안 산 그것을 샀다고 허겠능기라우?" 하고, 『논어』에 보이는 공자와 남자南子라는 여자 사이의 스캔들의 소문이 왁자지껄할 때, 제자들에게 공자가 하시던 말씀 비슷한 말을 불쑥 꺼내어 나를 또 속으로 웃겼다.

　부모의 유산을 뜻하지 않은 때 받은 대부분의 자녀들이 그런 것처럼, 나도 사실은 아버지한테 물려받은 그 논밭의 얼마쯤이 달아나거나 더하거나 별 큰일은 아니라는 느낌이었던 데다가, 또 마침 이때 재판장이었던 한국인 판사는 내 처가와는 꽤 가까운 사이라 이 일을 단단히 밝혀 달라고 벌써 뒷구멍으로 부탁도 해 놓은 뒤여서, 나는 그저 애쓸 것도 없는 구경꾼 같은 마음으로 공판을 기다리고 있었기 때문에 역시 여기서도 많이는 심미적이고, 그러자니 '두 눈깔이 멀룩멀룩해 가지고……'니 '하늘이 알 일'이니 그런 표현은 또 역시 매력 있는 가까운 것이 되고…… 그럴밖엔 없었던 것이다.

　그래 사실 마음속은 내 가족들한테는 좀 미안한 일이었지만 은근히 그가 억울한 사람인 게 밝혀져서 이기기를 바라는 쪽이 더 세게 움직이고 있기도 했다. 내가 진댔자 겨우 그건 나와는 아주 서먹서먹 생소키만 한 밭 한 뙈기의 이전 수속만 빨리 해 주면 그만인 일이었으니까.

　그러나 결과는 어머니의 의심 그대로 들어맞아서 이 사건은 우리 장억만 씨의 또 다른 한 모양을 말하는 거짓이었던 것이 조사된 여러 증거로 증명되고 말았다. 아버지의 생전, 아마 딴 곳에 유학하던 내 형제들의 학비 때문이었던가, 내 선고는 한때 아닌 게 아니라 이제는 꽤 탄탄해져 살고 있는 장억만 씨한테 밭 한 뙈기를 팔려고 평수와 지번 등을 적어 주며 문의했다가 값이 마음에 맞지 않아 그만둔 일이 있었다는 것이 장억만 씨 마을의 유일한 유식한 한학자인 한의사 황 씨의 증언이었다.

장억만 씨가 샀다는 밭의 매도증서의 필적은 내 선고의 것이 아니어서, 이것이 꽤 달문이고 달필가였던 내 선고가 어떻게 남의 대필을 받았겠느냐가 논의되었다. 또 결정적인 것은 그 매도증서에 찍힌 도장이었는데, 이건 내 선고의 인감도장과 거의 비슷하긴 하지만 감정해 본 결과 위조고, 또 이 위조의 근거는 더 훨씬 전에 장억만 씨에게 내 선고가 판 일이 있는 무슨 땅의 매도증서에 찍었던 인감도장을 장억만 씨가 도장을 팔 줄 아는 누군가와 공모해서 교묘히 비슷하게 새겨 낸 것이라는 사실이, 두 사람인가의 증인의 입에서 역시 증언되었다.

"이놈! 이 천인이 공노할 놈! 피고인이 아직 세상 물정을 모르는 갓 젊은 사람인 걸 기화로 해서 이따위 사기를 저지르다니, 이 천인이 공노하고도 남을 놈. 여기는 민사 법정이어서 즉시 저런 자도 구속은 못 하지만 피고인, 피고인은 저런 자를 엄하게 다스려 달라고 형법에 의뢰할 수 있소."

이것이 마지막 마당에 재판장이 한 말이다. 말은 이렇게 하면서도 그도 웬일인지 내 속이나 마찬가지로 눈에는 꽤나 우스운 듯한 눈웃음을 띠고 있었다. 그도 혹 나같이 한쪽으론 심미적 감각이란 걸 움직이고 있었던 것인가.

"나리, 살려 주셔라우……" 장억만 씨는 사건이 다 밝혀져 드러나자 형편없는 어린애의 음성이 되어 일어서서 이렇게 빌고 있었다. 이 너무나 엉뚱한 새 발견만은 적지 아니 당황스러워 나를 거의 그에게서 외면하게 하려 했다. 이것은 어떻게 되는 마음속의 복잡한 과정을 거쳐서 온 것인지, 도무지 당장엔 그 갈피를 잡을 수가 없어 점점 내게서 그의 매력을 멀리해 가고 있었다.

그런데 공판정에서 나와 재판소의 정문 언저리에서 다시 장억만 씨와 딱 맞닥뜨리자, 또 그만 할 수 없이 그의 매력에 빠지고 말았다.

"증주!" 하고 그는 이 언저리에서 기다리고 있다가 내 두 팔을 단단히 붙들어 잡고 늘어지며 이렇게 부르곤, 내 오른쪽이던가 왼쪽이던가 한쪽 귀에다 그 윗수염 좋고 입술도 좋은 입을 바짝 갖다 대고 애인에게나 속살거리듯 "증주! 살려 주소, 꼭 좀 살려 주어! 인자는 이 세상에서 나를 살려 줄 사람은 자네 증주 하나뿐이랑게. 증주! 내가 잠깐 환장했었네, 환장했어! 증주! 인자는 자네만 믿네. 어이! 의희희희희희희희희희희희희희희희……" 하는 것이었다.

이런 능력은 대체 누가 준 것인가. 그때에도 마음속으로 나는 물어봤던 듯하고 또 지금도 물어보고 있다. 이건 참 되게는 끝까지 끈질긴 한 생명력의 표현이기 때문이다. 그리고 싯줄이나 쓴다는 사람 누구도 이렇게 늘 잘못되면서도 간절키만 한 목숨의 꼴이 나타나 오는 것을 거부할 수는 없을 것이다.

'에이끼 이 잡것!' 하고 이때 내가 짚고 다니던 지팡이로 한번 되게 후려갈길까 하다가, 그의 나이가 다시 생각되어 들려진 지팡이

끝으로 땅을 후비며 그의 꼴을 지켜보고 있다가, 이번엔 내 쪽에서 또 킥킥킥킥 웃어 젖히고 말았다.

시인 고은이가 언젠가 내게 말한 "할아버진가 했더니 손자 꼴 꼭 그대로고, 할머닌가 했더니 손녀 비슷키만 하더만요. 나이 어린 소녀들이 얼마든지 어머님 같고, 나잇살이나 먹어서 아주머니로 믿었던 여인네가 형편없이 젖먹이만 같아 못 견딜 때가 있던데요" 하던 것이 아마, 때는 뒤바뀌었지만 이때 이 사내를 보던 내 느낌에도 적용될 것 같다.

형편없는 녀석, 그러나 한정 없이 끈질긴 녀석, 맷돌로 갈아도 칼로 썰어도 발길로 밟아도 영 아주 없어질 수는 없는, 잘일 것도 잘못일 것도 따로 없는 이빨이 센 이 생명력, 거짓말이나 사기까지도 법정에서도 사람을 웃기고만 마는 한정 없이 끈질긴 이 생명력 ─ 아닌 게 아니라 이것엔 고은의 말마따나 나이도 따로 없는 것이다.


**그의 집 안방에서**

"아무 염려 마시오" 내가 한마디, 정읍지청 정문에서 말한 덕으로, 이 가을의 어느 깡그리 밝은 날 장억만 씨의 모랫등 댁으로 나는 그 가족들의 특별 초대를 받아 한번 쓰윽 으스대고 가 보게 되었다.

그 댁에 가서 보니, 장억만 씨의 부인이 웬일인지 나를 제일 반갑게 맞이해 주었는데, 그들이 말해 알게 된 쉰몇 살의 나이보다는 한 20년은 더 늙은 할머니로 보이는 이 부인은 긴 장죽의 담뱃대를 입에 물고 무슨 늙은 호박에 쑥, 마늘을 잔뜩 범벅한 것 같은 주름살 지독하겐 많은 회색 계통의 얼굴로, 단군 어머님이 쑥하고 마늘 다 먹고 아들도 다 낳고 나서 아주 무사하게 계신 듯한 그런 모양으로 아랫목 횃대 옆에 엇비슷이 앉아 있었다.

"이것이 우리 증주란 말이여, 이 사람아" 이렇게 나를 장억만 씨가 우리 증주라고 소개한 걸로 보면, 두 부부 사이에선 내가 그의 무슨 아들이나 되는 것처럼 그래도 몇 차례쯤은 그들의 이불 속 같은 데서 이야기도 되었던 것인가.

이날 장억만 씨는 상당히 싸늘한 가을인데도 바지를 벗어 버리고 내리미라는 그물을 들고 앞장서서, 그의 마누라와 함께 남에게 주었다 되찾아온 박석이라던가 하는 아들하고 같이 나서서, 이곳 서해 내만의 어느 작은 구석 하나를 훑어 올라뛰고 내리뛰는 숭어 여남은 마리를 거두었다. 그리고 숭어들이 하늘로 솟아올랐다 다시 물속에 내릴 때마다 '의희희희희희희희······' 하는 그 웃음소리를 그물의 수만큼이나 빈틈없이 하늘 아래 내리깔고 있었다.

이런 사람들은 하늘이 늘 무슨 이유론지 안 죽이고 번성시키는 것이라고 생각한다. 그리고 어느 마을에서건 그들을 악이라 지탄하지 않고 그냥 보고 깔깔깔깔 웃는 것이다.

(『월간중앙』1971.6.)

# 범부 김정설 선생의 일

나는 누구의 장례식에 가거나 별로 눈물 바람을 하지 않는 버릇을 가지고 살아왔다. 그러나 그런 마당에서 걷잡을 길 없는 통곡이 터져 나와 주체할 수 없이 된 일이 단 한 번 있었으니, 그것은 십수 년 전 조계사에서 있었던 범부凡父 김정설 선생(소설가 김동리의 큰형)의 영결식에서였다.

나는 고희에 돌아가신 이분의 죽음을 서러워한 것이 아니라 이때 읽은 조시에서도 말해 보인 것처럼, 그 많고 또 깊은 정신 역량을 가지고서도 그것을 두루 펼 길이 없어 늘 모두 다 접어두고 살다가 죽어가는 이 나라 선비의 한 표본을 이분에게서 느끼고, 그 느낌을 견디지 못해 '왜 소년 때부터 일찌감치 관에 들어 계셨느냐'고 울부짖었던 것이다.

범부 선생은 신라 태종 무열왕의 후예로서―그것을 언제나 의식
하고 살아온 후예로서, 유교의 사서삼경과 노장老莊의 경전에 통달하
고 또 조혼도 하여, 19세 때는 이미 상투에 갓을 받쳐 쓴 선비로 자
기의 중시조인 태종 무열왕의 능 앞에 장검 한 자루를 놓고 기도하
고 있었다. '어떻게든 이 칼과 이 힘으로 일본에 망한 이 나라를 구하
게 해 달라'고……

　그 뒤 그는 일본인의 소학교도 안 다닌 학력으로 일본에 건너가
교토 제국 대학 철학과의 학생이 되어 동서 철학의 비교 연구에 안
목을 잡고 당시의 일본 협객 도야마 미쓰루에게도 대단한 존경을 받
는 청년이 되었다. 최두선, 홍명희 등등의 이 나라 전국 각지에서 일
본에 모여든 수재들 가운데서도 그의 재조는 단연히 치솟는 고봉이
어서, 그에게만이 '영남의 제일 천재'라는 딱지가 붙게 되었다.

　그동안 그가 항시 품에 품고 다니던 건 한 자루 날카로운 칼, 그러
나 외국어 공부에선 하루 수백 단어씩도 잘 외어 내는 소년의 기억
력이 늘 건재했었다고 한다.

　그래서 그는 그만큼 한 푼수의 동서양의 철학, 문학과 정치에 통
달한 젊은이가 되어 고국에 돌아왔다.


　그와 내가 만난 것은 1933년 가을, 그의 나이는 이미 37세가 되
어 있었는데, 겨울인데도 그는 아직 옥양목의 하이얀 홑두루마기를
걸치고, 카이저수염 밑의 호한하게 단단한 흰 두 줄 이빨은 늘 여유
도도한 소리 없는 웃음만 풍기고 있었다. 그는 내가 이 세상에 태

어나서 사귀어 본 모든 존장들 가운데서는 제일 훤칠한 미남이고 또 가장 시원스러운 호장부였던 것 같다. 활등같이 두루 잘 굽은 눈썹, 그 아래 늘 번개 치던 결의적인 동자가 유난히 크고 빛나던 두 눈, 기이다랗던 속눈썹들을 딴 선배들의 모습에서 나는 쉽게 찾을 수 없다.

그러나 내가 지금도 안 잊히는 것은 그의 외모가 아니다. 천진한 소년풍의 외모 속에 들어 있어 때로 조용한 때 새어 나오던 그의 학문과 인간에 대한 넓고 깊은 이해인 것이다.

내가 대학에서 서양철학 시간에 배운 '칸트의 범주적 인식과 요청적 종교 사이의 이해'가 잘 안 되어 있을 때, '이 사람아. 칸트는 공부꾼은 공부꾼이겠지만, 꽤나 답답한 사내야. 우리 동양에 생겨났더라면 그렇게 답답할 수야 있겠는가?' 하시어, 내게 대학의 강의가 채다 못 풀던 소슬한 이해의 관문을 열어 주던 이도 바로 이분이었다.

해방되어 그는 신라의 화랑도에서 우리 민족의 진로를 생각하시고, 시인 조진흠 군 등에게 저술 준비를 시키면서 6·25 사변을 맞았던 것인데, 조 군은 공산군에게 학살되고 그의 이 마지막 소원마저 못 이루게 되고 말았다.

그래 1953년이던가 휴전 회담 소강상태의 어느 날 광화문통 어느 뒷골목을 지나다가 환갑도 되기 전에 백수白首의 이분을 우연히 만났는데, 그는 여전한 소년의 얼굴로 말했다.

"여보게, 우리는 그냥 가네. 능력이 없어선가? 이 사람아! 그렇지만 하여간 그냥 가네! 자네들이 우리를 알아 잘 해내야 돼!"

이분을 생각할 때마다 되살아나는 기억이 하나 있다. 그것은 내가 1933년 우리 집 형편과는 달리 인도적인 한 거지가 되어 빈민굴에서 넝마주이의 구럭을 걸머지고 서울 시내를 헤매고 다닐 때, 아마 그의 일생 최후의 일로 한글 문장의 시를 지어 내게 준 일이다.

쓰레기통 기대어 앓는 잠꼬대를
피리 소리는 갈수록 자지러져

운운하셨던 구절이 새삼스레 생각난다.

나는 지금, 이분과 아울러, 나보다 앞서 가신 모든 선대의 이해와 지조를 생각한다. 범부 선생 같은 이 아니었으면 또 나 같은 사람의 작정도 어려웠을 것만 같은 것이다.

# 김동리 형의 일

사람이 되기를 '절대적'으로만 되어 있는 사람을 찾아보기라면 이 하늘 밑에서는 김동리가 아마 으뜸일 것만 같다.

1934년 첫 봄, 나는 열아홉 살이고 그는 스물한 살 때 우리 둘이는 문학청년으로, 서울 필운동의 그의 백씨 범부 선생의 숙소에서 처음 만났는데, 나하고 말을 나누는 것이 마음에 들었던 것이겠지, 그는 문학과 인생을 이야기하다가 영 그걸 중지할 줄을 모르고, 머언 안암동 소재의 내 처소였던 대원암까지 따라와서 밤을 밝히며 그 이야기를 이어 하다가, 내가 지쳐 잠이 든 뒤에야 그의 이야기는 안 들리게 되었던 것을 나는 지금 기억하고 있다.

밝은 날에 그는 그의 이야기를 이어 하다가 내가 일 때문에 난색을 보여서야 내 옆을 떠나 일어서 나갔으나, 내가 1킬로쯤 전송 나가 전차비 5전을 주며 타고 가라고 하자 받지는 않고, 아마 30리 길은 넉넉히 될 그 머언 필운동까지의 길을 흔들흔들 걸어가던 것이 내가 처음 본 김동리의 모습이었다.

내가 이런 그가 좋아서 그의 숙소에 머물다가 밤잠에 문득 깨어난 오전 2시쯤이면 그는 어디론지 사라져 보이지 않기가 일쑤였고, 날이 밝아서야 돌아온 그에게 "어디 갔었어?" 물으면 "솔밭에 혼자 있고 싶어서 찾아가 앉아 있다 왔다"고 했는데, 이것도 다 사실 그대로인 소설 「무녀도巫女圖」 집필 당시의 신진 작가 김동리의 신취神醉해 살던 모습이었다.

내가 이런 지독스런 그더러 "자네는 도스토옙스키의 『백치』의 주인공 무이스킨 같네" 하면 그는 질색해서 "내가 어디가 그런 사람 같아?" 하고 반대를 했지만, 사물이 늘 변변變變하여서 몰입하며 진땀 뺄 줄밖에는 모르는 그런 그의 기질을 비유하느라고 나는 무이스킨을 머리에 떠오르는 대로 끌어다 댄 것뿐이었다.

이런 우리 둘 사이가 30여 년 잘 계속되다가 지금으로부터 10여 년쯤 전에 한국문인협회 이사장 선거의 각축전이라는 것 때문에 한동안 뜸해져 있었던 것은 우리 우정의 마지막 시련기였지만, 그는 그런 일로 벗 노릇을 작파할 수 있는 그런 사람도 아니었다.

이 각축전 뒤 한 해 만인가 두 해 만의 어느 여름날 오후 맥주도 있는 무슨 공석에서 우리는 마주 앉게 되었는데, 문득 둘이 마주 보곤 분반噴飯의 폭소가 터져 나와서 한동안을 껄껄거리고 만 것으로써 아무 몹쓸 것도 우리 사이에 개입할 수 없이 다시 만들어 놓았다. 그래서 그는 전에 큰아이의 주례를 내게 맡겼던 뒤를 이어서 그의 셋째아이의 주례를 다시 맡게 된 것이다.

최근 내가 식욕부진으로 몸이 쇠약해지자 신선 음식이란 것을 내게 가르쳐서 이행하게 해 주어 크게 덕을 보고 있다. 맵쌀과 찹쌀, 보리쌀, 검은콩, 검은깨, 들깨, 율무, 일곱 가지를 적당히 볶아서 같이 섞어 가루로 해 물에 타 마시는 것인데, 그의 말대로 소화가 잘되어 식욕이 부쩍 늘고, 식욕 따라 적당히 타 먹고 다니다 보니 내 건강은 자연히 좋은 편으로 접어들게 되었다.

그는 이 밖에도 깨끗한 솔잎즙을 새벽마다 한 종지씩 만들어 마시라고 하는데, 이것만은 게을러서 아직 못 하고 있지만, 위에 말한 일곱 가지 가루만으로도 나는 많이 좋아지고 있다.

그래서 나는 요새는 그더러 "자네는 도인 다 되었네!" 하지만 "뭐라카노!" 하며 그는 그런 찬사마저도 그대로 받아들이지 않는다.

이 글을 나는 공교롭게도 내가 열 달 예정으로 세계 방랑길을 떠나는 오늘 새벽 3시에 눈이 떠서 쓰고 있다. 김동리니까 나를 이런 시각에 이렇게도 만들고 있는 줄 안다.

"부디 오래오래 언제까지나 우리 곁에 늘 있어 우리를 허전하지 않게 만들어 주게!"

이것만이 내 기원이다.

단군 후 4310년 11월 26일
세계 방랑길에 오르는 날 새벽에
우제愚弟 미당 서정주

# 수화 김환기

1941년이던가의 봄날 초저녁, 나는 그때의 내 시 친구인 오장환 군과 같이 서울 종로 3가의 어떤 일본식 '오뎅' 술집엘 들러 '마사무네'라는 술을 마시고 있다가, 마침 뒤미처 여기 나타난 청년 화가 김환기와 오장환 군의 소개로 초대면의 인사를 나누게 되었는데, 날씬한 6척 장신의 눈웃음이 좋은 이 젊은 호신사好紳士는 말수는 보통 사람들보다 훨씬 적은 편이었으나, 웃음소리를 낼 때는 그게 뼈에서 나오는 듯 깡치가 있어서 친근감을 느끼게 했다.

오장환 군이 "전라남도의 어떤 큰 섬의 왕자다. 부자야" 하고, 내게 귓속말로 가만히 알린 값에 어긋남이 없이 그는 그날 저녁 술도 톡톡히 우리한테 사 댔는데, 돈 가진 자가 이런 경우 흔히 보이기 쉬운 인색한 모양이나 우자 같은 걸 전혀 보이질 않아 그것도 적지 아니 이쁘게 느껴졌다.

"일본에서 '쉬르(쉬르레알리즘, 초현실주의)'를 하다가 왔다고 들었는데, 그런가?" 하고 내가 물으니, "쉬르 비슷하게 보이는가는 모르겠지만, 나는 그런 것하고 다르다"는 게 그의 선명한 대답이었다.

그러고 그는 이날 밤의 술자리에서 나와 오장환을 성북동 그의 집으로 꼭 찾아 달라고 초대를 했는데, 이건 그가 내 처녀시집 『화사집』에 호감을 가지고 있었기 때문이었던 걸로 안다.

그래 물론 나는 좋아라고 오장환과 함께 오래지 않아서 수화의 성북동 댁을 어느 저녁때 찾아들었는데, 우리는 여기 도착하기가 바쁘게 이 댁의 백일주에 홍건하기 비롯하여 이튿날 아침이 되도록까지 제정신을 차릴 수가 없었다.

이건 우리 쌀로 빚은 약주의 일종이기는 하지만, 백 일쯤을 삭여 만든 자마노빛의 혀에 쩝쩝 달라붙는 미주로서, 부귀한 집 사람들 아니면 좀처럼 입에 대어 보기 어려운 것이었다.

그래 이 술에 탐닉한 나머지 나와 오장환은 드디어 몽유의 상태가 되어, 그 댁으로부터 헤매 나와서 성북동 골짜기의 맑은 개울가의 어느 풀밭에서 잠이 들어 버렸는데, 날이 새어 눈을 떠 보니 언제 떠메다가 들여놓았는지 다시 이 댁의 사랑방에 늘어져 누워 있었다.

그래 비로소 수화 그가 마음 써 꾸민 새 살림집을 여기저기 살펴보게 되었는데, 내가 그때 감동한 것은 그가 가지고 있는 것들의 가치보다도 가진 것들을 참으로 잘도 배치 구성해 놓은 그 구성의 미묘한 아름다움 때문이었다.

이때 수화는 이조 백자들의 빛과 선과 형태의 지순한 미에 심취해 살았던 듯 많은 이조 백자의 대소의 항아리들과 병과 그릇들을 모아 놓았는데, 그것들을 아무렇게나 모아 두는 게 아니라 우물가에는 우물에 어울리는 것들을, 큰 나무 밑에는 큰 나무 그늘의 함축미에 어울리는 것을, 작은 나무 아래는 또 거기 맞는 것을, 호젓한 구석에는 또 그 호젓함에 어울리는 것을, 이렇게 두루 자연과의 선미한 대조의 조화를 늘 느끼고 생각해서 알맞게 배치하고 구성해 놓고 있어서, 내가 생각하는 시의 영상의 구성에도 상당히 일치되는 듯하여 감동하고 찬탄한 것이다.

나무와 달과 새 같은 걸 이조 백자 항아리와 조화시켜 그린 많은 그림들의 실제의 구성 연습을 이렇게 거듭거듭 하며 그는 이때 살고 있었던 것인데, 그 정신 상태는 노자나 장자 쪽에 많이 가까웠던 걸로 기억한다.

한 개의 군 정도는 되는 한 섬의 주인 지주였던 김환기는 1950년대 말기 무렵에는 그 재산이라는 걸 완전무결하게 다 깨끗이 날려 없애 버리고 물로 씻은 듯 가난한 한 선비가 되어 있었다.

이 무렵 상도동의 비만 좀 오면 매우 질척거리는 황토지대에 궁거하던 그를 찾아가 보았더니, 맥주를 마실 유리잔도 없는 신세가 되어 있어서, 내가 가지고 간 맥주를 찻잔에다 나눠 마시고 둘이서 낄낄거려 댔던 게 기억이 난다.

사람들은 거의가 잘살다가 빈쪽쪽이가 되면 궁색해 보이는 게 통

레지만, 수화는 그런 걸 타는 사람은 아니었다.

재산이 없어졌건 말건 그런 것과는 별 관계가 없이 그는 늘 말짱하고 평안하게 버틸 수 있던 사람이었다. 가난을 탓한다든지 짱짱거린다든지 그런 표정을 그는 한 번도 지어 보인 일이 없었다. 아니 오히려 가난이 심할수록 낄낄거리는 웃음소리가 더 이뻐지는 것이 그의 성질이었다.

도리어 이때 위로를 많이 받은 것은 나여서, 그는 내게 그림도 나눠 주고 내 시를 양껏 칭찬도 해 주고 했다. 그가 친구를 생각하는 정은 그렇게 바닥나는 일이 없이 극진키만 했다.

그는 그 뒤 내 큰자식 승해의 결혼식 때에는 그 애한테까지 정을 주어 '달을 에워싸고 한 쌍의 정신의 핏줄 좋은 학이 영원인 듯 날고 있는' 그림 한 폭을 그려 주기도 했었다.

꽤 오래 못 만나다가 1956년이던가 우연처럼 노상에서 만났는데, 그는 "자네의 「기도」라는 시를 그림으로 하나 그렸네" 해서, 그때부터 우리는 또 한동안 가까이 지냈다.

그러던 어느 날 그는 나보고 "머지않아 프랑스에 가서 한동안 지낼까 하는데, 거기 가면 자네 시들을 기어코 번역시켜 보일 작정이니, 좋은 걸로만 골라 한 권 노트해서 나한테 주게" 했는데, 이런 정의情誼, 이런 신념, 이런 단정斷定이 수화 그 사람의 외골수라면 무척 외골수인 사람 된 모습이기도 하다. 자기가 좋다고 느끼면 세상은 두루 다 따라오려니 하는 것이 그의 이 무렵의 확신이었던 것이다.

그러나 그로부터 몇 해 뒤 그가 프랑스에서 다시 한동안 서울로 돌아와 있을 때 나를 만나 번역된 원고를 보여 주며 "서양 사람들은 우리하곤 생각이 다른 데가 있어. 가령 국화 같은 꽃도 우리하고는 달리 보고 있어. 무덤에 가져다 뿌리는 음산한 걸로……" 하던 것을 두고 다시 생각해 보면, 그는 서양 예술 애호가들의 감식안에 상당히 실망하고 있었던 것 같다.

"이게 아직도 출판할 때를 못 만나서 미안하네만, 뭣하면 그냥 내게 맡겨 두어 보게. 또 나는 곧 서양으로 갈 것이니, 설마 이걸 출판시킬 기회가 있겠지" 했다. 물론 그 후 그가 이걸 서양의 어디에서도 출판시키지 못한 채 미국에서 작고해 버리고 만 것은 누구나 잘 알고 있는 일이지만, 이렇던 사람이 또 김환기이다.

철저하기만 할 뿐 에누리나 단절을 모르는 그의 신념—그것은 친구의 역량을 그 나름대로 한번 믿으면 거기에서도 어떤 변덕도 가질 줄은 몰랐다.

그는 내 시를 좋아해서 편들어 한번 들고 다녔으니까, 사후에 넋이 있는 것이라면 아마 이걸 영원을 다하면서라도 그의 짐 한 귀퉁이에 끼고 다니며 사람들에게 또 권하고 있을 것이다. "나 보기엔 좋은데 어째서 자네들은 모르는가?" 하고.

그래 그는 그들 서양인들의 감식안을 계몽하러 재차 서양으로 건너갔다가 불귀의 객이 되고 만 것 아닌가?

수화 김환기는 비교해 말하자면, 옛날의 웃음 좋은 한 유도有道의 나룻배 사공 같은 데가 있던 사람이다. 옛날의 좋은 미국 대통령 링컨보고 그곳 시인 휘트먼은 사공이란 비유를 붙였지만, 링컨이 아직도 많이 찡그리고 살던 사공이라면, 수화는 찡그려야 할 일들도 모조리 다 낄낄낄낄 뱃살 좋은 웃음으로 대치해 버리고 살던, 햇볕 좋은 맑은 물가의 뱃사공만 같은 것이다.

선임도 늘 거의 받지 않고 사람들을 건네주면서, 오고 가는 사람들의 희로애락과 언덕배기의 싸리꽃 같은 것을 언제나 한눈에 담고 늘 잔잔히 정미情味의 눈웃음으로 어루만져 주고 지내던 그런 옛 유도의 한 나룻배 사공 같은 것이다.

"여보소, 사공!" 하고 이켠 언덕에서 강물 너머를 보며 소리쳐 부르면, "어이! 곧 감세!" 하고 믿음직하게 소리쳐 대답하여 강산을 한결 더 다정히 아름답게 만들어 놓는 그런 사공. 꼭 그런 사공만 같은 것이다.

미국 뉴욕의 객사에서 그가 불귀의 객으로 숨넘어간 것도 나는 그런 정미의 유력함 때문으로 안다.

아직도 이해보다는 몰이해가 더 많은 서양 사람들에게 그는 그와 그의 고향의 우수함을 알려 계몽하지 않고는 견딜 수 없는 정신의 유력함과 또 타국에서 고향 그리는 사모의 정을 기르는 유력함 속에 고스란히 파닥거리며 날개 돋아 등선한 것뿐이니 말씀이다.

**상호 데생**

# 순원 소전順元小傳

마음속으로 생각하고 느끼는 것을 다 말해야만 견디는 사람이 있는가 하면, 그 반쯤만을 말하고 그 반쯤은 입 밖에 내지 않는 사람, 또 말은 마음속에 있는 것의 겨우 5분의 1이나 10분의 1밖에는 하지 않는 이도 있다.

순원은 어느 편이냐 하면 아무래도 위의 세 가지 중의 맨 마지막 경우의 선비라, 입으로만 기운이 쏠리기 일쑤인 일부 훈장 출신 남녀들의 그 수다가 없어서 만나 상대하기가 고단하지 않아 첫째 좋다. 한 10년쯤 전에 어디서던가 순원의 인상을 쓰라고 해서 나는 '꼭 무슨 희한한 보석을 가슴속에 남몰래 감추어 지니고 가고 있는 사람 같다'고 한 일이 있거니와, 아마 그리 어찌 된 때문으로 안다.

몇 해 전에 그가 강좌를 가진 대학에서 그에게 박사 학위를 주려고 준비하다가 완강한 거절로 주지 못하고 만 것은 아는 이는 두루 잘 아는 일이지만, 이런 이야기도 순원 그는 나한테까지도 말해 들려주려 한 일이 단 한 번도 없다. 내가 딴 데서 이 기별을 듣고 "하기는, 비석에 '박사博士 모야 某也'라고 새기는 것보단이사 그것도 없는 게 좋긴 좋겠네……" 하면, "뭐 그야, 그렇디……" 하는 평안도 사투리의 '디' 어미가 붙은 한마디로 잘라 막아 버리고 말 뿐인 것이다.

　그는 나와 내 큰자식 승해가 함께 추대한 승해 결혼 때의 주례이기도 하고 또 승해의 소설을 골라 문단에 추천한 분이기도 하고, 나와는 30년을 서로 변덕 없던 친한 친구니 이만큼 한 이야기면 순원 그의 쪽에서 먼저 한마디쯤 "이런 일이 있었네" 해 주어도 무관한 일이언만, 그는 그런 일마저도 침묵 속의 벙글 웃음으로만 대치하고 마는 사람이다. 고쳐 생각해 보자면, 아닌 게 아니라 그런 묵아미黙阿彌의 정적 속의 미소의 힘 있어 그의 창작의 정밀은 이루어지는 것이리라.

　'평양 황고집'이라는 별명으로 국중國中에서도 저명턴 이조의 한 옹고집 선비를 그는 그의 선대로 가졌다고 순원 아닌 누구 딴 사람이 말하던 걸 들었다. 그가 지금까지의 우리 현대문학사에서 40년 동안이나 단 한 편의 잡문도 신문소설도 끝까지 쓰기를 거절해 온 유일무이한 고집불통인 것은 문단인들과 신문 잡지 편집자들이 잘 알고 있는 일이지만, 아닌 게 아니라 작은 일이건 큰일이건 한번 무슨 작정을 세우면 그는 그걸 굽히거나 접어 둘 줄은 모르는 사람인 것 같다.

바로 몇 해 전 어느 주석에서 그는 나더러 뜻밖에 "자네는 내 아우야" 해서, 왜 그렇느냐고 하니, 같은 을묘생이지만 순원 자기는 생일이 3월에 있고 미당은 5월에 있으니 일이 그렇지 않느냐는 것이다. "그렇지만 동갑이면 동갑이지 그렇게 자잘하게 달 수효까지 가리는 일이 어디 또 있는가?" 했더니, 그렇지 않다, 가릴 것은 잘 가려야 하지 않느냐는 것이다. 그러고는 그 뒤의 주석들에서도 기회 있을 때마다 이걸 역설해 대서, 나도 그걸 번번이 아니라고 우기기도 무엇하고 하여 내버려 둠으로써, '침묵이 승인'이 되게 만들어 놓고 말았다.

그러나 나는 그의 그 완강한 고집이 단 한 번도 변덕이나 명리나 몰인정의 편이 되어 쓰여지는 일을 보고 들은 일은 없다. 그가 이 세상에서 가장 미워하는 것은 딴게 아니라 바로 이 변덕과 명리주의와 몰인정인 것이다.

관악산 밑의 한 마을에 벌써 5년째 같이 살면서도 우리는 허투루 자주 만나지도 않지만, 그가 나와 한 시대의 가까운 곳에서 살고 있는 것을 문득 느끼는 것은 내게는 역시 적지 않은 힘이 된다.

(『현대문학』 1974.12.)

상호 데생

# 공空에의 의미
## —시인 서정주

황순원

이 사람은 서라벌 한 절간 우물 속에다 용을 기르되
한갓 강고기나 다를 바 없이 기르고


이 사람은 송도 땅 깊은 산속 한 폭포에다 잉어를 기르되
폭포 위나 밑이 아닌 바로 폭포 줄기 한복판에서 살게 하고


이 사람은 한성 한 선비 집 사랑방 병풍 속에다 자짜리 붕어를 기르되
먹이 없이도 살찌게 하고


이 사람은 서울 변두리 마을 자기 집 뜰 안 연못에다 비단고기를 기르되
있게도 기르고 없게도 기르고

# 다정한 음미가 김광주

광주光洲는 천생의 태음인이다. 말수가 적고, 일견 무뚝뚝하나, 섬세한 감정을 가지고 속으로 잘 참아서 자기 의견과 좌석은 언제나 맨 뒤에 놓고 사는 그러한 동양인이다.

내가 그를 그냥 한국 사람이라 않고 동양인이라고 하는 까닭은, 그가 중국에서 근 20년 양기養氣한 소이이기도 하겠지만, 많이 그쪽의 모습을 상상케 하는 점을 겸유하고 있기 때문이다.

허나 이러한 동양 선비의 풍격風格은 개화 이후 우리가 너무 잃어버려서 그렇지, 옛날엔 이 나라에도 많이 있었던 것이니까, 이러한 전통의 흐름이 어려서부터 그를 그렇게 만들어 온 것인지는 모르겠다.

그는 청소년 시절에는 시인이었고, 뒤에 소설과 수필을 전문으로 하는 한편 중국 문학의 이식에도 남달리 애를 쓰고 있지만, 나는 그가 단 한 차례도 그의 이러한 사업들을 자랑으로 표시하는 걸 본 일이 없다. 그는 꼭 누구 구석진 곳의 꾸리[苦力]와 같이 한결같은 가난 속을 묵묵히 노력해 왔을 뿐이었다. 그러면서도 얼굴에는 사람 좋은 웃음이 별로 떠나는 일이 없었다.

그는 주붕과 더불어 유쾌한 술자리도 만들 줄 알지만, 집안에서는 또 좋은 가장이다. 친구와 대작하게 되면 그는 항용 시종일관 빙그레 웃고 앉아서 여유 도도히 마시는 편이요, 이야기는 또 남의 것을 듣기를 즐기는 편으로서, 술값도 흔히 자담하기를 좋아하므로 집안 살림은 그 나머지로 유지해 가기는 하지만 이 극소 미립자와 같은 생활비의 사용에는 그의 군자류의 애정이 병행하는 것이니까, 집안은 오히려 호화판보다도 온화한 것이다.

나는 어느 해 겨울 오후, 그의 돈으로 술에 취해 그의 집으로 동행하다가 단나무를 서슴지 않고 사 드는 모양을 보았거니와, 이날 밤 내가 체험한 단칸 셋방 내의 남루를 차린 가족들의 여유 있는 기풍과 평화는 내가 겪은 어느 가정의 것보다도 아담한 것이었다.

그는 자아주의적 호인들의 틈에 끼면 하나도 영리해 보이지는 않는다. 자기 주장을 별립하는 재미로 사는 게 아니라 무엇보다도 먼저 주위가 그에게 전하는 언동(사람의 것뿐 아니라 자연의 것까지 합해서)의 음미가[吟味家], 다정하고도 침묵하는 음미가이기 때문이다.

이러한 사람에게는 세상은 먼저 귀여워할 것이거나 딱하고 뻑뻑해서 때로 변방에라도 나가 속으로 울어야 할 것으로 성립해 있는 것이지만, 동양적 성인의 인정이라고 할까 그런 것이 본미本味라고 생각한다.

　그를 놓아둘 곳을 상상해 보니 역시 양자강 가나 무슨 큰 산 변두리나 그런 데밖에 딴 곳이 별로 생각나지 않는다. 그런 데서 그의 맘대로 시간을 쓰게 하고 유유자적하게 했으면 좋겠다.

# 신석초 영전의 뇌사誄詞

1946년 늦봄의 저녁 술참 때였던 듯하다.

서울 삼각지의 인도를 내가 무슨 일로 지나게 되어 땅만 보고 느릿느릿 걸어가고 있을 때 누가 "여, 서 형 아니시오?" 나직하고 느린 소리로 아는 체하고 나서기에 보니, 하이얀 옥양목 두루마기와 흰 고무신에 중절모자 차림의 준수하게 생긴 미목을 가진 촌선비가 삐긋이 미소하고 서서 "나는 신석초요." 했다. 이것이 우리의 초대면인데, 그때 그의 뚜렷한 인상은 무엇을 이 세상에 말하러 나온 것이기보다는 그냥 아무 말 없이 구경하고 구석진 데서 조용히 혼자 생각해 보다가 가려는 사람만 같았다. 콧날이 유난히 우뚝한 것도 그러려는 작정의 상징만 같았다.

우리 둘이는 그 자리에서 바로 백년지기처럼 되어 버려 길가의 어느 일본 잔재인 '오뎅집'이라는 데로 들어가서 '정종 고뿌 술'이라는 걸 몇 잔씩 나누었는데, 이 자리에서 내게 말한 자신의 경력 소개를 들으면 "뭐, 시시해요. 서 형이랑 한동안 같이 시를 내던 『시학』이란 잡지도 폐간된 뒤론 사뭇 시골 고향에 처박혀 지내다가, 어허허허 거 면장이라는 게 다 얻어걸려 꼼짝 못 하고 당하고 지냈지. 대학이나 다닌 사람이 토지 마지기나 지니고 촌에서 지내려면 할 수 없이 그런 것도 다 당해야 했소……"였다.

그때 그는 처녀시집 『석초시집』의 발행 계획을 말하고, 나오면 공덕동 내 집으로 찾아오겠다고 약속했는데, 어김없이 그게 나오자 바로 나를 찾아 노자의 몇 구절을 달필의 모필 글씨로 권두에 기념 휘호한 그 책을 내게 전하고 이래 그만 전생부터인 양 흉허물 없는 수수한 친구가 되어 버렸다.

그러니 아까 삼각지 가로변에서의 우리 둘의 초면 인사의 모습에서도 잠시 내비친 것처럼, 석초로 말하면 그의 한동안의 제일 애독서였던 노자 『도덕경』의 '처무위處無爲'에 많이 가까운 그런 인생 보법을 해 온 사람으로, 그러자니 그의 말을 빌리면 '시시한' 것인 처세의 시비 사려是非思慮들에는 아주 무심하고, 그의 역작 「바라춤」이 구심적으로 표현해 보인 순수 생명의 법열경法悅境의 희구만이 오직 하나 사는 보람이었던 걸로 안다. 그가 대학을 막 나온 뒤에 『문장』지에 번역해 실었던 「지중해의 영감」을 비롯해서 폴 발레리에의 심취를 한동안 꾸준히 보여 온 것도 그런 희구가 발레리의 어떤 표현들에 공명한 데서 그랬던 걸로 안다.

그런 그인지라 또 자타의 뚜렷한 한계 같은 시끄러운 것도 어느새 인지 철폐해 버리고 사는 듯했다. 그 무아의 지경에 상당히 길들어 살고 있는 듯했다는 말이다.

그와 나의 친교는 소위 죽마고우도 아니고 또 아주 밀착도가 많은 그런 사이도 아니었다. 그런데도 그는 나를 어느 경우에는 바로 석초 자신을 믿듯 딱 믿어 버리고 안심하고 있었다.

김××여사를 현대문학사 신인상 후보로 지명 추천할 때의 일이다. 석초는 신문사의 일도 바쁘고 몸도 좋지 않고 하니, 자기가 추천한 김××여사를 미당 나더러 상 후보로 지명 추천해서 주장을 관철해 내라는 것이다. 이런 일이면 나는 남에게 맡긴 전례가 없는 터라, 전화로 그에게서 부탁을 받은 처음엔 상당히 당황했었다.

그러나 사람을 믿기로 하면 100프로 다 믿어 버리는 이 고진古眞의 맛에 감화되어 그걸 한 자미로 대행해 냈던 기억이 어제 일 같거니와, 이런 숫한 예스러움이 석초 정신의 본거였던 걸로 보인다. 그러기에 그는 이 현대에서는 참으로 지난한 정신의 부자라야만 정말로 되는 그 본심의 인화력을 가지고 살다가 간 시인인 것이다.

이번에는 내가 먼저 언젠가 길 가는 그를 불러 세우고, 우리가 처음 삼각지에서 우연히 만났을 때처럼 다시 한 번 그 시시한 것도 이야기 나누는 술을 꼭 들고 싶었는데, 그의 천식 때문에 뒤로만 미루다가 이미 그 모양 없는 영靈만을 대하게 되니 많이 섭섭.

(『예술원보』1975.12.)

# 화가 천경자

작약꽃이 그려져 있는 연하장은 '정유 초일丁酉初日'이라 쓰여져 있는 걸로 보아 1957년 첫날에 화가 천경자 여사가 내게 보내 나를 위로하고 격려해 주려고 했던 것임에 틀림없다.

노오랗게 늙발의 물이 든 잎사귀도 하나 보이는 걸로 보아, 이건 왕성하게 새로 꽃 피기 시작하는 젊은 작약은 못 되고, 중년의 구비를 넘어 가면서 있는 목숨―즉 사십대의 나를 상징하여, 그렇지만 꽃피어 있어야 하는 것이라는 당부의 우의를 담고 있는 걸로 안다.

보존을 철저히 하지 못한 허물로 가장자리가 상당히 망가진 대로 아직도 거기에는 '사는 희열'을 내게 강조하고 있는 천 여사의 삶에 대한 깊은 의욕이 보이고, 나를 염려해 주는 두터운 우정이 보여서,

내게는 나이가 더해 갈수록 정이 더 붙는 것이 되어 있다.

이 연하장을 에워싸고 적혀 있는 글발은 내 졸시 「동천」을 손수 여기 곁들여 써 놓은 것으로, 1975년 11월 6일이라는 연월일 자가 표시하고 있듯이 재작년 늦가을에 내가 이 연하장을 다시 꺼내 보다가 이걸 아껴 이렇게 해 놓은 것일 터이니, 그해는 내 환갑이 되던 해라 아마 사는 희열에 대한 느낌이 한결 더 간절해져서였던 것 같다.

일곱 핸가 여덟 핸가 전의 어느 가을날, 덕수궁 국화밭에서 천 여사를 만났을 때 "별꼴이여! 요새는 꽃에도 나비나 벌은 오지 않고 파리만 대신 꼬인다니까!" 한탄하며 내가 아직 주의하지 못하고 있는 국화 꽃밭 위의 숱한 파리 떼를 손가락질해 보게 해 주던 일이, 그 뒤론 이 작약꽃을 보면 늘 아울러 내 기억에 떠올라서 이분의 희열 옆을 같이 흐르는 한(恨)의 쪽을 보인다.

금년이 음력으로 마침 뱀의 해인 데다가 내가 낸 첫 시집의 이름이 『화사집』이고 또 천 여사가 우리나라 화가들 중에서는 뱀을 가장 많이 그린 분이라는 것 때문에, 어느 짓궂은 신문이 새해에 우리 둘을 대면시켜 뱀 이야기 하는 자리를 만들어 놓았었는데, 그때 천 여사가 뱀을 두고 말하던 것이 인제는 또 이 그림에 첨가된다.

"독사가 화를 잔뜩 내 곤두서 있을 때의 눈동자를 자세히 오래오래 들여다보신 일이 있으시오? 그건 참 굉장한 것입니다. 타는 불빛의 붉은 십자가가 아주 선명하게 거기 역력하게 나타나 오지요. 무서운 것이어요!"

이것은 난생처음으로 내가 천 여사한테서 들어서만 알게 된 지식이요, 감동이다. 뱀을 싫어하고 무서워하기로는 이 땅 위에선 우리 둘이 다 둘째일 순 없을 것인데, 어떻게 그 무서운 뱀의 눈동자의 홍십자가까지 보아 내고 있었는지 신비한 일만 같다.

(『문학사상』1978.1.)

# 문사 이어령

내가 그를 처음 만난 것은 그가 아직도 서울대학교 문리과 대학 국문과 학생으로 재학하고 있을 때였다. 그때 그는, 내게 그의 학교에서의 문학 강연을 요청하러 마포구 공덕동의 내 집을 찾아왔었다. 재주 있어 보이는, 기분 좋은 학생이었다. 고향이 어디냐고 물으니까, 충남 아산이라고 해서 "오, 그 학들이 많이 사는 당진 쪽이냐?"고 대꾸했던 기억도 난다.

그런데 그때로부터 오래지 않아 그는 한 신진 문학평론가로 우리 문단에 등단하여 상당한 각광을 받게 되었는데, 이 무렵 내가 시도해 오던 '신라 탐색'을, 현대 정신을 몰각한 복고주의라고 해서 지탄하고 나섰다.

그래 나는 "그렇지 않다. 서양의 르네상스를 생각해 봐라. 필요했던 고대의 그리스, 로마 문예정신의 부흥 운동 아니었느냐?" 어쩌고 대응해 줄까 하다가 침묵이 낫겠다고 생각해서 잠자코 있었던 것인데, 이 점은 그도 나이가 더 들어 가면서 나와 비슷한 생각이 되어 갔던 걸로 안다. 왜냐하면 그는 어느 사이엔가 나를 아끼는 내 옹호자들 중에서도 둘째가라면 서러워할 만큼의 옹호자가 되어 있었으니 말이다.

그가 오랫동안 온갖 고생을 다 겪으면서 맡아 경영해 냈던 월간지 『문학사상』에 내가 세계 일주 기행시 「서으로 가는 달처럼…」이란 제목의 시편들의 연재를 시작하던 때에는, 내 마음에 드는 제목을 그가 먼저 생각해 내서 내 승낙을 얻어 결정하기도 했고, 또 그 뒤에 바로 이어서 내가 우리나라 역사 공부에서 취재한 걸로 재차 긴 연재를 그의 잡지에 시작했을 때는 그 제목인 「학이 울고 간 날들의 시」는 그와 나 둘이서 구수 합의해서 붙이기도 했었으니 말이다.


우리나라에서 문학의 글을 쓰는 사람을 보고 한문 글자로 '문인文人'이라고도 하고 또 '문사文士'라고도 하거니와, 이어령 씨에게는 두 가지 명칭 가운데선 아무래도 문사의 호칭을 붙여 주어야 할 것 같다.

내가 그를 좋아하는 점을 곰곰이 생각해 보니, 그건 그의 '사람 선선함'인 것 같다. 끈적끈적 달라붙어 귀찮게 하지 않고, 괜찮게 선선히 스스로 불어오고 불어가는 바람 같아서 남에게 폐단이 되는 일이 없는 그런 기분 좋은 선선함—그의 그런 점을 나는 좋아한다. 다시 말하자면 우리나라 예로부터의 선비들의 기질 중의 중요한 것이었던 그 '거래의 선선함' 그것을 그에게서도 보는 재미가 좋다.

내 생각 속의 그는 여전히 한 '서울대학교 학생'인데, 어느 사이 환갑이라니 그래도 설 쇠는 데는 꽤나 많이 쏘다닌 모양이다. 그러나 사람의 지혜나 느낌이 넉넉한 그 깊이를 갖자면 육십 언저리부터가 그 적당한 때인 것이니, 더 좋은 문학의 표현들을 오래오래 이어 가 주기만을 바란다.

(『만남의 방식』 1993.11.)

# 백건우와 그의 피아노 소리


백건우를 보며 그의 피아노 소리를 듣고 있으면, 사람들의 천진과 순정의 때 묻을 줄 모르는 건전함이 잔잔하고도 충실히 늘 맥동하고 있어 참 반갑다. 슬픔이라 하여도 그것은 병들지 않는 영원성을 잘 띠고 있어서 '타락할 수 없는 슬픔의 전형'의 영향을 주며 음악을 귀하게 만들고 있다.

그의 부인인 윤정희 씨가 맡아 낭송해 주신 내 처녀시집 『화사집』의 녹음에서 그는 낭송을 도와 피아노 반주를 해 주셨거니와, 장시간의 피아노 반주에서도 나를 감동시켜 승복게 한 것은 역시 멜로디 운영의 정밀함에 빈틈없으려는 그 한결같은 때 묻지 않은 건전성이었다. 그래서 그는 나이로 따지자면 내 아들들 중에서도 몇째 번 아들 나이밖에 안 되는 사람이지만 이런 점이 나와 잘 통하고 있어 어느 결엔지 한 심우의 사이가 됐다.

그와 내가 처음 만난 것은 15, 6년 전 일이었는데, 그때 그는 부인 윤정희 씨와 함께 프랑스의 파리에 살고 있으면서 세계 일주의 먼 떠돌잇길에서 문득 이곳에 도착한 가난한 나그네인 나를 매우 반갑게 집으로 초대하여 갖은 진미를 두루 다 만들어서 저녁 식사 대접을 해 주었다.

그때 그를 만나 본 첫인상은 역시 '성인이 된 때 묻지 않은 소년' 이었는데, 그런 그가 부인과 함께 늘 빙글거리는 잔잔한 미소로 옆에서 빈틈없이 거들어 주어서 음식 맛이 정말 참 좋았었다.

식사 뒤에 잠시 눈을 주어 방 안에 놓인 것들을 살피다 보니, 방 한 귀퉁이에 지팡이가 몇 개 놓여 있어 "저것들은 백건우 씨 부부가 짚는 거요?" 하고 물었더니만 "아닙니다. 금산에 계신 제 아버지께 갖다 드리려고요" 하고 백건우 씨가 웃음으로 대답했던 걸로 보면 그는 또 지극한 효자이기도 했다.

그런데 그는 그 순간에 재빠르게 생각을 좀 더 넓게 고쳐먹은 듯 나를 빤히 들여다보며 "그렇지만 선생께서 마음에 드시는 것이 있다면 하나 골라 가지세요. 아버지께는 또 더 구해서 갖다 드리면 돼요" 하는 것이었다.

그래 나는 그가 모은 지팡이들 가운데서 검은 나무껍질을 원색 그대로 보존시켜 말려서 만든 두두룩한 것 하나를 손짓해 가리키며 그게 좋다고 했더니 그는 "잘 고르셨어요. 그건 제가 영국에 갔을 때 차지한 것인데 그 검은 자연의 껍질이 귀하죠" 하며 그걸 내게 선선히 선물로 주어서, 요즘도 나는 좀 더 든든한 지팡이가 필요할 때면 이걸 짚고 곧잘 나들이를 하고 지낸다.

그런데 이 글을 쓰며 다시 생각해 보니 이 지팡이를 두고 그가 써 온 마음씨 같은 것도 그의 피아노 소리의 가락의 진행 속에 역시 담겨 있는 것같이 느껴진다. 그의 아버지에게 드리려던 것을 즉시 좀 더 넓은 사랑의 이해력으로 다른 사람에게 주는 것과도 같은 그 두두룩한 인정미의 탄주 말이다.

그 뒤에도 파리에 들를 때면, 나는 그의 부부를 만나 환담하는 것이 큰 재미가 되었고 또 그들도 우리나라에 오면 우리 집에 들러 나와 내 아내와 자리를 같이하는 것을 좋아하게 되었다.

백건우 씨는 음식으로는 무엇보다도 우리나라의 된장국을 좋아해서 내 아내가 담근 된장이 유난히 맛이 좋다고 칭찬하며 우리 집 밥상머리에 앉기를 즐겼으므로, 내 아내도 그들 내외를 맞이하는 걸 늘 반가워했거니와, 그런 제 나라 음식에 대한 철저한 애착 같은 것도 그의 사람됨의 한 중요한 면으로 보인다.

그가 우리 집에 와서 즐겨 먹은 음식에는 된장국 외에 또 영광 굴비와 배추 뿌리, 양하 나물 같은 것들이 있었는데 이런 식성은 나하고는 많이 공통되는 것이어서 나는 그에게서 늘 미각상의 혈연관계 같은 걸 느끼곤 했었다.

그에게는 철저한 전통적 한국인의 본심이 자리 잡고 있어서 이 점을 특히 나는 두두룩히 믿고 사랑하게 되었다. 시나 음악이나 결국은 모국적인 감정과 이해의 전통을 떠나서는 두두룩히 성립할 수 없는 것임을 나는 오랜 경험으로써 잘 알고 있기 때문이다.

백건우는 또 내가 보기에는 시를 가장 잘 아는 우리나라 음악가로 보인다. 그는 이론으로써 그걸 잘 설명하는 사람은 아니지만, 긴 설명 필요 없이 잘 이해하고 감동하는 혜안과 가슴을 가졌다. 시시껄렁한 시나 이론들 앞에서는 그는 언제나 두 눈을 자는 듯이 아래로 깔고 침묵으로 묵살해 버리지만, 정말로 감동을 주는 시(그것이 정서적 감동이거나 지적 발견의 감동이거나 간에)—그런 시를 대하거나 시론을 맞이하게 될 때에는 두 눈은 반짝 뜨이고 눈동자들은 맑은 밤하늘의 별처럼 빛나며 입가에 흡족한 미소를 띠고 어린아이처럼 전 심신으로 감동을 전달받아 보이기가 예사였다. 참으로 좋은 새의 울음소리를 수풀 속에서 들은 어린아이가 흔히 전 심신으로 그 감동을 나타내듯이 말이다.

그는 시를 쓰는 시인이 되었다 해도 자기와 좋은 독자들에게 별 감동도 주지 않는 시시껄렁한 시는 절대로 쓰지 않았을 것이고, 또 작곡가가 되었다 해도 우리에게 간절한 공감을 불러일으키지 않는 작곡가는 되지 않았을 것으로 나는 확신한다.

부인 윤 여사의 말씀을 들으면 그들의 외동딸은 시에 열중하고 있다고 하는데, 이 2세가 시의 감동 쪽을 따르게 된 것도 그들 부부의 영향으로 알며, 그 성취를 기대하는 마음이 내게는 크다.

이번에는 백건우 그가 아내인 윤정희 여사를 고르고 골라서 짝을 지어 살게 된 일에 대한 내 소감인데, 이렇게도 잘 짝지어진 부부를 딴 데서 더 본 기억은 영 없어만 보인다.

　잘 만난 부부를 두고는 '원앙새같이'란 말도 있고, '바늘에 실 따라 가듯이'란 말도 있고, '견우에 직녀같이'란 말도 있고, 더 많은 표현들이 세계 각국에 매우 많지만, 여러모로 우리 백건우 윤정희 부부 같은 조화 있는 결합은 이 세상에서 불을 켜 들고 찾아다녀도 더 만나기가 아주 힘들 것으로 보인다. 그래 나는 그들 부부를 한자리에서 만날 때마다 "야 정말 복이 있군!" 하고 감탄을 무심결에 터뜨리지만, 이건 내 실감인 것이다.

| | |
|---|---|
| 갓 젊은 복숭아 꽃나무의 아름다움이여. | 桃之夭夭 |
| 그 잎사귀들도 씽씽하게 우거져 오나니 | 其葉蓁蓁 |
| 이 새악씨 시집가시면 | 之子于歸 |
| 그 손아랫사람에게도 시원스러리. | 宜其家人 |

　이 글은 공자가 편집한 중국 고대 민요집인 『시경』에 나오는 시로 필자가 젊은 남녀들의 결혼에 주례를 할 때마다 즐겨 인용해 온 구절이지만, 우리 좋은 남편 백건우 씨 옆에 있는 그의 부인 윤정희 씨를 볼 때에도 역시 내 머릿속에 곧잘 떠올리게 되는 구절이니, 말하자면 그녀의 늘 싱싱하고 젊고 또 총명한 아름다움은 남편이나 그 아랫사람들을 좋게 할 뿐만이 아니라 나 같은 노선배까지도 늘 기분 좋게 만드는 터라 어찌 이들의 늘 화기 넘치는 결합의 모습을 보고 '복이 있다'고 안 할 수 있겠나?

지난번에 내 처녀시집 『화사집』의 낭송과 반주를 큰 호의로 맡아 녹음해 주시려고 그 부부가 서울에 귀국했을 때 졸거에 초청해 오랜만의 담소를 누리고 싶었는데, 마침 노처가 오래 병석을 차지하고 있어 그걸 못 하고 연기하게 된 것은 많이 섭섭한 일이었다.

  나는 이달 안으로 아내의 정양과 내 수도를 위해 한 1, 2년 예정으로 러시아의 코카서스 산맥 지대로 떠나게 되지만, 노처의 병을 고쳐 가지고 다시 돌아오게 되면, 영광 굴비도 아주 큰 알배기를 구해서 굽고, 그대들이 또 좋아하는 생합 조개들도 구해서 굽고, 내 아내가 손수 담근 된장으로 쑥국도 끓이고 또 산나물들도 마련해서 우리 백건우 윤정희 부부의 그 좋은 미소와 정과 의리를 기어코 초청해 행복하고자 하니 그리 이해해 주시기만을 바랄 뿐이다.

# 미당 서정주 전집 9

1판 1쇄 발행 2017년 3월 13일
1판 2쇄 발행 2021년 11월 29일

지은이 · 서정주
간행위원 · 이남호 이경철 윤재웅 전옥란 최현식
펴낸이 · 주연선

**(주)은행나무**
04035 서울특별시 마포구 양화로11길 54
전화 · 02)3143-0651~3 ｜ 팩스 · 02)3143-0654
신고번호 · 제 1997-000168호(1997. 12. 12)
www.ehbook.co.kr
ehbook@ehbook.co.kr

ISBN 978-89-5660-045-1 04810
978-89-5660-885-3 (전집 세트)
978-89-5660-575-3 (산문 세트)